Gerhard Lohfink

Warum ich an Gott glaube

Gerhard Lohfink

Warum ich an Gott glaube

HERDER

FREIBURG · BASEL · WIEN

MIX
Papier | Fördert gute Waldnutzung
FSC® C014496

www.herder.de
Umschlaggestaltung: Verlag Herder
Satz: Barbara Herrmann, Freiburg im Breisgau
Herstellung: GGP Media GmbH, Pößneck
Printed in Germany
ISBN (Print) 978-3-451-39905-3
ISBN (PDF) 978-3-451-83505-6
ISBN (EPUB) 978-3-451-84105-7

Rudolf Schnackenburg
zum Gedächtnis

Inhalt

Vorwort

Ich liebe Autobiografien. In meinen Bücherregalen stehen sie zuhauf. Zugleich hasse ich sie. Ich liebe sie, weil viele Autoren von den ersten zwanzig bis dreißig Jahren ihres Lebens eindringlich, ja aufregend erzählen. Doch dann verformt sich die Autobiografie langsam in ihren zweiten Teil. Dort berichtet der inzwischen berühmte Verfasser hauptsächlich, wie vielen berühmten Leuten er in seinem weiteren Leben begegnet ist.

Dieses Buch hier ist keine Autobiografie im üblichen Sinn. Ich bin nicht daran interessiert, bedeutende *öffentliche* Ereignisse aus meinem Leben zu erzählen. Es gibt sie gar nicht. Mein Thema ist vielmehr, wie ein Durchschnittsmensch zum Glauben kommen kann. Dazu greife ich auf mein eigenes Leben zurück, aber nur in Ausschnitten und oft sogar mit Zeitsprüngen. Es geht mir nicht um ein Gemälde meines Lebens, sondern um eine sachgerechte Theologie. Genauer gesagt: Es geht mir darum, wie der christliche Glaube in einer Welt bestehen kann, die voller Hass, Krieg und Vernichtung ist. Kann man in einer solchen Welt noch an Gott glauben?

Der Titel dieses Buches greift bewusst auf den Anfang des Apostolischen Glaubensbekenntnisses zurück, das mit den Worten beginnt:

Ich glaube an Gott

Die Grundgestalt dieses Bekenntnisses ist bereits für das 2. Jahrhundert nach Christus bezeugt.[1] Aber zu welchem Zweck war es geschaffen worden? Sein ›Sitz im Leben‹ war ursprünglich nicht der sonntägliche Gottesdienst. Sein ursprünglicher Ort war die Taufliturgie in der Osternacht.

Die getauft wurden – es waren zunächst vor allem Erwachsene – sprachen das Glaubensbekenntnis nicht einfach als durchlaufenden Text. Ihr Glaubensbekenntnis war vielmehr Teil eines Dialogs[2]. Genauer: Jedem Einzelnen wurden die drei Teile des Bekenntnisses als Frage gestellt:

Glaubst du an Gott [...]?
Glaubst du an Jesus Christus [...]?
Glaubst du an den Heiligen Geist [...]?

Meine Auslassungszeichen wollen deutlich machen: Das gesamte Glaubensbekenntnis wurde dem Täufling in dieser Dreiteilung vorgelegt. Jeder Einzelne antwortete dreimal »Ich glaube«. Und nach jedem »Ich glaube« wurde der Täufling, der dabei in einem Fluss oder im Bassin einer Taufkapelle stand, untergetaucht oder doch wenigstens mit Wasser besprengt.[3]

Diese dialogische Struktur des Glaubensbekenntnisses ist noch heute in vielen christlichen Taufritualen und vor allem in der jährlichen Erneuerung des Taufversprechens innerhalb der Osternacht erhalten geblieben. Und erhalten geblieben ist dabei auch das »*Ich* glaube«. In der katholischen Feier der Osternacht zum Beispiel fragt der Priester die versammelte Gemeinde:

Glaubt ihr an Gott, den Vater, den Allmächtigen,
den Schöpfer des Himmels und der Erde [...]?

Jetzt erwartet man natürlich ein »*Wir* glauben«. Die Antwort lautet dann jedoch bemerkenswerterweise: »*Ich* glaube«. Genauso bei den beiden nächsten Fragen! Es war also jeder wie einst bei der frühchristlichen Tauffeier *als Einzelner* angesprochen worden. Und jeder Einzelne legt dann mit dem »Ich glaube« sein persönliches Bekenntnis ab.

Vor allem aber – und darauf kommt es mir hier an: Indem das Ganze in der Kirche stattfindet und als Dialog zwischen dem Priester und der Gemeinde geschieht, wird deutlich: Wir können den Glauben nicht aus uns selbst hervorbringen. Wir empfangen ihn von Gott – vermittelt durch Jesus Christus und die Kirche[4]. Allerdings muss ihn der Einzelne dann auch mit seiner ganzen Existenz annehmen und sich zu ihm bekennen.

Dem folgt die Grundstruktur dieses Buches. Ich möchte von meinem persönlichen Glauben an Gott sprechen. Deshalb die bisweilen längeren, bisweilen kürzeren biografischen Einsprengsel. Aber ich spreche nicht von etwas, das ich mir selbst zurechtgelegt und zusammengebastelt habe. Ich spreche vielmehr über etwas, das ich »empfangen« habe[5] – über das ich mir dann freilich während meines Lebens immer wieder Rechenschaft geben musste.

Anders formuliert: Ich berichte von dem Licht des Glaubens, das mir Gott – vermittelt durch die Kirche – geschenkt hat, das ich aber stets von neuem mit dem Licht meiner Vernunft und der Vernunft der Welt zusammenbringen musste.

Warum glaube ich an Gott? Ich gebe die Antwort in vierzehn Schritten bzw. vierzehn Kapiteln. Sie stehen mit meiner eigenen Lebensgeschichte in einem festen Zusammenhang. Bei anderen Christen wird diese »Glaubens-Biographie« wahrscheinlich in Vielem anders aussehen. Im Grunde ist sie bei jedem Christen verschieden. Jeder hat seine eigene Glaubensgeschichte – oder auch seine eigene Geschichte des Nicht-glauben-Könnens.

Noch eine Nebenbemerkung: Dieses Buch hat als Basis einen Vortrag, den ich im Jahre 2017 in Wangen im Allgäu gehalten habe. Der damalige Vortrag ist dokumentiert in meinem Buch »Im Ringen um die Vernunft. Reden über Israel, die Kirche und die Europäische Aufklärung«[6]. Der damalige Text wurde hier aber nicht nur an vielen Stellen überarbeitet und ergänzt. Er wurde auch um wesentliche Teile erweitert – bis in unsere so bedrängende Gegenwart hinein, die vielen Christen den Glauben an einen Gott, der Herr der Geschichte ist und bleibt, immer schwerer macht.

Ich widme dieses Buch in tiefer Dankbarkeit meinem Lehrer und Doktorvater Professor Rudolf Schnackenburg (1914–2002).

Gerhard Lohfink

1. Elternhaus

Warum also glaube ich an Gott? Die erste Antwort lautet ganz schlicht: Weil meine Eltern an Gott geglaubt haben. Das heißt: Ich bin, ohne dass ich dazu irgendetwas hätte tun können, in einer christlichen Familie aufgewachsen, in der es einfach selbstverständlich war, dass ich eine Woche nach meiner Geburt getauft und dann christlich erzogen wurde.

Wäre ich in Jordanien geboren, wäre ich wohl ein Moslem geworden. Wäre ich in Thailand oder Kambodscha geboren, wäre ich heute mit ziemlicher Sicherheit Buddhist. Wäre ich in Japan geboren, würde ich wahrscheinlich ab und zu einen Shinto-Schrein besuchen und mich dort mit meinen Ahnen und meinem japanischen Vaterland geistig verbinden.[7] Ich hatte nun aber katholische Eltern, und deshalb bin ich katholischer Christ geworden. Ein Statistiker würde es einen demografischen Zufall nennen. Ich nenne es Gnade.

Reine Gnade war auch, dass meine Mutter und mein Vater nicht nur getaufte Christen waren, sondern dass sie ihren Glauben gelebt haben. Das Morgengebet, das Abendgebet, das Gebet vor und nach dem Essen, der Gottesdienstbesuch am Sonntag, gelegentliche Hausandachten, die Feier der Festtage und der liturgischen Zeiten, die festliche Begehung der Erstkommunion: all das war in unserer Familie – zumindest aus der Sicht der Kinder – eine Selbstverständlichkeit.

Unvergesslich leben die Weihnachtsabende in meiner Erinnerung. Vor 1944, als wir noch nicht ausgebombt waren und noch eine geräumige Mietwohnung hatten, blieb die Tür zu dem sogenannten ›Guten Zimmer‹, wo nur an Festtagen gegessen wurde, verschlossen. In diesem Zimmer hatte die Mutter für den Heiligen Abend alles vorbereitet und tat nun die letzten Handgriffe. Wir Kinder saßen mit dem Vater im Wohnzimmer und warteten. Irgendwann öffnete sich dann die Tür – und der geschmückte Weihnachtsbaum zog alle Blicke auf sich. Aber nicht nur die Augen wurden gesättigt. Die Luft war erfüllt von Tannen- und Kerzenduft.

Natürlich suchten unsere Augen dann auch die Geschenke. Aber die steckten unter einer weißen Tischdecke. Nur geheimnisvolle Konturen zeigten sich unseren verstohlenen Blicken. Bevor diese Decke entfernt wurde, las mein Bruder noch einmal das Weihnachtsevangelium vor, ich selbst hatte die Aufgabe, vor der Krippe ein Gedicht zum Jesuskind zu sprechen, und selbstverständlich wurden dazwischen die alten Weihnachtslieder gesungen.

Weihnachten war die bedeutendste Familienfeier des ganzen Jahres – doch zugleich hatte diese Feier ihr festes Fundament in der kirchlichen Weihnachtsliturgie: Vor der häuslichen Zusammenkunft war die ganze Familie in der Christmette gewesen.

Das Kirchenjahr mit seinen Festen und Festzeiten, seinen Bräuchen und seiner Vergegenwärtigung der biblischen Erzählungen war mir wie selbstverständlich vorgegeben. Ich bin in das Christliche bzw. in das Katholische hineingewachsen wie in die Hosen und Jacken, die mir meine Mutter genäht hat. »Hineinwachsen« – das möchte ich erklären: Meine Eltern waren einfache Leute. Sie kämpften darum, wie sie finanziell zurechtkamen. Für Obst, Gemüse, Salat und Küchenkräuter wurde kein Geld ausgegeben – das lieferte der eigene Garten. Mein Vater hat im Keller sogar unsere Schuhe besohlt und uns im Wohnzimmer regelmäßig die Haare geschnitten. Und die Mutter hat fast alle Kleider der vier Kinder selbst genäht. Sie wurden immer ein wenig größer geschneidert, damit man »hineinwachsen« konnte.

Später habe ich gelernt, dass dies auch für die Taufe gilt. In ihr wird dem Täufling schon alles geschenkt: die Liebe Gottes des Vaters – das verborgene Leben in Christus – die bergende Gemeinschaft mit der Kirche. Symbol dafür ist das weiße Taufkleid, welches über das kleine Kind gebreitet wird. Es muss in all das noch lebenslang hineinwachsen, auch in das Wagnis des Glaubens.

Um diese großen Wörter ein wenig auf die Erde zu bringen: Der Glaube meiner Eltern war kein naiver, kein lediglich übernommener, kein Gewohnheits-Glaube, der sich einfach nur einem katholischen Milieu verdankt hätte. Meine Mutter hatte zwei Brüder, die in der liberalen Luft der Großstadt Frankfurt am Main ihren Glauben mehr oder weniger verloren hatten. Sie war ihrem Gerede und ihren Spötteleien ausgesetzt. Sie musste sich für ihren Glauben und für die gläubige Form ihres Lebens selbst entscheiden.

Genauso mein Vater. Er kam zwar aus einem katholischen Dorf in der Rhön. Aber es verschlug ihn eben nach Frankfurt, und sein Arbeitsplatz war, bevor er Lokführer wurde, ein großes Ausbesserungswerk der Reichsbahn. Das Milieu dort war rot, und einer, von dem man wusste, dass er noch in die Kirche ging, wurde verhöhnt. Als mein Vater eines Morgens an seinen Arbeitsplatz kam, hatte man ihm dort ein Altärchen mit brennenden Kerzen aufgebaut.

Auch das *kirchliche* Milieu in Frankfurt war nicht das volkskirchlich Übliche. Wir gehörten regulär zur Pfarrei St. Gallus. Und das Pfarrgebiet erstreckte sich zum größeren Teil in einem ausgesprochenen Industrieviertel. Dort brummten Tag und Nacht die Werkzeugmaschinen der sich weit ausdehnenden Adler-Werke. »Kamerun« nannte man in Frankfurt dieses schnell wachsende Industriegebiet im Westen der Stadt, weil dort die Häuser schwarz waren vom Rauch der Lokomotiven und von den unzähligen Schornsteinen der Fabriken. Es war eine Arbeiterpfarrei mit einem Pfarrer, der ein wirklicher Seelsorger war. Er hieß Albert Perabo. Nach den Zerstörungen des Krieges fanden wir dann dort, mitten im Gallusviertel, nahe der alten, ebenfalls zerbombten Pfarrkirche, eine winzige Wohnung.

Vorher allerdings hatten wir in der von dem berühmten Architekten Ernst Georg Mai (1886–1970) nach den Prinzipien der ›Gartenstadtbewegung‹ gebauten ›Kuhwaldsiedlung‹ gewohnt. Weil zwischen dieser Eisenbahner-Siedlung und der Pfarrei, zu der wir gehörten, ein Güterbahnhof mit einem kilometerbreiten Gleisnetz lag, gingen wir meistens nach St. Elisabeth im Stadtteil Bockenheim zur Kirche. Die Elisabethenkirche war bequemer zu erreichen. Und auch dort gab es auffallend gute Seelsorger. Für eine der damals noch üblichen ›Volksmissionen‹ holte sich der Pfarrer nicht die Kapuziner, die neben vielem anderen auch deftig über Himmel und Hölle predigten, sondern Benediktiner, die eine Woche lang in die Liturgie der Eucharistiefeier einführten – damals während der Anfänge der ›Liturgischen Bewegung‹ etwas ganz Neues.

Dies war der katholische Biotop, in dem ich aufwuchs: Ein bewusst gläubiges Milieu, das sich in einer schon längst liberalen und in vielem gottvergessenden Großstadt zu behaupten hatte; ein christliches Milieu, das den Schikanen der Nazis ausgesetzt war (ich werde darauf noch zurückkommen); ein katholischer Lebensraum, der durchaus ökumenisch dachte. Das alles: reine Gnade!

Mir ist erst viel später klar geworden, wie wenig selbstverständlich meine christliche Sozialisation damals war. Für viele meiner späteren Mitbrüder, die im Westerwald oder etwa in unterfränkischen Dörfern aufgewachsen waren, war das alles ganz anders. *Wir* mussten uns zu unserem Glauben bekennen. Wenn wir am Sonntag durch die vielen Straßen zum Gottesdienst gingen, trugen wir unsere Gesangbücher stolz in der Hand. Jeder, der uns begegnete, durfte sehen: Wir gehen am Sonntagmorgen nicht irgendwohin, sondern zur Kirche. Heute ist ein schlichtes Bekenntnis dieser Art nicht mehr üblich: Die Gesangbücher befinden sich nicht mehr zuhause, sondern in einer großen Kiste, die hinter der letzten Kirchenbank steht. Man will es den Gläubigen leicht machen. Warum noch ein Gesangbuch mit in die Kirche bringen?

Eines muss ich an dieser Stelle noch erwähnen: Ich war schon als Siebenjähriger, genau wie meine beiden älteren Geschwister, eine Leseratte. Ich las alles, was mir in die Finger kam. Spannende Bücher habe ich oft mehrere Male gelesen. Manchmal fing ich, sobald ich bei einem Buch hinten angekommen war, sofort vorne wieder von neuem an.

Meine Mutter wusste das natürlich. Sie sorgte, obwohl so etwas in der Nazi-Zeit gar nicht leicht war, ständig für Bücher, die nach Möglichkeit in einer christlichen Umgebung spielten und deren Hauptfiguren oft junge Menschen waren, die bewusst ihren Glauben lebten. Ich verdankte diesen Büchern in dieser Phase meines Lebens viel. Und ich bin meiner Mutter noch heute für ihre Umsicht dankbar. Sie hat mir viele Jahre später einmal gestanden, dass sie das meiste von dem, was ich las, auch selbst las, damit sie wusste, was mich jeweils bewegte. Wie sie das bei ihrer Schneiderei und der Aufzucht von vier Kindern geschafft hat, habe ich bis heute nicht begriffen. Mit Sicherheit mussten dafür Nachtstunden herhalten.

Noch etwas anderes muss an dieser Stelle gesagt werden: Ich bin nicht in einer »heiligen Familie« aufgewachsen, in der nur leiser Engelsgesang zu hören war. In unserer Familie konnte es, genau wie anderswo, zwischen den Geschwistern Reibereien und Streit geben. Die Eltern allerdings stritten sich in unserer Anwesenheit nicht. Später wurde mir aber klar, dass es auch zwischen ihnen ein manchmal bis in die Tiefe gehendes ›Einander-nicht-Verstehen‹ gab. Aber es gab eben nach den vor uns verborgen gehaltenen Konflikten immer wieder Versöhnung – und zwischen den beiden eine stille Treue und ein selbstverständliches Füreinander-Dasein, das seine Wurzel in dem gemeinsamen Glauben hatte.

2. Schulzeit

Warum glaube ich an Gott? Die zweite Antwort lautet: Weil ich das Glück hatte, über meine Familie hinaus im richtigen Augenblick immer wieder gläubigen Christen zu begegnen. Das begann schon mit den Freunden, die in der gleichen Eisenbahnersiedlung wohnten, die mit mir an den Rändern des riesigen Güterbahnhofs Versteck spielten und mit mir zusammen die Erstkommunion empfingen.

Diese Erstkommunion feierte ich im Jahre 1942. Nach den Vorschriften der Nationalsozialisten hatten sich alle religiösen Veranstaltungen auf kirchliche Räume zu beschränken. Wir hatten aber, wie schon berichtet, zur Galluskirche, also zu dem Zentrum unserer Heimatpfarrei, ziemlich weit. Deshalb stellte eine gläubige Familie, die in unserer Siedlung wohnte, für den Kommunion-Unterricht der jeweiligen Erstkommunikanten ihren Keller zur Verfügung. Sie hatten dort eigens einen wohnlichen Raum geschaffen. Dorthin kam dann jede Woche einer der Kapläne zum Unterrichten. Und den betreffenden Jungen und Mädchen wurde eingeschärft: »Ihr dürft auf keinen Fall alle gleichzeitig eintreffen.« So wählten wir leicht unterschiedliche Zeiten, spielten nicht vor dem betreffenden Haus, sondern gingen sofort durch die nur angelehnte Haustür hinein; einige kamen auch durch die Gartentür hinter dem Haus. Wie riskant das alles war, wussten nur die Eltern. Wir selbst betrachteten es als eine Art Indianerspiel mit Kriegern eines feindlichen Stammes – ein Spiel mit Anschleichen und Sich-Verstecken.

Das Glück, immer im richtigen Augenblick mit gläubigen Christen zu tun zu haben, setzte sich fort mit den Kaplänen, die damals zu jeder Großstadtpfarrei gehörten. Meine Mutter lud gelegentlich den einen oder anderen von ihnen zum Kaffee oder zum Abendessen ein. Für die Eltern war das wichtig: Sie erfuhren aus dem Mund der eingeladenen Geistlichen, wie der klügere Teil der Katholiken über Hitler und den Nationalsozialismus dachte.

Es wurden dann Gespräche geführt, bei denen wir Kinder nicht dabei sein durften. Wir bekamen aber selbstverständlich mit, dass wir nichts mitbekommen sollten. Und einmal hörte ich durch die geschlossene Tür, als das Gespräch der Erwachsenen erregter wurde, wie ständig von einem »Verbrecher« die Rede war. Ich wusste: Der Mann hieß Hitler.

Natürlich bekamen wir ebenfalls mit, wie sehr unsere Eltern ihre Seelsorger schätzten und achteten. Ich habe von ihnen nie ein niederziehendes Wort über Pfarrer oder Bischöfe gehört. Im Übrigen hätte es auch gar keinen Anlass dazu gegeben: Die Geistlichen, mit denen wir zu tun hatten, waren höfliche, zurückhaltende und liebenswürdige Menschen.

Die Predigten eines dieser Kapläne wurden regelmäßig von einem Spitzel der Gestapo, also der ›Geheimen Staatspolizei‹, kontrolliert. Der saß in einer der hinteren Kirchenbänke, gab genau acht und schrieb mit. Natürlich hütete sich der betreffende Seelsorger, die Verbrechen der Nazis unmittelbar beim Namen zu nennen. Das hätte ihn sofort in das Konzentrationslager Dachau gebracht (wo in der Gesamtzeit dieses Lagers 2.720 europäische Geistliche inhaftiert waren, davon 447 aus Deutschland und Österreich. Vor allem viele polnische Priester wurden dort ermordet. Von den deutschen und österreichischen Geistlichen kamen im KZ Dachau 94 zu Tode). Aber zurück zu unserem Kaplan! Er machte es geschickt: Er predigte zum Beispiel ausführlich über das 5. Gebot: »Du sollst nicht töten!« und erklärte, dass die Bibel damit den Mord an Unschuldigen meine. Die Gläubigen wussten natürlich genau, was er damit sagen wollte und welche Verbrechen er dabei vor Augen hatte. Und auch die Gestapo wusste es. So kam es, dass er mehrfach in die Verhörräume der Frankfurter Gestapo geholt und dort vernommen und bedroht wurde. Allerdings wusste ich damals von diesen Vorgängen noch nichts. Ich habe erst nach dem Krieg davon erfahren. Was ich aber unmittelbar am eigenen Leib erfahren habe, war Folgendes:

Die Grundschule (damals »Volksschule« genannt), in die unsere Eltern uns schickten, war ursprünglich eine katholische

Schule gewesen. Man sah es bereits an ihrem Namen. Sie hieß »Bonifatius-Schule«. Nach der ›Machtergreifung‹ Hitlers wurde ihre Kirchlichkeit allerdings schnell beendet. Lehrer, die nicht der NSDAP, der ›Nationalsozialistischen Deutschen Arbeiterpartei‹, angehörten oder nicht linientreu waren, wurden irgendwohin aufs flache Land versetzt oder bekamen Berufsverbot. An ihre Stelle traten in der Bonifatius-Schule parteitreue Nazis. Fast in jeder Stunde, ob es nun um Schreiben, Lesen, Rechnen oder Heimatkunde ging, verbreiteten sie ihre Partei-Ideologie. Dazu gehörte, dass wir immer wieder den Lebenslauf Hitlers auswendig hersagen mussten:

> *Unser Führer Adolf Hitler ist geboren am 20. April des Jahres 1889 in Braunau am Inn. Schon in seiner frühesten Jugend …* usw.

Ich konnte den langen Text nie korrekt aufsagen, wenn ich dazu von unserem Lehrer aufgerufen wurde. Und ich wurde oft dazu aufgerufen. Zur Strafe musste ich dann vor die Klasse treten, die linke Hand vorstrecken, und der Lehrer schlug mir mit einem langen Lineal mit Wucht auf die Fingerspitzen. Schlimmer als die Schmerzen war die damit verbundene soziale Ausgrenzung. Ich wachte nachts oft schweißgebadet und unter Albträumen auf. Meinen Eltern wagte ich nichts von diesen Dingen zu erzählen. Sie wunderten sich nur über meine miserablen Zeugnisnoten.

Dieser traumatische Spuk fand aber ein gutes Ende. Seit dem Jahre 1940 wurde der Schulunterricht in den deutschen Großstädten wegen der von da an immer intensiver werdenden englischen Bombenangriffe nach und nach beendet. Die Nazis nahmen das zum Anlass, nicht nur die Schüler, sondern auch die jüngeren Kinder aus den Großstädten in nationalsozialistische Heime auf dem Land, oft weit weg im Osten Deutschlands, zu »verschicken« (›Kinderlandverschickung‹ hieß das). Freilich wollten viele Eltern das nicht und schickten ihre Kinder lieber zu Verwandten, die nicht so weit entfernt auf dem Dorf oder in einer Kleinstadt wohnten. Auch unsere Eltern brachten meinen Bruder, meine ältere Schwester und mich 1942 bei Verwandten unter: meinen Bruder in Limburg an der Lahn, meine Schwester in der Rhön und mich in Heppenheim an der Bergstraße.

Das Ganze war für mich die reine Erlösung. Ich hatte plötzlich einen gerechten und freundlichen Klassenlehrer, der Lebenslauf des Führers oder ähnliches Zeug wurde bei ihm grundsätzlich nicht aufgesagt, ich konnte nachts wieder ruhig schlafen, und meine Noten waren endlich vorzeigbar. Die Verwandten, unter deren Obhut ich lebte, waren gute und fromme Christen. Ich fühlte mich wie gerettet und war einfach glücklich. Auch diese Erfahrungen haben meinen Glauben geprägt.

Meine Begegnung mit dem Nationalsozialismus hatte allerdings schon viel früher begonnen. Diese ›Begegnung‹ war ähnlicher Art. Selbst kann ich mich freilich nicht mehr an sie erinnern. Ich war damals noch zu klein. Aber es wurde mir später immer wieder davon erzählt.

Der Frankfurter Flughafen lag damals noch unmittelbar am Rande der Stadt. Es war der Flughafen »Am Rebstock«. Er lag nahe an der schon genannten Eisenbahner-Siedlung, in der wir damals wohnten. Wenn Hitler dort landete, konnte es geschehen, dass er anschließend in einem offenen Mercedes stehend und mit zum ›Deutschen Gruß‹ erhobener Hand durch unsere Siedlung zur nahen Festhalle gefahren wurde. Lange Menschenketten säumten dann die Straßen und brüllten ihr »Heil Hitler«.

Einmal geschah es, dass meine Eltern inmitten der Menge standen und mich hochhoben, damit ich den Führer sehen konnte. Ich hätte aber, wie man mir später erzählt hat, keineswegs auf den Führer geblickt, sondern in die Gesichter der Menge, die sich um uns drängte. Und offenbar hatte ich noch niemals in meiner Kindheit Frauen gesehen, deren Gesichter so fanatisch verzerrt waren wie bei dieser Gelegenheit. Ich hätte, sagte man mir, bitterlich zu weinen begonnen und mein Gesicht an der Schulter meiner Mutter versteckt.

Und jetzt muss ich noch ein Wort zu unserem Religionsunterricht in der Nazi-Zeit sagen. Beim Erstkommunion-Unterricht habe ich das Thema schon gestreift. Die Nationalsozialisten hatten den Religionsunterricht in den Schulen abgeschafft. Er musste deshalb im Rahmen und in den Räumen der Pfarreien selbst stattfinden. Das war freilich kein Unglück. Auf diese Weise wurde der Unterricht zu einer echten Glaubensunterweisung.

1945, unmittelbar nach dem Krieg, gab es in Frankfurt zunächst noch keinen Schulunterricht. Die Schulen lagen alle in Trümmern. Wie schon in der Nazi-Zeit erfolgte der Religionsunterricht deshalb weiter im Rahmen der jeweiligen Pfarrei. ›Pfarrstunde‹ hieß das damals bei uns. Ich habe auf diese Weise in den Kriegsjahren und dann vor allem unmittelbar nach dem Krieg einen außerordentlich gründlichen Religionsunterricht erhalten. Viele Texte des Katechismus wurden auswendig gelernt. Und ich habe sie nicht nur auswendig gelernt. Was im Katechismus stand, wurde uns sorgfältig und vernünftig erklärt. Das Entscheidende dabei war: Wir kamen alle freiwillig. Und der Hintergrund für diesen Unterricht war das gemeinsame kirchliche Leben. Wir sahen uns ja auch alle im sonntäglichen Gottesdienst.

Selbstverständlich gehörte zu meiner kirchlichen Sozialisation noch vieles andere. Ich wurde mit acht Jahren Ministrant. Mein Bruder Norbert, sechs Jahre älter als ich, der mir in allem nicht nur ein großes Vorbild, sondern auch ein wirklicher Helfer war, hatte mich die lateinischen Messgebete gelehrt. Schon allein weil ich Ministrant war, ging ich jeden Sonntag, aber oft auch an Werktagen, in die hl. Messe. Es war nichts Besonderes. Es war selbstverständlich.

Ich kann nicht behaupten, dass ich als Kind oder als Jugendlicher von der hl. Messe ergriffen gewesen wäre. Die Eucharistiefeier war für mich eher auf einer sportlichen Ebene angesiedelt: pünktlich da sein, beim Ministrieren die richtigen Antworten geben und Haltung zeigen; keine wackeligen Kniebeugen, kein Herumzappeln, keine Fehler machen.

Natürlich war der Gottesdienst ein Stück Heimat: die farbigen Kirchenfenster der Elisabethenkirche, die bei den abendlichen Andachten langsam ihre vielen Farben verloren und sich in ein geheimnisvolles dunkles Rot verwandelten – der Weihrauch – die liturgischen Gewänder – die tiefe Stille beim Segen mit der Monstranz – das leise Licht der vielen Kerzen – die Lieder mit ihrem oft altertümlichen Deutsch und ihren vertrauten Melodien. Da muss sich mir etwas Unauslöschliches ins Herz gesenkt haben.

Manchmal gelang es mir sogar, nach der Kommunion, wenn ich wieder an meinem Platz angekommen war und die Hände, wie das damals üblich war, vor das Gesicht hielt, wirklich andächtig zu beten. Doch vieles war reiner Ablauf. Die Predigt war für mich lange Zeit völlig uninteressant. Ich hörte gar nicht hin, sondern ließ die Augen spazieren gehen. Daran haben auch die sogenannten Kindergottesdienste kaum etwas geändert.

Das wurde erst anders, als ich etwa 17 oder 18 Jahre alt geworden war. Der Krieg war längst vorbei. Da meldeten sich, langsam und noch verhalten, die ersten wirklichen Glaubensfragen. Wenn ich mich recht erinnere, ging es vor allem um Fragen der Kirchengeschichte. Ich wurde am Gymnasium im Geschichtsunterricht zum ersten Mal mit den dunklen Seiten der Christenheitsgeschichte konfrontiert: Ketzerbekämpfung, Judenverfolgung, Glaubensspaltung, Religionskriege, Missachtung, ja Hass zwischen den Konfessionen – das gesamte Spektrum.

Meine Perspektive war dabei noch ganz apologetisch. Ich meldete mich in meiner vorwiegend protestantischen Klasse zu einem Referat über die Reformation, um den katholischen Standpunkt vortragen zu können. Ich wollte dazu mehr wissen und besorgte mir in einer Bibliothek Spezialliteratur – aber nur, um die katholische Kirche zu verteidigen.

Damals begann ich auch, während der sonntäglichen Predigt hinzuhören. Ich brauchte ja Material für die Rechtfertigung des eigenen Glaubens. Doch da zeigte sich bald: Die in der Pfarrei übliche Predigt bot dazu wenig Hilfe. Sie reichte nicht aus. Und genau zu diesem Zeitpunkt hatte ich erneut Glück.

Unsere Wohnung, wieder in der Kuhwaldsiedlung, lag nämlich nicht allzu weit von der Frankfurter Universität entfernt. Zu Fuß war es eine gute halbe Stunde. Und nahe der Universität gab es die Räume der Katholischen Studentengemeinde. Dort hielt jeden Sonntag der Studentenpfarrer Ottmar Dessauer, der Sohn des bekannten Naturwissenschaftlers, Unternehmers und Publizisten Friedrich Dessauer[8], einen Gottesdienst für die katholischen Studentinnen und Studenten. Ich ging nun sonntags so oft wie nur möglich dorthin, obwohl ich gar kein Student war und noch zwei Jahre Gymnasium vor mir hatte.

Ottmar Dessauer war für mich ein Phänomen. Seine Predigten waren bis ins Detail ausgearbeitet. Er las sie vom Manuskript ab und schaute dabei seine Zuhörer kaum an. Doch das störte mich in keiner Weise. Denn alles, was er sagte, war vernünftig, war erhellend und beantwortete exakt die Fragen, die damals in meinem Kopf rumorten.

Man merkte Dessauer an, dass er einen Vater hatte, für den Naturwissenschaft und Glaube keinen Gegensatz bildeten und für den es selbstverständlich war, dass der christliche Glaube Öffentlichkeitscharakter hat: er muss bezeugt werden. Ottmar Dessauer lebte zudem mit anderen bekannten Seelsorgern zusammen in einer Priestergemeinschaft: in dem Frankfurter »Oratorium des hl. Philipp Neri«.

Ich bin schon bald jeden Sonntag in seinen Gottesdienst gegangen. Ich lernte von ihm, dass sich die Ergebnisse der modernen Naturwissenschaft und der biblische Schöpfungsbericht nicht widersprechen, weil beide auf ganz verschiedenen Ebenen reden. Ich lernte von ihm, dass die sich über endlos lange Zeiträume hinziehende Evolution des Organischen mit ihrem Versuch und Irrtum, mit unablässiger Reproduktion, Mutation und Selektion dem einen, unablässigen Schöpfungsakt Gottes entspringt.

Das alles war so einleuchtend, dass mir noch heute die christlichen Fundamentalisten leid tun, die gegen die Evolution kämpfen. Für mich ist die phantastische Evolutionsgeschichte – auch mit ihren Sackgassen und Fehlversuchen – ein Zeichen für die Größe des Schöpfers, vor allem aber Zeichen der Freiheit, die er für seine Schöpfung will.

Ich begegnete in Ottmar Dessauer auch zum ersten Mal einem Prediger, der die Evangelien wirklich ›auslegte‹, der den

Text hin- und herwendete, ja ihn geradezu knetete. Die hl. Messe wurde so zu einem intellektuellen Abenteuer, auf das ich gerne zuging und auf das ich mich sogar freute. Ottmar Dessauer kam für mich genau zur richtigen Zeit. Auch das war Gnade.

Natürlich müsste ich an dieser Stelle noch vieler anderer Menschen gedenken, die mir begegnet sind, die mir geholfen haben und die mich geführt haben. Die besten und interessantesten von ihnen waren Männer und Frauen, die tief im Leben der Kirche verwurzelt waren. Von daher habe ich das unablässige Kritisieren und Schlechtreden der Kirche, das dann seit den 1960er Jahren üblich wurde, zunächst einmal überhaupt nicht verstehen können.

3. Jugendbewegung

Es gehört in der westlichen Zivilisation normalerweise zum Lebenslauf eines Jugendlichen, dass er im Laufe seiner Pubertät die ›Umzäunungen‹ der eigenen Familie durchbricht. Sie waren notwendig. Sie gaben dem heranwachsenden Kind Geborgenheit und Sicherheit. Aber irgendwann müssen sie durchbrochen werden. Freilich hat dieser Ablösungsprozess vom Elternhaus zu allen Zeiten sehr verschieden ausgesehen. Und es gab ihn nicht einmal überall. In manchen Kulturen ist er noch heute verpönt oder kaum wahrnehmbar[9]. In Europa geschah er, wenigstens in bestimmten Epochen, geradezu stürmisch. So jedenfalls war es in Deutschland bei der sogenannten ›Jugendbewegung‹. Sie hat in meinem Leben eine wichtige Rolle gespielt. Deshalb muss sie an dieser Stelle vorkommen.

Ich kann im Folgenden freilich nur holzschnittartig auf das Phänomen ›Jugendbewegung‹ eingehen. Sie bereitete sich schon in der 2. Hälfte des 19. Jahrhunderts vor und ergriff dann spätestens vor und nach dem 1. Weltkrieg immer mehr Jugendliche – ob sie nun in Sportvereinen, in den Parteien oder in den Kirchen ihre Heimat hatten.

Ideale dieser immer mehr um sich greifenden Bewegung waren Einfachheit, Natürlichkeit, innere Wahrhaftigkeit, Selbstverantwortung, Selbsterziehung (»Jugend führt Jugend«), Sehnsucht nach einer eigenen unantastbaren Jugendwelt, Protest gegen verbürgerlichtes Leben und Distanzierung von der »Spießerwelt« der Erwachsenen. Damit diese programmatischen Begriffe etwas anschaulicher werden, im Folgenden ein Zitat aus dem 1. Band der Autobiografie des Philosophen Josef Pieper (1904–1997)[10]. Er war während seiner Schulzeit Mitglied in einem Abstinenzverein für Jugendliche gewesen, in dem irgendwann plötzlich alles anders wurde:

Von einem Tag zum anderen spielt jeder Fünfte unter uns die Laute oder die Gitarre; wir werfen unsere kleinbürgerlichen Zelluloidkragen mit den dazugehörigen Einsteck-Schlipsen weg und tragen statt dessen Schillerkragen oder Fahrtenkittel; das Haar lassen wir uns auf ärgerniserregende Weise wachsen; lange Hosen und Westen sind auf einmal verpönt; und über die eleganten Stöckchen mit Silber- oder Elfenbeinknauf, mit denen wir damals, als Sechzehnjährige, bereits einherzustolzieren begonnen haben, können wir nur noch mitleidig lächeln. Draußen vor der Stadt machen wir, buchstäblich im Schweiße des Angesichts, aus einem verwahrlosten barocken Schloß-Pavillon ein »Heim« und halten dort Sing-Abende; wir lernen (bei wem eigentlich?) die alten Volkstänze, studieren Spiele von Hans Sachs und Andreas Gryphius ein und führen sie im Freien auf. Vor allem aber hebt die Zeit des Wanderns an: wir ziehen auf »Fahrt«.

Innerhalb der katholischen Kirche spielten drei Jugendbünde eine besondere Rolle: Ab 1913 entstand in mehreren Schritten der Verein der »Quickborn-Freunde«. Sein Zentrum wurde die Burg Rothenfels am östlichen Rand des Spessarts hoch über dem Maintal. Dieser Jugendbund bildete eine wichtige Basis für das Wirken Romano Guardinis, über den die Liturgische Bewegung in der katholischen Kirche weite Kreise erreichte. – In das Jahr 1919 fällt die Gründung eines Verbands katholischer Schüler an höheren Lehranstalten mit dem Namen »Neudeutschland«. Der Verband wurde von Jesuiten geistlich geformt und später auf die Universität ausgedehnt. Einer seiner wichtigsten Programmpunkte lautete: »Neue Lebensgestaltung in Christus«. – Ebenfalls in die Zeit nach dem 1. Weltkrieg fällt die Gründung des »Heliand«, eines Bundes katholischer Mädchen an Höheren Schulen.

Die drei genannten Bünde (es gab noch andere) standen ganz auf dem Boden der Kirche – und zwar einer Kirche, die sich als jung und verheißungsvoll erlebte. Romano Guardini prägte damals das Wort: »Die Kirche erwacht in den Seelen«. Das galt zwar nicht nur für die Jugendbewegung, war aber gerade für sie besonders zutreffend. Die überwiegend lateinische Messe wurde von ›Gemeinschaftsmessen‹ mit ›Vorbetern‹ abgelöst, die bestimmte Teile der Messgebete auf Deutsch vortrugen. Es gab nun ›Jugendmessen‹, ›Jugendpredigten‹, ›Jugendwallfahrten‹, viele neue Lieder und eigene Jugendzeitschriften.

Ich nenne die Namen einiger dieser Zeitschriften. Sie stammen aus sämtlichen Lagern der Jugendbewegung und verraten das neue Lebensgefühl: »Der Neue Anfang« – »Der Aufbruch« – »Der Bund« – »Eisbrecher« – »Der Falke« – »Deutsche Freischar« – »Kameradschaft« – »Michael« – »Das Lagerfeuer« – »Der weiße Ritter« – »Der Pfad zum Reich«. – Gerade die Beliebtheit des Wortes »Reich« zeigt freilich die Ambivalenz und Vagheit der damaligen Jugendsprache. »Das Reich«: damit konnte das »Reich Christi« gemeint sein, aber auch das »Jugendreich«, mit ziemlicher Sicherheit das »Deutsche Reich« oder alle drei Bedeutungen schillernd ineinanderfließend.

Die Nationalsozialisten konnten zahlreiche Begriffe und Rituale der Jugendbewegung aufgreifen. Sie färbten sie aber ein in ihre eigene Ideologie, usurpierten sie für die ›Hitlerjugend‹ und verboten nach ihrer Machtergreifung 1933 den ›Bündischen‹, sie weiter zu gebrauchen.

Was die katholische Kirche betraf, untersagten die neuen Machthaber unter Missachtung des mit dem Vatikan abgeschlossenen Konkordats schon sehr bald jede Art von Öffentlichkeitsarbeit der katholischen Verbände. Der Kirche blieben nur Versammlungen in den eigenen Räumen. Wie reagierten die Bischöfe auf dieses Verbot?

Besonders kennzeichnend dafür ist die Geschichte des ›Bekenntnistags der Katholischen Jugend‹. Schon bald nach dem Ende des 1. Weltkriegs hatten die Bischöfe den Dreifaltigkeitssonntag, also den 1. Sonntag nach Pfingsten, zu einem Bekenntnistag der Jugend gemacht. Man feierte ihn vor allem in den Domen und großen Kirchen mit einem gewaltigen Aufgebot an Jugendlichen; man beging ihn mit Prozessionen und Fackelzügen.

Die Nazis hassten diese Feiern und suchten sie zu verhindern. Sie legten deshalb ihr ›Reichssportfest‹ genau auf diesen Sonntag. Das war eine durchaus wirksame Maßnahme, denn viele Jugendliche wollten oder mussten am Reichssportfest teilnehmen. Deshalb verschoben die Bischöfe den Bekenntnistag der Jugend auf das Christkönigsfest, das erst im Jahre 1925 von Papst Pius XI. neu eingeführt worden war. Und so wurde der letzte Sonntag im Kirchenjahr zu dem großen Protesttag der katholischen Jugend. Das Bekenntnis zu Jesus Christus, dem König der Welt, wurde dabei dem Hitler-Kult bewusst entgegengesetzt. Neu geschaffene Christkönigs-Lieder spielten an diesem Sonntag eine wichtige Rolle. Zum Beispiel das folgende Lied:

Uns rufet die Stunde, uns dränget die Zeit.
Zu Wächtern, zu Rittern hat Gott uns geweiht.
Zum Trotzen und Tragen, zum Ringen und Wagen,
So stehn unsre Scharen bereit.

Es wehen die Banner, wir schreiten voran.
Es lodern die Fackeln, wir streben bergan.
Kein Rasten, kein Stehen im Sturm zu den Höhen:
Hier gilt nur der mutige Mann.

Christkönig, dein Jungvolk steht treu auf der Wacht.
Wir tragen dein Licht gegen Nebel und Nacht.
Herr, segne die Reihen, die freudig sich weihen
dir König der ewigen Macht!

Das Lied stammt aus dem Jahre 1934, die Melodie von Adolf Lohmann, der Text von dem Pfarrer Franz Morthorst. Es war in den damaligen Bekenntnisfeiern und in zahllosen ›Singe-Abenden‹ eines der beliebtesten Lieder. Es war ein Kampflied mit einem Marschrhythmus, der jeden erfasste, der es damals sang. Allerdings war es in seiner sprachlichen und musikalischen Form extrem zeitgebunden. Heute könnte man in diesem Stil nicht mehr singen. Die Ritter-Romantik und die militärisch-mystische Sprache wären unerträglich. »Kein Rasten, kein Stehen, im Sturm zu den Höhen …« – was war damit gemeint? Offener Aufstand gegen den Nationalsozialismus? Wohl kaum! Der Text bleibt veredelt vage. Damals, in den Jahren der SS, der

Gestapo und der Hitlerjungend war freilich für viele katholische Jugendliche klar: Dieses Lied richtet sich gegen die Nazi-Diktatur. »Nebel und Nacht« zum Beispiel – damit war die verlogene NS-Ideologie gemeint. Und Christus, der König, war der wahre Führer, nicht Hitler.

Natürlich wundert man sich heute über das Wort »Jungvolk« in der 3. Strophe. Denn die Nazis nannten ja die 10–14jährigen HJ-Mitglieder »Jungvolk«. Aber eben diesen Begriff hatten sie, wie vieles andere, der Jugendbewegung gestohlen[11].

Das Lied stand in dem damals weit verbreiteten katholischen Liederbuch »Das graue Singeschiff«. Nicht nur das »Singeschiff« und das »Weihnachtssingebuch«, sondern auch »Das Kirchenlied« und Zeitungen wie »Michael« und »Die Wacht« entstanden aus der Arbeit, die im Jugendhaus Düsseldorf unter dem Jugendpräses Ludwig Wolker und seinen Helfern, unter ihnen vor allem von Georg Thurmaier[12], geleistet wurde. Dies solange, bis die Nationalsozialisten 1938 sämtliche nichtstaatlichen Jugendverbände per Dekret auflösten. 1939 wurde die Zugehörigkeit zur ›Hitlerjugend‹ (HJ) durch staatliches Gesetz zur Pflicht gemacht.

Doch warum erzähle ich das alles? Nach dem 2. Weltkrieg, als es mit dem ›Tausendjährigen Reich‹ endlich vorbei war, blühte die klassische Jugendbewegung für einige Zeit noch einmal auf. Ich machte mein Abitur im Jahre 1954 am Heinrich-von-Gagern-Gymnasium in Frankfurt. Und genau in diesen Jahren von 1945 bis 1954 konnte ich noch teilhaben an dem, was die katholische Jugend einmal ausgezeichnet hatte. Es war wie eine Spätblüte – oder besser gesagt: wie der Nachsommer einer für die Kirche bemerkenswerten Zeit. Ich sehe diese Jahre nach dem Krieg in vielen mir unvergesslichen Bildern vor mir.

Eines davon taucht besonders oft in meinen Erinnerungen auf: Der Bartholomäus-Dom ragte damals aus den ausgedehnten Trümmerfeldern der Frankfurter Altstadt hoch heraus. Der Turm stand noch, auch noch die nackten Mauern des ausgebrannten Kirchenschiffs. Neben der Dom-Ruine hatten Angehörige der Katholischen Jugend aus den Trümmersteinen für die Aufführungen ihrer Laienspielschar eine erhöhte, aber sanft geneigte

Bühne geschaffen. An den Sommerabenden versammelte sich dort inmitten der Ruinen eine große Menschenmenge und nahm Anteil an diesen Aufführungen. Die Namen der Stücke habe ich vergessen. Nicht aber mein hingerissenes Hören und Schauen.

Ein zweites Bild: Unseren damaligen Kaplan, Hermann-Josef Heyer, sah man monatelang jeden Morgen zwei bis drei Stunden lang vor der zerbombten Galluskirche Trümmer wegkarren: Die nur halbwegs zerstörte Eingangshalle der Kirche sollte zu einer Notkirche umgebaut werden. Jugendliche aus der Pfarrei halfen spontan mit, später auch beim Mörtel-Mischen und sogar beim Mauern. Für uns war das Ganze Symbol für den Wiederaufbau der Kirche in Deutschland.

Ein anderes Bild, ich kann die Jahre nicht mehr sauber sortieren: Zu der Bernarduskirche im Nordend strömten lange Zeit jeden Monat am Abend eines bestimmten Tages Scharen von Jugendlichen zur ›Jugendpredigt‹. Wer nicht frühzeitig da war, bekam keinen Sitzplatz mehr. (Die Kirche hatte 800 Sitzplätze.) Diese monatliche Veranstaltung war nicht nur wegen der meist spannenden Predigt beliebt, sondern auch wegen der langen Hin- und Rückwege durch die Stadt. Man wanderte zu Fuß und in bunt gemischten Gruppen. Die Jugendpredigt in Bernardus war einfach »das« gesellschaftliche Ereignis, das die katholische Jugend von Frankfurt regelmäßig zusammenführte.

Das Gleiche galt für die jährliche ›Jugendwallfahrt‹ zum Kloster Marienthal im Rheingau. Wir fuhren den weiten Weg von Frankfurt in den Rheingau selbstverständlich mit dem Rad und zelteten dann, trotz der zahllosen Schnaken, auf den Klosterwiesen. Hier wie bei vielen anderen Gelegenheiten gehörten der gemeinsame Glaube und der sportliche Aspekt unlöslich zusammen.

Das galt auch für ein weiteres jährliches Großereignis dieser Jahre, nämlich für die Fronleichnamsprozessionen. In unserer Heimatpfarrei St. Gallus zog diese Prozession größtenteils über die lange, breit ausgebaute »Frankenallee«. Die Männer, die Frauen, die Ordensschwestern und natürlich die Pfarrjugend waren jeweils verantwortlich für einen der vier Altäre, genauer gesagt: für *ihren* Altar. Und da kam Ehrgeiz ins Spiel: Welche der vier Gruppen hatte den schönsten Altar mit dem meisten Grün und den schönsten Blumenteppichen? In unseren Augen war es natürlich stets der Altar der Jugend. Am Vorabend kam dann meistens das (von einem der Unsrigen erfundene?) Gerücht auf, die Kommunisten wollten die Altäre in der Nacht zerstören. Damit war klar: Die vier Altäre mussten von den schon Älteren bewacht werden. Müde, aber glücklich, nahmen sie dann am Morgen an dem feierlichen Fronleichnams-Gottesdienst und der Prozession teil. Ich besitze noch ein Foto von der großen Zahl der Jugendlichen, die da hinter ihren Christusbannern mitzogen.

Natürlich gehörte auch ich einer ›Jungschargruppe‹ an mit einem ›Gruppenführer‹, einem Wimpel, wöchentlichen Zusammenkünften und dazu Fahrten durch halb Deutschland. Oft sangen wir dabei ein Fahrtenlied aus den Dreißigerjahren:

Wir sind durch Deutschland gefahren,
vom Meer bis zum Alpenschnee,
wir haben noch Wind in den Haaren,
den Wind von den Bergen und Seen.

In den Ohren das Brausen vom Strome,
der Wälder raunender Sang,
das Geläut von den Glocken der Dome,
der Felder Lerchengesang.

In den Augen das Leuchten der Sterne,
das Flimmern der Heidsonnenglut,
und tief in der Seele das Ferne,
das Sehnen, das nimmermehr ruht.

So sind wir durch Deutschland gefahren,
vom Meer bis zum Alpenschnee,
wir werden noch weiterfahren,
um neue Lande zu sehn.

Irgendwann wurde ich dann selbst Jungscharführer und bekam eine Gruppe von Neun-bis Zehnjährigen anvertraut. Und auch hier häufen sich bei mir die Erinnerungen. Da waren einerseits die wöchentlichen Gruppenstunden im Pfarrheim. Ich musste lernen, geduldig, oft aber auch klar und entschieden mit einem quirligen Haufen von etwa zehn Buben umzugehen.

Jedes Jahr im Sommer fuhren wir mit der Bahn in den Westerwald, wo in dem einsamen Gelbachtal ein Zeltlager des Bistums aufgebaut war. Zwölf große amerikanische Pyramidenzelte standen dann dort, sauber ausgerichtet in zwei Reihen. Dazwischen das Lagerfeuer vor einem großen Kreuz aus Birkenstämmen. Morgen- und Abendgebet vor dem Kreuz, gemeinsames Essen im Freien, Wanderungen, Sportwettkämpfe, abendliche Singe-Runden, nächtliche Geländespiele und vieles andere gehörte dazu. Um das Zelt meiner nach Abenteuern fiebernden Gruppe am Abend zur Ruhe zu bringen, lernte ich es, während alle schon im Dunkeln auf ihren Feldbetten lagen, frei erfundene Geschichten zu erzählen, die ich möglichst spannend machte. Oft verarbeitete ich aber auch Geschichten aus Büchern, die ich früher gelesen hatte. Nach einer gewissen Erzählzeit wurde ich immer leiser – und wenn dann kein Protest kam, wusste ich: Die Kerle sind endlich alle eingeschlafen.

Noch eindringlicher als das große Zeltlager waren allerdings kleine Fahrten mit meiner Jungschargruppe in den Spessart. Es gab dort einen Bauernhof, wo wir in der Scheune schlafen durften. Die Bäuerin kochte uns für den Mittag und den Abend ein Essen. Dazwischen streiften wir durch die Wälder. Oft saßen wir am Abend, jeder eingehüllt in seine Decke, oben an einem steilen Abhang, erlebten, wie es dunkelte und im Wald hinter uns immer stiller wurde. Für mich war das dann eine Gelegenheit, mit den Buben über alles Mögliche zu reden, auch über die Kirche, auch über den Glauben. Am Ende stand das gemeinsame Abendgebet.

Aber noch einmal: Warum erzähle ich das alles? Damals konnte ich es noch nicht in Worte fassen und habe wohl auch kaum darüber nachgedacht. Heute freilich ist mir klar: Kinder und Jugendliche müssen zwar den Glauben bei ihren Eltern erfahren und von ihren Eltern in den Glauben eingeführt werden. Das ist die unentbehrliche Basis. Aber irgendwann – und das darf schon früh beginnen – müssen sie den christlichen Glauben auch außerhalb der eigenen Familie erleben, und zwar nicht nur bei Erwachsenen oder Älteren, sondern auch bei Gleichaltrigen und sogar bei Jüngeren. Und das galt natürlich auch für mich. Doch dazu muss ich an dieser Stelle noch einige Beispiele erzählen.

Ich hatte in der Jungschargruppe, für die ich verantwortlich war, einen sehr kleinen und extrem ängstlichen Jungen. Er war in der Gruppe der Jüngste, und er wurde von seiner Großmutter erzogen, denn seine Eltern hatten eine Bäckerei und waren die halbe Nacht und den ganzen Tag beruflich gebunden. Unglücklicherweise hieß er auch noch ›Holdi‹. In der Schule schikanierten ihn zwei aus seiner Klasse. Es war schon mehrere Male vorgekommen, dass sie ihm nach dem Unterricht gesagt hatten: »Du bleibst jetzt hier an diesem Baum stehen und wartest, bis wir wieder vorbeikommen und dir erlauben, nach Hause zu gehen.« Holdi wartete dann stundenlang und wagte nicht wegzulaufen.

In der Jungschar-Runde brachte jemand die Sache zur Sprache; er war in derselben Klasse. Wir haben Holdi dann gesagt: »Wenn das wieder vorkommt, wartest du, bis die Typen verschwunden sind und dann gehst du einfach nach Hause. Und wenn dir nachher noch irgendeiner Schwierigkeiten macht, kriegt er es mit unserer ganzen Gruppe zu tun.«

Ich wusste selbst nicht genau, was wir in diesem Fall getan hätten; es gab ja verschiedene Möglichkeiten. Als es dann tatsächlich wieder passierte, ging der Kleine einfach weg. Er bekam auch vonseiten der Burschen, die ihr Spiel mit ihm getrieben hatten, keinerlei Schwierigkeiten mehr. Sie hatten wohl nur ausprobieren wollen, wie weit sie gehen konnten. Mich hat damals das Vertrauen, das Holdi zu mir und der ganzen Gruppe hatte, tief bewegt. Ich habe zum ersten Mal geahnt, was Vertrauen ist und was es von dem verlangt, dem Vertrauen geschenkt wird.

Wichtig für mich waren auch die Gleichaltrigen in jener Jugendgruppe, zu der ich selbst gehörte. Es waren ja nicht nur die großen Fahrten durch halb Deutschland, bei denen man sich sehr genau kennen lernte. In dem weit ausgedehnten Frankfurter Stadtwald hatte die Baufirma Philipp Holzmann auf einem ziemlich großen Areal Sand und Kies ausgebaggert. Dadurch war ein See entstanden, gespeist von sauberem Grundwasser. Wir nannten ihn – romantisch, wie wir damals waren – das »Blaue Auge der Wüste«, obwohl er inmitten von Kiefernwäldern lag. An heißen Sommerabenden fuhren wir mit dem Rad dorthin, meist spontan und ganz ungeplant. Irgendeinen oder mehrere von uns konnte man dort dann ganz bestimmt antreffen. Es war aber nicht nur das Badevergnügen. Es gab immer etwas zu erzählen, zu beraten oder zu diskutieren. Das Entscheidende freilich war, dass wir uns auch am Sonntag in der Kirche sahen. Man glaubt eben nicht allein, sondern die Gleichaltrigen spielen dabei eine bedeutende Rolle.

Am wichtigsten für mich waren in dieser Zeit freilich Ältere, die aus der Jugendarbeit der Pfarrei nicht wegzudenken waren. Da war zum Beispiel ein früherer Jugendführer namens Josef Wild, den man wie viele andere am Ende des Krieges mit 17 Jahren noch zum Militär gezwungen hatte. Die Pfarrei verdankte ihm für den Aufbau neuer Jugendgruppen unmittelbar nach dem Krieg sehr viel. Er war inzwischen verheiratet. Ich habe ihn oft besucht, mir von seinen Kriegserfahrungen berichten lassen, von ihm Bücher ausgeliehen und genau beobachtet, wie liebevoll und klug er und seine Frau mit ihrer kleinen Tochter umgingen.

Genauso denke ich noch oft an unsere Seelsorgehelferin in St. Gallus. Damals waren solche Dienste für die Pfarrei noch nicht in gleicher Weise institutionalisiert und geregelt wie heute. Unser Pfarrer, der schon erwähnte Albert Perabo, hatte sie, obwohl sie noch sehr jung war, gefragt, ob sie in der Pfarrei mithelfen wolle, und sie hatte sofort Ja gesagt. Sie wurde mit ihrer Herzlichkeit und Zugewandtheit bald zur Seele der Gemeinde. Sie sorgte für alle Mädchengruppen. Aber auch viele andere kamen mit ihren Fragen und Problemen zu ihr in das kleine Pfarrbüro. Für mich war sie wie eine große Schwester. (Meine leibliche ältere Schwester war am 21. November 1944 durch einen Tieffliegerangriff auf den Bahnhof Hünfeld in der Rhön zusammen mit über 60 Schulkindern getötet worden.) Wir liehen uns gegenseitig Bücher aus, unterhielten uns über Filme wie »Nachtwache« oder »Das Lied von Bernadette« oder diskutierten über einen Tanzabend für die Jugendlichen in der Pfarrei. Die Gläubigkeit von Gertrud Koob, so hieß die junge Frau, war einer der vielen Gründe, die mir später geholfen haben, Priester zu werden.

Ich könnte noch lange von Personen und Geschehnissen aus dieser Zeit erzählen. Doch es ist wohl längst klar geworden, was ich der Nachblüte der Jugendbewegung verdanke: das unbeschwerte Miteinander mit Älteren, mit Gleichaltrigen, mit Jüngeren. Es war für mich eine äußerst wichtige Zeit. Es war die Erfahrung von Gemeinschaft im Glauben – außerhalb des Elternhauses.

4. Entscheidungen

Fast alles, was ich bis jetzt von mir erzählt habe, gleicht dem, was die Soziologen eine »sanfte Sozialisation« nennen. Das heißt in diesem Zusammenhang: Ich bin, ohne Widerstand zu leisten, in Grundformen des Glaubens hineingewachsen. Ich habe dabei keine wirklichen Entscheidungen gefällt. Andere haben mir den Glauben vorgelebt, ihn mir erklärt, mich an die richtigen Fragen herangeführt, mir gezeigt, wie man als Christ leben kann.

Und ich habe den Glauben *gewollt* – so wie man ein deftiges Stück Brot essen *will*. Allerdings hat die Formulierung: »Sie haben mir den Glauben »vorgelebt« ihre Probleme. Sie haben mir nicht bewusst etwas »vorgelebt«. Sie haben einfach ihren Glauben gelebt.

Auch hierfür noch ein Beispiel: Als Lokführer hat sich mein Vater für seinen Dienst immer sehr sorgfältig vorbereitet: Da wurde die Karbidlampe[13] gewartet, da wurden die Fahrpläne, vor allem die Pläne mit den aktuellen »Langsamfahrstellen« noch einmal studiert, eines oder mehrere Päckchen für die Brotzeit wurden zurechtgemacht und auch sonst alles Nötige eingepackt. Mein Vater musste bei langen Fahrten – etwa von Frankfurt nach Leipzig – ja in Eisenbahner-Unterkünften übernachten. Eines Tages kam ich, ohne anzuklopfen, in das Schlafzimmer meiner Eltern gestürmt, weil ich irgendetwas suchte. Es war unmittelbar vor dem Dienstantritt meines Vaters. Da kniete er, mit den Armen auf sein Bett gestützt, auf dem Boden und betete – ganz offensichtlich um eine unfallfreie Fahrt. Mir wurde in diesem Augenblick schlagartig klar, dass er das offenbar vor jedem Dienstantritt tat, aber stets hinter geschlossener Tür. Ich verließ fast erschrocken das Zimmer. Da wurde überhaupt nichts »vorgelebt«. Da wurde Glaube einfach gelebt. Ich werde dieses Bild meines betenden Vaters nie vergessen.

»Sanfte Sozialisation im Glauben«: Es gab bei mir in dieser Zeit keine Glaubenskämpfe, keine Glaubenskrisen und auch keine allmähliche Erosion des Glaubens. Es war ein organisch gewachsener, noch unerschütterter Glaube. Nicht einmal die Tatsache, dass ich mit achtzehn Jahren an einer schweren Hepatitis erkrankte und mich fast ein halbes Jahr lang erschöpft und todmüde Tag für Tag dahinschleppen musste, führte mich in eine Glaubenskrise hinein. Ich hatte ja gelernt: Gott kann uns prüfen, er kann uns Umwege führen, er kann uns Lasten auf die Schultern legen – das gehört bei einem christlichen Leben dazu.

Ich habe meine Krankheit damals einfach akzeptiert, Gott keine bitteren Fragen gestellt und ihm erst recht keine Vorwürfe gemacht. Also ein ziemlich behüteter und unangefochtener Glaube. Auf die Dauer hätte das natürlich nicht genügt. Es musste mehr geschehen.

Mit 21 Jahren, nachdem ich schon zwei Semester Germanistik und Latein studiert hatte (ich wollte Gymnasiallehrer werden), stand ich plötzlich vor der Frage, ob Gott mich nicht dazu berufen hatte, Priester zu werden. Der äußere Anstoß dazu kam nicht von meinen Eltern. Sie haben nie mit mir über dieses Thema gesprochen. Der Anstoß kam auch nicht von meinem Bruder, der damals bereits in den Jesuitenorden eingetreten war. Er kam von einem Professor desselben Ordens namens Heinrich Bacht (1910–1986), den ich wegen seiner Hilfsbereitschaft und seines Humors überaus schätzte. Er sprach mich eines Tages, als ich ihn wieder einmal besuchte, auf die Frage einer Berufung zum priesterlichen Dienst an. Ich widersprach ihm heftig – und war dennoch bis in die Tiefe getroffen. Als ich mich von ihm verabschiedete, wusste ich, dass ich jetzt vor einer Entscheidung stand, die mein ganzes Leben betraf. Es ging nun unmittelbar um die Rolle Gottes in meinem Leben. Und das war in dieser bestürzenden Wucht für mich etwas völlig Neues.

Die Entscheidung fiel innerhalb weniger Tage, genau genommen sogar innerhalb weniger Stunden. Ich stellte mir immer wieder beide Möglichkeiten vor Augen: das, was ich mir in bunten Phantasien erträumt hatte – und das, was jetzt plötzlich vor mir stand: ein ganz anderes Leben, das unmittelbar und ausschließlich mit dem Dienst am Evangelium zu tun haben würde.

Ich weiß noch genau, was bei diesem Abwägen und Bedenken, bei diesem Sich-Winden und Auswege-Suchen den Ausschlag gegeben hat. Erstens die Einsicht: Die Situation, in die ich da plötzlich geraten war und die mich so nackt und ungeschützt mit Gott konfrontierte – diese Entscheidungssituation konnte nur von Gott selbst kommen und musste mit »seinem Willen« zu tun haben. Und noch ein zweiter Gedanke meldete sich mehrfach: Wenn dein Leben einmal zu Ende geht und du im Tod endgültig vor Gott stehst – was wäre dann besser: sich für Gott entschieden zu haben oder für die eigenen süßen Lebensträume?

Es war wohl wieder reine Gnade, dass ich damals so schnell eine Wahl treffen konnte. Sobald ich mich eindeutig entschieden hatte, Seelsorger, genauer gesagt, Pfarrer zu werden, erfüllte mich eine tiefe Ruhe, ja eine stille Freude. Es war eine Gotteserfahrung – dessen bin ich mir seitdem stets absolut sicher gewesen. Ich würde sie mir von niemandem ausreden lassen.

Übrigens hat sich diese Erfahrung dann später noch mehrere Male in ähnlicher Weise wiederholt. Es gab ja noch weitere Entscheidungen, die mein Leben tiefgreifend verändert haben. Ich werde noch davon berichten. Damals allerdings ging es um eine Grundentscheidung, auf der alles Spätere aufbaute. Im Rückblick zeigt mir diese Grundentscheidung, dass ein übernommener Glaube, in den man eben einfach hineingewachsen ist, auf die Dauer nicht genügen kann. Vor allem nicht in unserer Zeit, in der bereits die Mehrheit derer, mit denen wir täglich zu tun haben, nicht mehr an Gott glaubt.

Wir leben als Christen schon lange nicht mehr in der Zeit der nachklingenden Jugendbewegung oder in der Zeit der Volkskirche. Wir leben längst in einer Situation, wie sie in der Bibel ständig geschildert wird und wie sie der Frühen Kirche vertraut war: Wir kommen nicht mehr daran vorbei uns zu entscheiden – zwischen dem Ja zu dem einen, heiligen Gott, dem zu dienen in die Freiheit führt, oder einem unreflektierten, oft wie selbstverständlichen Ja zu zahlreichen ›Göttern der Gesellschaft‹, die ihre Machtbereiche unablässig erweitern möchten[14].

Ich greife aus den zahlreichen Texten der Bibel, die von diesem Sich-Entscheiden sprechen, zwei besonders markante Texte heraus: zunächst Jos 24,14–15. Israel ist in das verheißene Land eingezogen. Dieses Land ist jedoch keineswegs ein menschenleerer Raum. Es ist bereits besetzt. Es ist besetzt von vielen Göttern und Mächten, von tiefsitzenden heidnischen Leitbildern und den oft unmenschlichen Ritualen Kanaans. Israel lebt nach seiner Wüstenzeit nun wieder in der Machtsphäre von Göttern, die zu dem ›Blut und Boden‹ eines jeden Landes gehören. Und je länger Israel im ›Land‹ lebt, desto mehr passt es sich seiner Umgebung an. Es beteiligt sich an den Ritualen und an dem Götterwesen Kanaans.

So erzählt es die Bibel. Und so dürfte es auch in der Geschichte selbst gewesen sein. Die Götter des Landes waren verlockend. Sonst wäre ihnen Israel nicht immer wieder verfallen. Sie waren so verlockend, wie auch heute bei uns die ungebundene Sexualität verlockend ist, der bewusst herbeigeführte Rausch, die Naturmystik, der Machtmissbrauch, die Gewalt und die penibel-ängstliche Absicherung aller Lebensbedürfnisse.

Aber zurück zur Bibel! In ihr bildet das 24. Kapitel des Buches Josua eine entscheidende Markierung. Kurz vor seinem Tod versammelt der Heerführer Josua alle Stämme Israels in Sichem und verlangt Klarheit. Das Volk soll sich entscheiden, wem es dienen will: dem Gott, der es herausgeführt hat aus der alten Gesellschaft, aus Unfreiheit und Knechtschaft, also dem Gott, der Geschichte macht und dabei als der »Schöpfer des Himmels und der Erde« nicht an ein Land gebunden ist – oder ob es den an ihr Land gebundenen Göttern dienen will, die erneut Dämonenfurcht, Götzendienst und Unfreiheit bedeuten. Es soll eine freie Entscheidung sein. Das Volk soll »wählen« (Jos 24,15.22). Es kann sich für oder gegen JHWH entscheiden. Aber eines kann es nicht: Ihm *neben* den Göttern des Landes dienen wollen. Und so spricht Josua zu dem versammelten Volk:

Schafft die Götter fort, denen eure Väter jenseits des Stromes [= Eufrat] und in Ägypten gedient haben, und dient dem HERRN*! Wenn es euch aber nicht gefällt, dem* HERRN *zu dienen, dann entscheidet euch [wörtlich: wählt euch] heute, wem ihr dienen wollt: den Göttern, denen eure Väter jenseits des Stromes dienten, oder den Göttern der Amoriter, in deren Land ihr [jetzt] wohnt. Ich aber und mein Haus – wir wollen dem* HERRN *dienen. (Jos 24,14–15)*

Wie schon gesagt: Die Forderung klarer und eindeutiger Entscheidung durchzieht die gesamte Bibel. Auch im Johannesevangelium wird diese Grundstruktur des Glaubens sichtbar. In der langen Rede zu Kafarnaum offenbart sich Jesus selbst als das »Brot des Lebens« (Joh 6,35.48). Die Unbedingtheit seiner Rede führt unter seinen Zuhörern eine Entscheidung herbei, und zwar bis in den Jüngerkreis hinein. Der Text hebt ausdrücklich hervor, dass selbst die Jünger über die Rede Jesu »murren«. Es geschieht also genau das Gleiche, das einst beim Zug Israels durch die Wüste geschehen war: Wie sie damals vor Mose »gemurrt« hatten, wie ihr Aufstand aber in Wirklichkeit Gott selbst galt (Ex 16,6–8), so murren sie jetzt vor Jesus – und dieser Aufstand gilt Gott. Und dann die Konsequenz: »Viele seiner Jünger zogen sich zurück und begleiteten ihn nicht mehr« (Joh 6,66).

Da wendet sich Jesus an die Zwölf, die Mitte seiner endzeitlichen Sammlung des Gottesvolkes. Er lässt auch dem von ihm erwählten Zwölferkreis volle Freiheit. Er sagt: »Wollt auch ihr weggehen?« Jesus redet vom »Gehen«. Das ist wichtig. Es handelt sich nicht um die Zustimmung zu einer bloßen Lehre. Es handelt sich nicht um eine abstrakte Entscheidung zwischen theologischen Theorien oder gar zwischen ›strategischen‹ Fragen der Verkündigung. Es handelt sich um das Kommen und Bleiben bei Jesus. Die Jünger müssen ihr ganzes Leben in Bewegung setzen. Wenn sie zu Jesus *kommen,* kommen sie zum Glauben. Und wenn sie von ihm *weggehen,* verlieren sie ihren Glauben.

In diesem Sinn also fragt Jesus die Zwölf: »Wollt auch ihr weggehen?« (Joh 6,67) Eher beginnt er neu, als dass er mit Jüngern weitermacht, die durch ihre Halbheit das Werk Gottes zu Fall bringen. Besser nur wenige bleiben und zeigen durch ihren Glauben und ihr Miteinander, wie das umstürzend Neue aussieht. Und wie einst Josua, so ist es jetzt Simon Petrus, der den anderen den Weg ebnet, der vorangeht und sagt:

> *Herr, zu wem sollen wir gehen? Du hast Worte ewigen Lebens. Wir sind zum Glauben gekommen und haben erkannt: Du bist der Heilige Gottes. (Joh 6,68–69)*

*

Inzwischen lebt die Kirche wie damals in einer Situation, in der viele skeptisch werden, ihren überkommenen Glauben langsam verkümmern lassen oder sich empört von der Kirche abwenden. Doch damit wenden sie sich von Jesus ab, selbst wenn sie es zunächst vielleicht noch gar nicht wollen.

Diese Situation zwingt heute jeden Christen, seine eigene Lage neu zu überdenken. »Was will ich mit meinem Leben? Wem will ich dienen? Den Göttern der Gesellschaft oder dem wahren Gott? Mir selbst oder Jesus und seiner Sache? Hoffnungslosen Luftgespinsten oder dem, was Gott mit seiner Schöpfung plant?« Jeder muss sich entscheiden.

Dabei ist nun allerdings noch Folgendes zu bedenken: So wichtig und unersetzbar diese Grundentscheidung ist – sie kann sehr verschieden aussehen. Nicht immer stehen wir gleichsam mit ganz Israel am Berg Sinai oder mit den zwölf Stämmen bei Josua in Sichem. Es gibt auch die vielen kleinen Entscheidungen, die ganz unscheinbar aussehen, sich aber mehr und mehr zu einer Grundentscheidung verdichten können: dem, der uns verletzt hat, nichts nachzutragen – einem Bedürftigen zu helfen – einen Trauernden zu trösten – einem, der die Kirche verhöhnt, zu widersprechen – es gibt unzählige anscheinend nur geringfügige Schritte, die aber zu einem Weg werden können – ja am Ende zu einer Straße.

Wahrscheinlich werden wir in jener Stunde, in der wir endgültig vor Christus stehen und ganz bei Gott angekommen sind, mit Staunen begreifen, dass die großen Entscheidungen unseres Lebens eben doch gespeist wurden aus unendlich vielen kleinen Entscheidungen unseres Alltags – sogar aus den Hilfen und Hoffnungen derer, die unseren Lebensweg voll Liebe und Treue begleitet haben.

5. Philosophie

Die Entscheidung war also gefallen. Ich wollte Seelsorger werden – genauer: Kaplan und dann Pfarrer in meinem Heimatbistum Limburg. Vom Lateinstudium hatte ich mich ohne die kleinste Träne verabschiedet, bei der Germanistik war mir der Abschied schwer gefallen. Das Althochdeutsche und das Mittelhochdeutsche hatte in meinen Ohren wie eine wundersame Einladung geklungen. Einige Gedichte von Walter von der Vogelweide konnte ich allein schon aufgrund mehrmaligen Lesens auswendig vor mich hinsagen. Ich hatte mir auch bereits einiges an Fachliteratur beschafft, vor allem Klassiker-Ausgaben. Die Erzählungen und Dramen von Heinrich von Kleist zum Beispiel hatte ich fast alle gelesen, genauso die meisten Werke von Thomas Mann – eingeschlossen seine Tagebücher und den »Doktor Faustus«. Nur an die Tetralogie »Joseph und seine Brüder« hatte ich mich noch nicht herangewagt.

Ich studierte also jetzt Theologie – und zwar in meiner Heimatstadt Frankfurt an der Philosophisch-Theologischen Hochschule Sankt Georgen. Mich erwarteten dort zunächst nicht nur vier Semester Philosophie, sondern ich fand dort auch ausgezeichnete Lehrer.

Ich hörte in diesen zwei Jahren Vorlesungen über philosophische Aspekte der Psychologie – über philosophische Fragen, die sich aus der heutigen Physik ergeben – über philosophische Ethik – über Erkenntnistheorie – und vor allem über philosophische Gotteslehre. Ich zehre heute noch von dieser langen und gründlichen Einübung in philosophisches Denken.

Denn was uns da von den Jesuiten in Sankt Georgen geboten wurde, war eben nicht nur Philosophiegeschichte, so notwendig sie ist. Es war ein systematisches Durchdenken der wichtigsten philosophischen Grundbegriffe, mehr noch: Es war eine Einführung in das philosophische Denken selbst. Ich sehe noch zwei meiner damaligen Lehrer vor mir, sie hießen Helmut Ogiermann[15] und Caspar Nink[16]. Sie dozierten nicht einfach. Nein, jeder von den beiden konnte sich in seinen Lehrveranstaltungen in einen Denkprozess hineinbegeben, bei dem er sogar seine Zuhörer vergaß und nur noch der Sache nachjagte, um die es ging.

Da sprach Professor Ogiermann etwa über Gottesbeweise. Aber es ging dabei eigentlich nicht um ›Beweise‹, sondern letztlich um die unerbittliche Frage: »Warum ist überhaupt Seiendes und nicht vielmehr das reine Nichts?« So hatte schon Thomas von Aquin gefragt, und so hatte es später Martin Heidegger erneut formuliert[17]. Auch Helmut Ogiermann fragte es, jetzt vor *uns,* und er fragte so, als stelle sich ihm diese Frage zum ersten Mal – und zwar als die letzte und wichtigste aller Fragen.

Bis heute haben mich weder die erkenntniskritischen Einwände Immanuel Kants noch das ewige Hin und Her über die Möglichkeit von Gottesbeweisen von der alles aushebelnden Wucht dieser einen Frage wegreißen können: »Warum gibt es überhaupt die Welt, den Kosmos, das Sein und nicht statt dessen das absolute, ewige Nichts?«

Man darf natürlich fragen, weshalb die Theologie der Philosophie bedarf. Und weshalb Priesteramtskandidaten zuerst einmal Philosophie studieren müssen. Im Grunde ist die Antwort einfach. Der christliche Glaube steht nicht gegen die Vernunft. Er ringt um sie. Er sucht sämtliche Glaubenswahrheiten mit der ihm von Gott gegebenen Vernunft zu durchdringen. »Der Glaube« hat, wie Papst Franziskus in seinem Schreiben ›Evangelii Gaudium‹ formuliert, »keine Angst vor der Vernunft; im Gegenteil, er sucht sie und vertraut ihr, denn das Licht der Vernunft und das des Glaubens kommen beide von Gott.«[18] Das heißt konkret: Vor der Beschäftigung mit den eigentlichen Glaubenswahrheiten muss zunächst einmal das große *Vorfeld* des Glaubens in den Blick genommen werden: der Mensch, die Seele, der Geist, die Erkenntnis, die Freiheit, die Welt, der Kosmos.

Nun leben wir in einer Zeit, in der die Naturwissenschaften und ihre technischen Anwendungen Triumphe feiern. Wir erleben das geradezu handgreiflich in der Biologie, der Medizin, der Kommunikationstechnik, der Weltraumforschung und auf vielen anderen Gebieten. Diese unübersehbaren Erfolge der Naturwissenschaften beruhen auf einer radikalen ›Reduktion‹. Was ist damit gemeint?

Nach einem berühmten Wort von Galileo Galilei misst die Naturwissenschaft alles, was messbar ist, und sie versucht darüber hinaus, alles was nicht messbar ist, messbar zu machen. Sie dehnt also die Bereiche des Messbaren ständig aus. Dieses Messen und Messbar-Machen führt zu außerordentlichen Erkenntnissen. Zugleich allerdings verengt es den Blick. Nur eine ganz bestimmte Dimension der Welt und der Wirklichkeit kann aufgrund der Reduktion des Forschens auf das Quantifizierbare überhaupt erfasst werden. Aber die ungeheuren Erfolge dieser methodischen Reduktion verführen dann dennoch allzu oft zu dem Urteil: Was wir mit dieser Methode erforschen, ist die ganze, die volle Wirklichkeit. Was sich unseren naturwissenschaftlich geübten Augen öffnet, ist die Welt schlechthin.

Selbstverständlich verfallen seriöse Naturwissenschaftler nicht diesem Trugschluss. Sie wissen um die Grenzen ihrer Methode. Sie wissen, dass jede Wissenschaft ihr eigene Blickweise und ihre eigene Methode, damit aber auch ihre spezifischen Grenzen hat. Sie halten sich an diese Grenzen. Sie überschreiten in ihren Aussagen nicht ihre eigenen Möglichkeiten.

Doch leider ist das nicht bei allen Naturwissenschaftlern der Fall. Aus einer an sich richtigen und sachgerechten methodischen Selbstbeschränkung wird bei vielen eine *Welttheorie,* die besagt: ›Es gibt überhaupt nur das, was man zählen, messen und auf irgendeinem Wege hör- und sichtbar machen kann.‹ In einer Welt, die auf diese Weise reduziert ist, kann Gott natürlich nicht vorkommen. Aber auch vieles andere wie Seele, Geist, Person, Freiheit und Liebe haben in ihrem ureigenen Sinn dort keinen Platz. Das alles wird dann zu bloßen Projektionen herabgewürdigt, denen keine Realität entspreche.

In unserem Philosophiestudium in Frankfurt/St. Georgen wurde bei vielen Gelegenheiten über wissenschaftliche Methode gesprochen. Es wurde uns immer wieder gezeigt, wie entscheidend wichtig *Methoden-Klarheit* für alle Wissenschaften sei –

zum Beispiel für die Naturwissenschaft, für die Geschichtswissenschaft, für die Philosophie, für die Theologie. Und weil daran so vieles hängt, heute mehr denn je, möchte ich an dieser Stelle anhand eines konkreten Beispiels etwas zu dem Thema der Methoden-Klarheit sagen. Es hängt unmittelbar mit der Gottesfrage zusammen, um die es in diesem Buch geht. Was ich sagen werde, wirft zugleich ein Licht auf die anschauliche Art, in der in St. Georgen Philosophie betrieben wurde. Ich wähle zur Veranschaulichung eines der berühmtesten Gemälde des 20. Jahrhunderts: das Bild »Guernica« von Pablo Picasso[19].

*

Ein Naturwissenschaftler könnte an diesem Bild vieles untersuchen. Er könnte den Holzrahmen ausmessen, auf den die Leinwand gespannt ist, und dann die Leinwand selbst. Sie hat die Maße: 3,39 m x 7,77 m, also einen Flächeninhalt von 26,34 qm. Er könnte das Holz des Rahmens mithilfe der Radiokarbonmethode auf sein Alter hin untersuchen, die Webstruktur der Leinwand bestimmen, die chemische Zusammensetzung der Farbe analysieren und die Art ihrer Verteilung auf der Leinwand. Bei der Untersuchung der verwendeten Ölfarbe könnte er eine Pigment-Analyse vornehmen, um eventuelle sekundäre Übermalungen festzustellen. Vor allem würde er uns sagen, dass sich heute die Leinwand des riesigen Picasso-Bildes in einem höchst fragilen Zustand befindet. Das alles wäre nicht nichts. Wir würden mithilfe naturwissenschaftlicher Methoden eine Menge über das materielle Substrat des Gemäldes erfahren. Mehr allerdings auch nicht.

Mehr könnte uns ein Historiker sagen. Er würde uns zum Beispiel über Folgendes informieren: 1936 erhält Pablo Picasso von der damaligen Regierung Spaniens den Auftrag, für den spanischen Pavillon der Weltausstellung 1937 in Paris ein Bild zu malen. Er denkt zunächst an das Motiv »Der Maler und sein Modell«. Doch am 26. April 1937 bombardieren, verbündet mit Franco, Kampfflugzeuge der deutschen »Legion Condor« die baskische Stadt Gernika. Es handelte sich um die erste großflächige Bombardierung einer Stadt überhaupt. Der Fliegerangriff hatte bewusst das Ziel, die Stadt mitsamt ihren Einwohnern zu vernichten. Picasso wählt dieses schreckliche Geschehen zum Thema seines Bildes. Nach dem Ende der Weltausstellung geht sein vieldiskutiertes Gemälde auf eine lange Reise durch Nordeuropa und die USA. Von 1939 bis 1981 hängt es dann im ›Museum of Modern Art‹ in New York. Später kommt es wieder zurück nach Spanien und befindet sich seit 1992 im ›Museo Reina Sofia‹ in Madrid. Damit wissen wir nun schon einiges über die Geschichte des Bildes, über seine Entstehung, über seine Wanderung durch einen Teil der Welt und schließlich über seinen derzeitigen Ort. Über das Bild selbst und die Art, wie Picasso mit seinem Gegenstand umging, wüssten wir dann freilich noch immer fast nichts.

Wir brauchen also jetzt die Arbeit von Kunsthistorikern, die mit der ihnen eigenen Methode an das Bild herangehen. Sie würden uns nun endlich mehr von dem Bild selbst erschließen. Sie würden uns zum Beispiel zeigen, dass die Riesenleinwand drei Teile erkennen lässt: einen breiteren Mittelteil und links und rechts zwei schmalere Seitenteile – ohne Zweifel ein Anklang an mittelalterliche Flügelaltäre. Die Kunsthistoriker würden uns auch zeigen, dass Motive christlicher Passionsdarstellungen zu erkennen sind: Gekrümmte Hände zitieren Details des Isenheimer Altars von Grünewald, und auf dem linken Teil des graphischen Triptychons erinnert die Mutter mit dem Kind an die Pietà. Sie würden uns erklären, warum sich Picasso bei diesem Bild keiner Farben bediente, sondern in Grisaille gemalt hat. Der Grund: Im 1. Stockwerk des spanischen Pavillons hing eine große Serie von Schwarz-Weiß-Fotos. Picasso wollte eine graphische Verbindung zu diesen Fotos herstellen. Vor allem aber wollte er den Betrachter in die dunklen Kellergewölbe herabführen, in denen die Menschen Zuflucht vor den Bomben gesucht hatten – wir werden aufmerksam auf das winzige Kellerfenster im rechten Bildteil und auf die elektrische Lampe am oberen Bildrand des Mittelteils, die wie das Auge Gottes auf das Ganze herabsieht. Die

Kunsthistoriker würden uns aber auch erklären, was der Stier, der den linken Seitenteil beherrscht, bei Picasso bedeutet, sowie die sterbende Stute im Mittelteil. Ihre Erklärungen wären uns außerordentlich hilfreich. Sie würden uns endlich näher an das heranführen, was dieses Bild *als Bild* ausmacht.

Doch würde die rein kunsthistorische Betrachtung der Komposition und der einzelnen Bildelemente ausreichen? Wohl kaum! Wie würden wir das Bild *erkennen* – und mit »erkennen« meine ich hier das Erfassen, das Begreifen, das in die Tiefe gehende Wahrnehmen? Es würde vielleicht geschehen, wenn wir lange vor Picassos Guernica säßen, wenn wir entdeckten, dass sein Bild durchzogen ist von schreienden Mündern, dass die zunächst separat sich darbietenden vielen Einzelteile des Bildes in Wahrheit ein *Geflecht* zerstückelter Körperteile sind. Vielleicht würde uns dann anhand dieses Bildes der ganze Wahnsinn von Krieg und Gewalt auf den Leib rücken.

Was will ich mit all dem sagen? Das weltberühmte Bild Picassos ist mit naturwissenschaftlichen Methoden und auch mit rein historischen Methoden nicht zu erfassen. Es ist zwar durch und durch Materie – bis zu den Lichtwellen, die unsere Augen und bis zu den Impulsen, die dann unser Gehirn erreichen. Und ohne seine Materie wäre das Bild – nichts! Es existierte gar nicht. Aber es ist, aufbauend auf dem materiellen Substrat, eine *Wirklichkeit eigener Qualität*, die mit naturwissenschaftlichen Methoden unerreichbar ist – wie es auch bei anderen Wirklichkeiten wie Sinn, Seele, Geist, Güte, Liebe, Freiheit, Schuld, Gewalt der Fall ist. Zu Wirklichkeiten dieser Art stößt nicht nur eine sachgerechte Kunstbetrachtung am Ende vor, sondern mit ihnen beschäftigt sich eben auch eine vernünftige Philosophie, die offen ist für die Vieldimensionalität der Welt. Um diese Wirklichkeiten ging es bei meinem Philosophie-Studium in Frankfurt.

Ich habe erst viel später begriffen, in welchem Ausmaß mir die St. Georgener Philosophie zu einem vernünftigen Glauben, aber auch zu einer vernünftigen Glaubensverkündigung geholfen hat. Denn die Auseinandersetzung mit einer sich verabsolutierenden Naturwissenschaft, die darauf besteht, mit ihren Methoden eine komplette Welterklärung zu bieten, ging in meinem Leben ja weiter. Da war etwa der offensive Atheismus, der sich in dem Buch von Richard Dawkins »The God Delusion« (in der deutschen Ausgabe »Der Gotteswahn«) niedergeschlagen hat.

Oder da waren gegen Ende des 20. Jahrhunderts Untersuchungen zur Willensfreiheit, die von Gehirnforschern in immer neuen Experimenten durchgeführt wurden. Die betreffenden Wissenschaftler versuchten, aufgrund von organischen Abläufen im Gehirn (die ich natürlich nicht bezweifle), die Unmöglichkeit eines freien Willens zu beweisen. Ich habe zu der Zeit, als die entsprechenden Untersuchungen in den Medien breite Resonanz fanden, versucht, die Komik dieser Grenzüberschreitungen ins Wort zu fassen[20]:

Jetzt wollen wir mal konsequent sein

»Ich möchte etwas über Willensfreiheit schreiben.« – »Unsinn! Es muss heißen: ›In mir hat sich ein Bereitschaftspotential aufgebaut, das mich zum Schreiben über Willensfreiheit führt. Fälschlicherweise deute ich dieses neuronale Ereignis als willentlich von mir selbst verursacht.‹ Aber auch dieses Eingeständnis ist noch immer ungenau formuliert. Ein ›Ich‹ gibt es gar nicht. Wer hat denn jemals ein ›Ich‹ mithilfe einer physikalischen Versuchsanordnung zeigen können? Die Illusion des ›Ich‹ gehört zu dem weiten Feld neuronaler Zuschreibungsmechanismen. Deshalb muss es, korrekt formuliert, heißen: ›In jenem Zellhaufen, der ständig die Illusion eines Ich produziert, hat sich ein Bereitschaftspotential aufgebaut, das diesen Zellhaufen dazu zwingt, über Willensfreiheit zu schreiben.‹ – Das ist doch sonnenklar. Oder etwa nicht?«

Die Komik in der Arbeit jener Gehirnforscher, die unbedingt die Willensfreiheit als Illusion beweisen wollen, liegt aber noch an einer anderen Stelle. Sie werben unablässig und aufdringlich für ihre deterministische Sicht der Wirklichkeit. Sie wollen überzeugen. Sie wollen, dass sich ihre Sicht über den Menschen durchsetzt. Damit aber setzen sie ja voraus, dass es Freiheit des menschlichen Willens, dass es Freiheit in der Gesellschaft gibt. Andernfalls brauchten sie ihre Position doch gar nicht zu propagieren. Hätten sie mit ihrer Determinismus-These recht, würde sich das, was sie für ›Wahrheit‹ halten, durchsetzen oder nicht durchsetzen. Sie selbst könnten daran jedenfalls nicht das Geringste ändern. Weshalb nur sind sie trotzdem so brennend daran interessiert, ihre Sicht der Wirklichkeit zu propagieren?

Im Übrigen geht die Inkonsequenz der betreffenden Gehirnforscher aber noch viel weiter. Wenn sie ihre Frau lieben, so würden sie, wenn sie konsequent wären, gar nicht einen Menschen lieben, der sich ihnen *in Freiheit* zugewandt hätte, sondern letztlich einen hochentwickelten humanoiden Roboter. Sie selbst würden das wohl kaum wollen – und ihre Frau erst recht nicht.

*

Aber genug der Exkurse und zurück zu meinem Philosophie-Studium! Meine philosophische Zulassungsarbeit gegen Ende des 4. Semesters habe ich zu dem Begriff der ›Zeit‹ in den Werken der Philosophin und Husserl-Schülerin Hedwig Conrad-Martius[21] geschrieben. Mir ist durch diese Zulassungsarbeit überhaupt erst klar geworden, wie komplex und tiefgründig, aber auch wie relativ ›Zeit‹ ist. Vor allem begriff ich zum ersten Mal, dass es methodisch unerlaubt ist, den Begriff der Zeit, wie er für unsere empirische Raum-Zeit-Erfahrung gilt, unbesehen auf unsere künftige Existenz bei Gott zu übertragen.

Um es ganz drastisch zu sagen: Wir dürfen nicht behaupten, die Verstorbenen »warteten« bei Gott auf das Ende der Welt, auf die Auferstehung der Toten, auf das Weltgericht. Wer die ›letzten Dinge‹ des Menschen so denkt, setzt voraus, dass es in der Existenz bei Gott – wie hier bei uns – ›ablaufende‹ Zeit gibt, also ein Gestern, ein Heute, ein Morgen. In der Existenz nach dem Tod kann es aber nur eingesammelte, heimgeholte, von Gott erfüllte Zeit geben und keine in Wochen, Monaten und

Jahren ›ablaufende‹ Zeit. Jede Rede über unsere ›Zeit‹ bei Gott ist ›analog‹, das heißt, die Unähnlichkeit zu unserer irdischen Zeiterfahrung ist unfasslich größer als die Ähnlichkeit.

Um diese einschneidende Unähnlichkeit behelfsweise auszudrücken, muss man geradezu formulieren: Wir werden ›zusammen‹ mit allen je Verstorbenen, ja ›zusammen mit Christus‹ auferstehen – und in unserem eigenen Tod werden wir bereits am Ende der Welt und bei der Auferstehung aller Toten ›angekommen‹ sein. Das heißt: Wir alle leben schon jetzt unmittelbar im Angesicht der letzten Dinge. Auferstehung und Jüngstes Gericht sind uns hautnah, und das Heute, das wir noch haben, ist von einem unendlichen Gewicht. Dieses geschenkte ›Heute‹ drängt uns, an der Heilung und Heiligung der Welt mitzuarbeiten.

Natürlich war meine philosophische Zulassungsarbeit nur ein erster Schritt zu solchen Überlegungen. Sie haben mich aber dann nie mehr losgelassen und mir gezeigt, wie richtig und konsequent die biblische Rede von der Naherwartung ist. Die großen Begriffe und die mächtigen Bilder der biblischen Tradition sind alle richtig. Da muss nichts entsorgt werden. Wir müssen sie nur sachgerecht auslegen, um ihre Tiefe zu erfassen. Ich habe diese ersten Einsichten in den *analogen* und eben nicht *univoken* Zeitbegriff der ›letzten Dinge‹ des Menschen später in mehreren Büchern behandelt, vor allem in dem Buch: »Am Ende das Nichts? Über Auferstehung und ewiges Leben«[22].

6. Kunstpause

Nach bewährtem Brauch absolvierten die Priesteramtskandidaten des Bistums Limburg nach Abschluss der Philosophie ihre beiden ersten theologischen Fachsemester nicht in Frankfurt/St. Georgen, sondern an der Theologischen Fakultät einer Universität. Ich ging mit meinen Kursgenossen für ein Jahr nach München. Dort wohnten wir in einem Studienheim für Theologen unmittelbar am Rande des Englischen Gartens. Es wurde von den Augsburger Sternschwestern[23] geleitet, die bestens für uns sorgten.

Wir konnten die Vorlesungen, die wir hören wollten, frei wählen, mussten dann aber für eine bestimmte Anzahl *theologischer* Vorlesungen Semestralexamina vorweisen. Über die reinen Fachvorlesungen hinaus hörte ich damals Romano Guardini, der im Auditorium Maximum für Hörer aller Fakultäten las. Außerdem besuchte ich regelmäßig eine Lehrveranstaltung über »Psychiatrie mit Krankenvorstellungen«. Das war eine Welt, von der ich praktisch nichts wusste. Ich wollte aber als künftiger Seelsorger möglichst viel lernen über die Not und die seelischen Zwänge, in denen viele Menschen leben müssen. Ich muss zugeben: Was mich gerade in diese Lehrveranstaltung führte, war auch, dass die Gespräche, die der betreffende Professor mit jeweils einem Kranken vor einem vollen Auditorium führte, äußerst lebendig und spannend waren.

Von den angebotenen rein theologischen Vorlesungen waren für mich am wichtigsten die von Josef Schmid (1893–1975) zum Neuen Testament. Ich versäumte keine einzige von ihnen, kaufte mir eine griechische Synopse, markierte mir mit Farbstiften, wo Matthäus und Lukas von ihrer Markusvorlage abweichen und suchte den Grund dafür zu finden. Ich markierte mir aber auch alle Texte, die Matthäus und Lukas gegenüber Markus gemeinsam haben – die Texte der sogenannten ›Spruchquelle‹. Das waren meine ersten Gehversuche in der Wissenschaft vom Neuen Testament.

Im Rückblick auf diese zwei Semester in München muss ich allerdings gestehen: Was mich am meisten fasziniert hat, war überhaupt nicht die Universität. Es war die Begegnung mit der Kunst in vielen Facetten. München war für mich zwischen den philosophischen Studien vorher und den theologischen nachher eine echte »Kunstpause«.

Für die Abende standen bei mir oft Konzerte im Herkules-Saal der Residenz oder im Kongress-Saal des Deutschen Museums auf dem Programm, dazu Veranstaltungen im Prinzregententheater, im Residenztheater oder in den Münchner Kammerspielen – meist mit verbilligten Karten, für die man allerdings zuerst einmal anstehen und dann Glück haben musste, eine zu ergattern. Konzert, Oper und Schauspiel waren eine Welt, die mir vorher weitgehend verschlossen gewesen war. Jetzt genoss ich sie.

Eine noch größere Rolle spielten allerdings Malerei und Grafik. Beides hatte mich schon als Schüler begeistert. In München wartete auf mich in dieser Hinsicht ein unausschöpfliches Angebot: die Alte Pinakothek, die Galerie im Lenbachhaus, die Schack-Galerie, die Villa Stuck, das Haus der Kunst mit wechselnden Ausstellungen, und nicht zu vergessen, die Staatliche Graphische Sammlung. Die Münchner Grafische Sammlung gehört zu den bedeutendsten der Welt – und genau dort hatte ich eines Tages ein besonderes Erlebnis.

Ich schwänzte am Morgen die Vorlesung eines bekannten und verdienstvollen Dogmatikers (der aber meist aus seinen eigenen Büchern vorzulesen pflegte) und begab mich zum ersten Mal in das Gebäude, in dem damals die Grafische Sammlung untergebracht war. Dort war ich der einzige Besucher. Ein Angestellter bot mir einen bequemen Sessel an, baute eine Staffelei vor mir auf und fragte mich, was ich sehen wollte. Ich war einigermaßen verlegen, denn ich war mit der Vorstellung gekommen, ich könnte an grafischen Blättern hinter Glas vorbeigehen und dabei vor den berühmtesten Stücken für eine längere Zeit verweilen. Ich sagte deshalb aufs Geradewohl: »Dürer«. »Und was von Dürer?« fragte der Angestellte, »Zeichnungen oder Druckgraphik?« »Kupferstiche«, sagte ich, um nicht allzu dumm zu erscheinen. »Welche Periode?« fragte der Mann weiter. Jetzt war ich mit meiner Weisheit am Ende und sagte: »Bringen Sie mir halt was Schönes.« Der Mann verschwand für einige Zeit und kam dann mit einer schweren Mappe zurück. Ihr entnahm er einen prachtvollen Kupferstich, zog ihn aus seiner internen Schutzhülle und legte ihn vorsichtig auf die Staffelei; ich selbst durfte selbstverständlich nichts berühren. Er wartete in dezenter Entfernung, bis ich ihm ein Zeichen gab, und legte mir dann das nächste Blatt aus der Mappe vor. Und so ging es weiter, den ganzen Vormittag. Nach Dürer schaute ich mir dann noch einiges von Paul Klee und von Max Beckmann an – und fühlte mich wie der König von Bayern. So etwas konnte man damals in München erleben. Ich kam noch öfters in die Grafische Sammlung. Allerdings habe ich den Schatz von 400.000 Blättern bedeutender Künstler, die sie dort haben, nicht geschafft.

Noch ein anderes ›Kunst-Erlebnis‹ steht plastisch vor meinen Augen. Im Münchner Haus der Kunst gab es im Frühjahr 1957 eine große Ausstellung wichtiger Gemälde des französischen Künstlers Fernand Léger. Ich besuchte diese Ausstellung mehrere Male. Einmal hatte ich das Glück, mich einer langen Führung durch eine Kunsthistorikerin anschließen zu können. Ich war von den Bildern Légers so gefesselt, dass ich meinen Kursgenossen zuhause klar machte: »Ihr *müsst* diese Ausstellung unbedingt besuchen!« Ein Teil tat das auch, ging an einem passenden Tag mit mir ins Haus der Kunst, folgte mir durch den Anfang der Ausstellung und hörte sich geduldig meine Bilderklärungen an. Und da passierte etwas, womit ich nicht gerechnet hatte: Immer mehr Leute schlossen sich unserer kleinen Gruppe an – und plötzlich redete ich, mehr und mehr erschrocken, vor einer größeren Zahl von Ausstellungsbesuchern. Zu meinem Glück hatte ich noch vieles im Kopf, das ich bei der besagten Führung gehört hatte. Außerdem muss ich dann doch ziemlich begeistert geredet haben. Die Gruppe wurde immer größer und folgte mir bis zum letzten Bild. Wieder zuhause blieb mir natürlich seitens meiner Kommilitonen freundlicher Spott nicht erspart. »Gut gemacht, Herr Kunstführer!«, war da noch das Harmloseste.

Eines Tages hatte ich eine der Ausstellungen des Galeristen Günther Franke (1900–1976) in der Villa Stuck besucht und mir sehr lange Druckgrafik von Alfred Kubin angeschaut. Da kam plötzlich Günther Franke aus seinem kleinen Büro, stellte sich vor, fragte mich, was mich an diesen Bildern so interessiere und wollte schließlich wissen, was ich von Beruf sei. »Theologiestudent« war die Antwort. »Und was wollen Sie werden?«, lautete die nächste Frage. Ich schluckte etwas, weil ich solches Ausfragen nicht mochte und auch keinerlei Verständnis erwartete, sagte dann aber doch: »Priester«. Da sah mich Günther Franke lächelnd an, drückte mir die Hand und sagte: »Dazu möchte ich Ihnen gratulieren. Das ist ein wunderbarer Beruf.« Er lud mich dann für den nächsten Sonntag zu sich nach Hause ein und zeigte mir seine Sammlung bekannter Expressionisten. Als er mich anschließend mit seiner Frau bekannt machte, sagte mir diese mit strahlenden Augen: »Wir sind beide vor einigen Tagen katholisch geworden.« Auf ihrem Tisch lag ein aufgeschlagener ›Schott‹. Ich werde diese Begegnung in München nie vergessen.

Bei anderer Gelegenheit streifte ich durch die kleinen Ateliers in den Kellerräumen der ›Akademie der bildenden Künste‹. Ich lernte dort einen jungen Bildhauer kennen, nur ein Jahr älter als ich. Er war Meisterschüler von Professor Heinrich Kirchner (1902–1984) und hatte von ihm den Bronzeguss (aufgrund des Wachsausschmelzverfahrens) erlernt. Wir kamen ins Gespräch, ich besuchte ihn häufiger in seinem winzigen Atelier und bald besuchte ich ihn auch in der kleinen Mietwohnung, in der er mit seiner Frau Inge lebte. Sie studierte ebenfalls an der Kunstakademie und malte wunderbare Blumenaquarelle sowie kleine preziöse Hinterglasbilder. Außerdem kochte sie ausgezeichnet, und bei so manchem sonntäglichen Abendessen nahmen die Gespräche über alte und neue Kunst kein Ende.

Max Walter (1933–2017), so hieß mein neuer Freund, kehrte nach dem Abschluss seines Münchner Studiums in sein Heimatdorf Vasbühl in Mainfranken zurück und baute sich dort am inneren Rand eines alten Steinbruchs ein Haus mit einem großen Atelier und einer Bronzegießerei. Viele Werke neuer kirchlicher

Kunst im fränkischen Raum stammen von ihm, zum Beispiel der ›Kreuzschlepper‹ neben dem Würzburger Dom. Ich habe später meine Ferien mehrfach bei ihm in Vasbühl verbracht. In seinem Atelier modellierte ich kleine Gegenstände in Wachs, die dann in seiner Gießerei in Bronze gegossen wurden. Eine 15 cm lange Katze, die sich gerade hochkonzentriert auf Mäusejagd begibt, steht noch immer zur Erinnerung auf meinem Schreibtisch.

Doch wie schon weiter oben stellt sich auch hier wieder die Frage: Warum erzähle ich das? Was hat das alles mit meinem Glauben zu tun? Ich meine: sehr viel. Denn ich habe damals in einer vertieften Weise *sehen* gelernt.

Allerdings hatte das in meinem Leben schon viel früher begonnen. Als ich noch Schüler war, schenkten mir meine Eltern eine Spiegelreflexkamera, eine Rolleicord. Das Format war 6 x 6, man konnte also nicht wahllos in der Gegend herumknipsen. Man hatte bei dem Format 6 x 6 ja nur 12 Bilder auf dem damals üblichen Rollfilm, musste also genau hinschauen und sich gut überlegen, was und wie man fotografieren wollte. Damals begann es bei mir mit dem genauen Hinsehen. Hinzu kam, dass ich mir eine kleine Dunkelkammer einrichten konnte, in der ich meine Filme selbst entwickelte und die Negative dann vergrößerte. Das verstärkte das intensive Hinsehen. Ich lernte mit Bildausschnitten zu arbeiten, Fotopapiere mit härteren oder weicheren Gradationen zu verwenden und schon beim Fotografieren selbst das spätere Bild vor mir zu sehen. Dabei ging es mir nicht in erster Linie darum, *schöne* Bilder zu machen. Ich wollte das Charakteristische einer Landschaft, eines Gegenstandes oder eines Menschen erfassen. Um dieses Charakteristische zu erkennen, musste man genau und immer wieder hinsehen.

Das alles war aber nur Vorspiel für das, was dann in dem Jahr in München geschah: Ich konnte in den Museen lange vor einem Gemälde verweilen, um zu sehen, wie da Formen und Farben funktionierten. Manche Gemälde, etwa von Paul Cézanne oder Max Beckmann, fesselten mich regelrecht; ich musste mich von ihnen jedes Mal losreißen. Ähnlich erging es mir, wenn ich antike Skulpturen betrachtete: Zu der Grabstele der Mnesarete (380

v. Chr.) bin ich immer wieder hingepilgert, bewegt von der Schönheit und zugleich stillen Wehmut im Gesicht und in der Gestalt der Verstorbenen.

Weshalb ist die sogenannte »Bildende Kunst« so faszinierend? Warum kommen so viele Menschen nicht von ihr los? Hierzu gibt es zahllose Theorien. Vor allem aber hat die Bildende Kunst seit den 1960er-Jahren eine unglaubliche Vielfalt angenommen. Der Begriff ›Kunst‹ ist dabei geradezu nach allen Richtungen hin explodiert. Ich nenne nur Stichworte wie Minimal Art, Pop Art, Konzeptkunst, Aktionskunst.

All das gab es in meiner Münchner Zeit noch nicht – oder es war noch nicht in die damalige Münchner Kunstszene vorgedrungen. Ich hatte mir für die Gemälde und Grafiken, denen ich damals begegnete, eine Theorie zurechtgelegt: Bildende, das heißt für die Augen gestaltende Kunst, will entweder Wirklichkeit *abbilden* oder *neu schaffen*. Die *Abbildung von Welt* war die klassische Form bildender Kunst. Mit der abstrakten Kunst kam etwas Neues hinzu: Nun wollten viele Künstler selbst *eine neue Welt erschaffen:* in neuen Farben und Farbkombinationen, vor allem aber in völlig neuen, radikal abstrakten Formen. Allerdings zeigte sich dann bald, als Physik und Chemie immer tiefer in die Mikrowelt eindrangen und die Astrophysik in das Universum, dass es die Farben und Formen der abstrakten Malerei in der realen Welt schon längst gab – nun sichtbar werdend über die raffinierten Fotos der Forscher.

Alle Bildende Kunst, der ich damals begegnete, stellte also ›Welt‹ dar: Entweder aus magischen Gründen oder einfach neugierig, trauernd oder glücklich, erschrocken oder bewundernd, provozierend oder tröstend, mit der Absicht, die Welt zu verändern oder sie in sich ruhen zu lassen – aber immer auf der Suche, immer sich ausstreckend, immer unterwegs nach dem noch Größeren. Deshalb weckt große Kunst auch unsere Sehnsucht. Wir kommen von ihr nicht los, weil sie unseren eigenen Hunger nach dem Ewigen aufdeckt. Eine bekannte Gedichtzeile von Nietzsche abwandelnd könnte man auch sagen:

Doch alle Kunst will Ewigkeit –,
– will tiefe, tiefe Ewigkeit!

Ich meine damit nicht den Wunsch, die betreffenden Kunstwerke möchten nie zerstört werden. Vielmehr: In jeder gelungenen Kunst (für die Musik gilt das ebenso) entdeckt der Betrachter (oder Hörer) seinen eigenen Hunger nach dem Unendlichen. Denn jedes Kunstwerk, das wahre Kunst ist und kein Kitsch oder seelenloses Machwerk, zeigt insgeheim etwas das Kunstwerk selbst Übersteigendes, Namenloses, Unfassliches. In diesem Sinn habe ich damals in München *sehen* gelernt. Und deshalb hatte dieses Jahr sehr viel mit meinem Glauben zu tun. Ich möchte es nicht missen.

7. Theologie

Im Sommersemester 1958 war ich dann wieder in Frankfurt/St. Georgen, und nun ging das Studium der Theologie mit größerer Konzentration als in München weiter. Vor allem die Dogmatik nahm nun breiten Raum ein. Wenn ich an diese Zeit zurückdenke, ist mir klar: Schon damals war für mich eine der wichtigsten Fragen des Theologiestudiums, wie man die nicht selten schwierigen und allzu oft missverstandenen Begriffe des christlichen Glaubens so erklären könne, dass sie sich dem Verständnis des heutigen Menschen öffnen. Nun wissen meine Leser bereits aus dem Vorwort, dass dieses Buch keine Autobiografie im üblichen Sinn sein will. Vielmehr möchte es *innerhalb des Rasters der eigenen Biografie* zeigen, dass der uns von Gott geschenkte Glaube und eine wirklich aufgeklärte Vernunft einander niemals widersprechen. Das ist jedenfalls eines der Hauptziele dieses Buches. Deshalb werde ich in diesem Kapitel keine Begebenheiten aus meiner restlichen Studienzeit in St. Georgen erzählen. Ich möchte vielmehr von zwei zentralen Inhalten des christlichen Glaubens sprechen: von dem *dreieinen Gott* und von der *Erbsünde.*

Beide Glaubensinhalte haben mich schon in St. Georgen nicht losgelassen – und das ist bis heute so geblieben. An diesen beiden Themen kann zweierlei sichtbar werden: 1. Auch das tiefste Geheimnis des christlichen Glaubens, nämlich der Glaube an den dreieinen Gott, bedarf der »Anstrengung des Begriffs«. 2. In den deutschen Katechismen wird noch immer von der »Erbsünde« geredet – und das ist eine Sprache, die derart irreführend ist, dass überhaupt nicht mehr erkennbar wird, was eigentlich gemeint ist. Um diese beiden Themen also soll es im Folgenden gehen – stellvertretend für vieles Weitere, das zu unserem Studienprogramm gehörte. Und die Leserinnen und Leser, die sich jetzt geduldig auf eine etwas längere Wegstrecke ›Theologie‹ begeben, begleiten mich selbst bei meinen Erkundungen des Glaubens.

*

Christen glauben an den »dreieinen« Gott. So habe ich es schon als Achtjähriger in meinem Katechismus-Unterricht gelernt. Ich beginne sofort mit der Hauptschwierigkeit: Wenn wir von Gott Vater, Gott Sohn und Gott Heiligem Geist reden, ist da die Gefahr nicht groß, dass diese drei dann eben doch als drei Götter erscheinen? Wie soll man einem gläubigen Juden oder einem frommen Muslim plausibel machen, dass es nicht so ist? Und wenn dann gar von dem »einen Gott *in drei Personen«* die Rede ist? Deshalb die Frage: Was ist hier überhaupt mit »Person« gemeint?

In unserem Normalverständnis begreifen wir jeden Erwachsenen als eine in sich stehende und für sich stehende Wirklichkeit, die über sich selbst verfügt. Diese klar abgrenzbare Existenz nimmt dann zusätzlich Kontakt mit anderen Existenzen derselben Art, also mit anderen Personen, auf. Wenn man sich die drei *göttlichen* Personen in dieser Form vorstellt, haben wir selbstverständlich drei Götter.

Allerdings: Bereits für den *Menschen* als Person ist die Vorstellung einer scharf begrenzten und abgrenzbaren Wirklichkeit nur bedingt richtig. Denn schon beim Menschen stellt sich die Frage: Ist er, insofern er Person ist, tatsächlich eine solch selbständige, in sich und für sich existierende Realität?

Ganz schlicht: Wodurch werden wir zur *ausgereiften* Person? (Person sind wir nach christlichem Verständnis schon seit der Zeugung – aber wodurch werden wir zur *ausgereiften* Person?) Wie wird (rein biologisch gesprochen) der anfängliche Zellhaufen zu der Persönlichkeit, die uns nach vielen Jahren im Erwachsenen entgegentritt? Hier hat eine Entwicklung stattgefunden – und zwar eine außerordentlich lange und hochdifferenzierte Entwicklung. Da musste unendlich viel geschehen. Man kann gar nicht aufzählen, was bei dieser Personwerdung alles vor sich geht.

Das Kind muss ernährt und gepflegt werden. Seine Eltern müssen es anlächeln und an sich drücken. Vor allem: Sie müssen mit ihm sprechen. Mit der Zuwendung der Eltern entsteht überhaupt erst jenes Urvertrauen, das die Grundvoraussetzung wirklicher Menschwerdung ist. Und doch ist das alles erst der Anfang. Das Kind erweitert nun ständig seinen Gesichtskreis. Es wächst immer mehr in ein dichtes Beziehungsfeld hinein – mit einer immer größeren Zahl anderer Menschen. Mit der Sprache, die das Kind langsam lernt, wird ihm ›Welt‹ vermittelt. Das Kind tritt in eine immer intensivere Beziehung zur Welt. Es nimmt immer mehr Welt in sich auf.

Was also ist eine Person? Nicht nur eine in sich selbst ruhende und auf sich selbst gestellte Wirklichkeit, sondern immer auch die Summe ihrer Beziehungen zu anderen Menschen und zur Welt. Am stärksten sichtbar wird das alles in der Liebe, in dem Sich-Hinwenden zu einem anderen Du, im Sich-Anvertrauen, im Sich-selbst-Hergeben. Jede menschliche Person ist also Selb-stand, ist aber auch in einem außerordentlichen Maß ›Beziehung‹. Und zwar viel intensiver, als wir uns das normalerweise vorstellen. Wir denken meist, wir würden in uns selbst ruhen. Aber das stimmt eben nicht. Es gibt uns im Grunde gar nicht ohne die Beziehungen, die uns ausmachen.

Jetzt machen wir sozusagen die Gegenprobe: Wir streichen aus der Geschichte unseres Lebens sämtliche Menschen, die uns je begegnet sind und mit denen wir je zu tun hatten: die Mutter, den Vater, die Gattin, den Gatten, die Geschwister, die Freunde, die Nachbarn, sämtliche Bekannte, all unsere Lehrer, alle Menschen, denen wir je begegnet sind. Darüber hinaus streichen wir alle Bücher, die wir je gelesen haben, alle Filme, die wir je gesehen haben, alle Medien, durch die wir je belehrt wurden, alle Dinge, die uns je entzückt haben, alle Auseinandersetzungen, die wir geführt haben – eben alles an Welt, das uns jemals begegnet ist.

Was bleibt da von uns noch übrig? Fast nur noch ein Skelett. Eigentlich bleibt gar nichts übrig, denn wir haben ja auch die Eltern gestrichen, die uns gezeugt haben. Personsein heißt also ganz wesentlich: In-Beziehung-Sein. Ohne das Beziehungsgeflecht, in dem wir in der Vergangenheit gelebt haben und in dem wir noch immer leben, wären wir nicht mehr der, der wir jetzt sind, ja, wir wären überhaupt nicht.

Nun sagt die Theologie von dem dreieinen Gott: Der Vater, der Sohn und der Geist sind reine Relationen, also reine ›Beziehungen‹. Sie sind gerade keine in sich ruhenden Wirklichkeiten, sondern, insofern sie Person sind, nichts anderes als ›Beziehung‹. Der Vater ist reines Sich-Mitteilen und Sich-Verschenken an den Sohn. Der Sohn ist reines Ausgehen aus dem Vater und reines Hören auf ihn. Und auch der Geist ist reines Hervorgehen und Empfangen. Insgesamt: Der eine Gott ist ein für uns unvorstellbares ›Wir‹. So wird vom Geheimnis des dreieinen Gottes her deutlich: Nicht das ›Bei-sich-selbst-Sein‹ ist das Letzte und Höchste, sondern das ›Sein-für-einen-Anderen‹ und das ›Sein-von-einem-Anderen-her‹.

Doch damit dieser entscheidende Unterschied im Personbegriff des dreieinen Gottes noch deutlicher wird, müssen wir den Menschen noch schärfer in den Blick zu nehmen. Ich selber, mein Ich, mein Selbst, *tut* etwas. Ich stehe, ich sitze, ich laufe im Zimmer umher, ich esse, ich gehe am Abend zu Bett. ›Ich‹ tue das alles. Aber ich bin nicht einfach identisch mit dem, was ich tue. Ich bin nicht einfachhin mein Stehen. Ich bin nicht einfachhin der Vorgang meines Essens. Ich bin auch nicht einfachhin mein Zu-Bett-Gehen. Da bleibt immer ein Tätigkeits-Zentrum, das bestimmte Dinge tut oder nicht tut.

Nun sagt aber die Theologie von den drei göttlichen ›Personen‹, dass es diese Differenz bei ihnen gerade nicht gibt. Gott der Vater ist nicht zuerst einmal Gott der Vater – und dann tut er noch zusätzlich etwas: Er liebt. Nein, die Heilige Schrift sagt: »Gott *ist* Liebe« (1 Joh 4,8). Das heißt: Die Liebe ist bei ihm nicht etwas Zweites, das bei ihm noch hinzukommt, sondern Gott der Vater ist nichts anderes als das Geschehen reiner Liebe. Und genauso ist der Sohn nichts anderes als reines Hören, reines Empfangen, reines Weitergeben dessen, was er vom Vater hört (Joh 15,15). Und entsprechend ist der Heilige Geist nichts anderes als das Band der Liebe zwischen dem Vater und dem Sohn, nichts anderes als reines Empfangen und Weitergeben des Empfangenen (Joh 16,13–15).

Ich denke, diese Überlegungen zeigen uns: Wenn wir bei Gott von drei ›Personen‹ sprechen, so ist der Personbegriff, den wir hier verwenden, von dem Personbegriff, den wir für uns selbst verwenden, zutiefst verschieden. Wir können Brücken im Verständnis schlagen. Doch wir können uns das Person-Sein des Vaters und des Sohnes und des Heiligen Geistes nicht mehr positiv vorstellen. Dasselbe gilt natürlich für alles, was wir überhaupt von Gott sagen: Wir können über ihn immer nur in Bildern und Vergleichen sprechen, bei denen die Unähnlichkeit maßlos größer ist als die Ähnlichkeit. Selbst wenn wir von »drei« göttlichen Personen sprechen, müssen wir uns darüber im Klaren sein, dass dabei die Zahl »drei« nur ein unähnlicher Begriff ist, also etwas völlig anderes, als wenn ich sage: drei Bäume oder drei Häuser oder drei Menschen.

Die Frage ist nun natürlich: Wie ist es überhaupt zu dem Glauben von dem einen Gott *in drei Personen* gekommen? Genauer gefragt: Wie ist es auf dem Boden Israels, also auf dem Boden des radikalsten Monotheismus, zu diesem Glauben an den dreieinen Gott gekommen?

Da war zunächst die Erfahrung Israels von dem einen Gott, der sein Volk aus Ägypten holt, der mit ihm durch die Wüste zieht, der es führt, es rettet, ihm die Schuld vergibt, der ihm nahe ist. Er ist kein abwesender, kein abweisender, kein ferner Gott. Er ist ein naher und rettender Gott, ein Gott der seinem Volk zu Hilfe kommt. Schon Israel nennt diesen Gott seinen »Vater«. (Auch »Vater« ist dabei wieder einer jener ›analogen‹ Begriffe, bei denen die Unähnlichkeit zu einem irdischen Vater unfassbar größer ist als die Ähnlichkeit.)

Diese Grunderfahrung der Nähe, die Israel schon immer mit seinem Gott gemacht hat, erhält in Jesus noch einmal eine radikal neue Dimension. In Jesus ist nun Gott mitten in seinem Volk endgültig Gegenwart geworden. Die Jünger Jesu konnten es nicht anders formulieren. Sie mussten sagen: Jesus ist Gottes endgültiges Wort. In ihm hat er für immer alles gesagt, ja, in ihm hat er sich selbst ganz ausgesagt. In ihm hat er aber auch endgültig gehandelt. Kurz: Wer Jesus sieht, sieht den Vater (Joh 14,9). Und weil er ganz das Bild, ganz der Abglanz des Vaters ist, müssen sie sagen: Er ist der »Sohn« (Mt 11,25–27). Das meint aber gerade nicht: Er ist ein ›zweiter‹ Gott, sondern: Er ist die endgültige Gegenwart des Vaters – nämlich des ewigen »Wortes« des Vaters – in der Welt. Deshalb kann von da an Beten im Gottesvolk von ihm nicht mehr absehen. Alles Gebet zum Gott Israels geschieht nun »mit ihm« und »in seinem Namen« (Joh 14,11–14).

Am Pfingsttag wird das alles dann durch eine dritte Grunderfahrung vertieft: Jesus ist – vordergründig betrachtet – nicht mehr da. Seine Jünger können ihn nicht mehr sehen. Niemand kann ihn mehr hören. Und doch ist er seinen Jüngern nicht entrissen. Er ist mitten unter ihnen (Mt 18,20). Er ist bei ihnen, wenn sie sich versammeln. Er ist ihnen sogar näher, als er ihnen jemals zuvor nahe war. Er ist bei ihnen durch seinen Geist. Genau das ist die Grunderfahrung von Ostern und Pfingsten – und die Grunderfahrung der Kirche überhaupt: Im Heiligen Geist ist Jesus gegenwärtig und mit Jesus der Vater selbst.

Wenn die Kirche nicht mehr undifferenziert einfach von Gott redet, sondern vom »Vater«, vom »Sohn« und vom »Geist«, so ist das also keine nachträgliche Konstruktion, und es ist auch keine Ideologie, die sich gegen den Eingottglauben Israels richten würde. Das wäre historisch ja auch völlig unwahrscheinlich. Denn die beschriebenen Erfahrungen geschahen eben mitten in Israel, also im Bereich des strengsten nur denkbaren Monotheismus[24].

Diejenigen, die den Glauben an den dreieinen Gott formulierten, waren keine Christen aus den Völkern, sondern es waren Judenchristen, die fest im Glauben Israels verwurzelt waren, man denke nur an Paulus. Und diejenigen Theologen, die in den folgenden Jahrhunderten das Geheimnis des dreieinen Gottes tiefer durchdachten, um es gegen Missverständnisse abzusichern, taten es gerade nicht aus dem Geist griechischer Philosophie. Dann hätten sie nämlich von jenem »Ur-Einen« sprechen müssen, das die absolute Negation jeder Vielheit ist – oder mit Aristoteles von dem »Unbewegten Beweger«, der immer nur *sich selbst* denken kann[25]. Dächte er etwas anderes als sich selbst, verlöre er sein Gott-Sein. Nein, sie dachten nicht von der griechischen Gottes-Spekulation, sondern vom Neuen Testament her.

Der Glaube an den Vater, den Sohn und den Geist beruht also auf geschichtlicher Erfahrung, in der sich Gott selbst erschlossen hat. Der *eine* Gott ist in der Welt in einer Weise Gegenwart geworden, die all sein früheres Gegenwärtigwerden zu seinem Ziel und zu seiner Vollendung geführt hat. Deshalb sind der Sohn und der Geist nicht zwei weitere Götter, sondern die Hinwendung des einen Gottes zur Welt, in der er nun ganz gegenwärtig ist – im Antlitz des Sohnes und in der Kraft des Geistes.

Die Unterstellung, wir beteten drei Götter an, ist eine Verleumdung des christlichen Glaubens. Und die christliche Rede von dem *einen* Gott in *drei* Personen ist nicht gegen die Logik, sondern steht in Verbindung mit der Einsicht, was ›Person‹ eigentlich ist: Schon jede menschliche Person baut sich auf aus ›Beziehung‹.

*

Sind Sie noch interessiert, das, was ich in meinem Theologiestudium gelernt habe, weiter mitzudenken? Dann folgen Sie mir zu dem zweiten Thema, dem Dogma von der Erbsünde. Es ist eines der realistischsten Dogmen der Kirche – nur erzeugt dieses Dogma leider oft völlig falsche Vorstellungen. Im Deutschen ist es auch noch durch die Wörter »Erbsünde« und »Erbschuld« auf das Schwerste belastet. Leider hält sich in den deutschsprachigen Ländern der Begriff »Erbsünde« mit klebriger Zähigkeit – selbst in der deutschen Fassung des im Anschluss an das Zweite Vatikanische Konzil herausgegebenen »Katechismus der Katholischen Kirche« (KKK Nr. 396–409). Dort wird der klassische Begriff »Ursünde« dem Begriff »Erbsünde« nur in Klammern hinzugesetzt (KKK Nr. 389). Die deutschen Leser fragen sich da natürlich: Wie kann denn Sünde vererbt werden?

Andere Sprachen sind da etwas besser gestellt. Im Englischen wird das lateinische *peccatum originale* zu Recht mit *original sin* übersetzt, im Französischen mit *péché originel,* im Spanischen mit *pecado original.* Allerdings führt auch diese sprachlich bessere Ausgangslage nicht viel weiter.

Denn die Kirche lehrt ja, durch die Taufe würde der Mensch – und selbstverständlich auch die *kleinen Kinder* – von der »Erbsünde« bzw. von der »Ursünde« befreit. Diese würde durch die Taufe »getilgt« (KKK Nr. 405). »Wie denn das?«, fragt sich da der normale Zeitgenosse, »es weiß doch jeder, dass ein Säugling noch gar nicht gesündigt haben kann. Ein Baby kann noch nicht als Person handeln. Wenn Sünde etwas Personales ist, wenn Sünde Erkenntnis, Freiheit und Verantwortlichkeit voraussetzt, kann das kleine Kind noch nicht schuldig geworden sein.« Warum dann die Rede von der »Ursünde« und der »Befreiung aus der Ursünde in der Taufe«?

Angesichts dieser Verständnisschwierigkeiten lohnt es sich, genauer hinzuschauen, was die Kirche mit dem Begriff der »Erbsünde« bzw. »Ursünde« denn überhaupt meint. Ich versuche es jetzt einmal an Vorgängen zu verdeutlichen, welche die Welt seit langem beschäftigen – nämlich an der ›Umweltverschmutzung‹. Aktueller wäre natürlich das Beispiel ›Klimawandel‹. Aber das Thema ›Umweltverschmutzung‹ reicht schon weiter zurück und ist deshalb überschaubarer. Zwischen der ›Erbsünde‹ und der ›Kontaminierung unserer Umwelt‹ gibt es auffallende Übereinstimmungen, die uns zeigen können, worum es bei diesem Dogma überhaupt geht. Ich konstruiere eine Art Szenario.

Da war – sagen wir im 19. Jahrhundert – irgendwo im Westfälischen ein Gebiet, in dem man Getreide anbaute, in dem es Obstwiesen mit großen Apfel- und Birnbäumen gab und wo man Kühe und Schweine im Stall hatte. Einzelne Gehöfte unterbrachen die Felder und Wiesen, und jedes Gehöft hatte seinen eigenen Brunnen beziehungsweise seine eigene Pumpe, um Grundwasser heraufzuholen. Kanalisation und Kläranlagen gab es noch nicht, jedenfalls noch nicht in diesem ländlichen Gebiet.

Gegen Ende des Jahrhunderts siedelte sich wegen der Nähe des Bergbaus und der günstigen Verkehrslage Industrie an. Und dann ging alles sehr schnell. Bald sah man am Horizont Schornsteine, die das ganze Jahr hindurch Kohlendioxid und Schwefeldioxid in die Luft bliesen. Giftstoffe und Altöle fielen in großen Mengen an; der Einfachheit halber ließ man sie einfach in den

Boden sickern. Anderes leitete man in die Bäche, die immer stinkiger wurden. So etwas wie ›Entsorgung‹ kannte man noch kaum. Auch der Begriff der ›Umwelt‹ in seiner heutigen Bedeutung war noch nicht geboren.

Später kamen dort, wo die Landwirtschaft nicht verdrängt worden war, große Mengen von Insektiziden hinzu, von deren Gefährlichkeit man noch nichts wusste. Seit den 1940er Jahren wurden hemmungslos DDT und andere Pflanzenschutzmittel gespritzt. Mehr und mehr wurde die Erde in der gesamten Region kontaminiert. Im Boden gab es Ablagerungen von Blei, Cadmium, Quecksilber, Arsen und vielen anderen Schadstoffen. Die Fische in den Bächen waren längst tot oder quecksilberverseucht. Der Salat und das Gemüse in den Hausgärten waren durchsetzt mit toxischen Metallverbindungen. Das Grundwasser, das man in den Gehöften heraufpumpte, machte die Menschen krank.

Das alles braucht nicht weiter im Einzelnen geschildert zu werden. Wir betrachten jetzt ein Kind, das in diese Situation hineingeboren wird. Es ist nicht schuld an der Umweltverschmutzung. Es kann nichts dafür, dass es Milch zu trinken bekommt, in der Dioxin ist. Es kann nichts dafür, dass der Spinat, den ihm die Mutter zubereitet, verbleit ist. Und es weiß auch noch nicht, dass sein Dauerhusten auf Chemikalien in der Luft zurückgeht. Es ist zunächst absolut schuldlos.

Schuldig sind diejenigen, die das gesamte Gebiet rücksichtslos verseucht haben. Und selbst diese Verursacher waren sich über die Folgen dessen, was sie taten, nicht wirklich im Klaren. Für unsere Frage nach der Erbsünde können wir von diesem Umwelt-Szenario vor allem vier Dinge lernen:

1. Jedes Kind, das in dieser Region zur Welt kommt, wird in einen Unheilszusammenhang ›hineingeboren‹. Es ist selber daran völlig unschuldig. Aber es ist von Schadstoffen umgeben. Es nimmt sie in sich auf – in die Lunge, in den Magen, ins Fettgewebe. Die Schadstoffe bleiben nicht auf der Haut sitzen. Das Kind nimmt sie auf bis in das Innerste seines Organismus hinein, ob es will oder nicht. Es kann sich der Situation, in der es lebt, nicht entziehen. Sie ist ihm vorgegeben.

2. Der Mensch, der in die beschriebene Unheilssituation hineingesetzt wird, ›verstärkt‹ sie seinerseits. Wieso? Ganz einfach: Bis in die Mitte des 20. Jahrhunderts hinein hatte man für Umweltfragen wenig oder keine Sensibilität. Man glaubte offenbar, unser Planet könne alles schlucken. Erst als im Jahre 1962 das Buch der Amerikanerin Rachel Louise Carson »Silent Spring« (deutsche Ausgabe »Der stumme Frühling«, 1963) erschienen war, begann man in den USA, in Europa und anderswo sensibel zu werden. Frau Carson hatte nämlich beobachtet, dass es dort, wo sie wohnte, seit Jahren keine Singvögel mehr gab. Der Frühling blieb stumm. Sie hatte geforscht, woran das lag, und war auf die Folgen der massiven Verwendung von DDT in der Landwirtschaft gestoßen. Angenommen, der Mensch, von dem wir sprachen, hätte *vor* diesem Buch gelebt, in der Zeit, in der es noch keine Aufklärung über Umweltschäden gegeben hatte: Er hätte dann als Jugendlicher und Erwachsener mit hoher Wahrscheinlichkeit genau dasselbe getan, was auch alle anderen taten: Er hätte seine Umwelt kontaminiert. Das heißt, er hätte sich, älter geworden, selbst an dem Unheilszusammenhang beteiligt, in den er als Kind hineingewachsen war. Er hätte ihn durch sein eigenes Handeln verstärkt. Man könnte also, wenn man das Ganze unter dem Aspekt der Sünde betrachtet, durchaus von einer ›Schuldverflochtenheit‹ sprechen. Da gab es zunächst die ›Anfangsverursacher‹, also diejenigen, die mit dem Ganzen begonnen hatten. Sie waren teils schuldig, teils unschuldig, je nachdem, ob sie wussten, was sie taten. Dann kamen die ›Mittäter‹ hinzu, also diejenigen, die wie selbstverständlich mitmachten bei dem, was schon andere vor ihnen getan hatten. Auch sie konnten wie die Anfangsverursacher teils schuldig, teils unschuldig sein, je nach dem Maß ihrer Einsicht. Auf jeden Fall entstand eine Schuldverflochtenheit, bei der der Anteil wirklich persönlicher Schuld des Einzelnen nachträglich kaum mehr zu bestimmen ist. Das Ganze ähnelte eher einem Gewebe, in dem unzählige Fäden kreuz und quer laufen und alles ›irgendwie‹ – aber eben schwer bestimmbar – miteinander zusammenhängt. Und weil es immer Mittäter und Mitläufer gibt,

neigt ein Unheilspotential dazu, sich zu vergrößern und immer aggressiver zu werden. Das hängt mit dem Phänomen der *Nachahmung* zusammen. Was der eine macht, machen auch andere. Was alle machen, macht in den meisten Fällen der Einzelne mit. Das Unheil ›potenziert‹ sich. Selbst die zunächst unschuldig Geborenen werden immer mehr in das Ganze hineinverwickelt.

3. An dem Beispiel der kontaminierten Umwelt lässt sich aber auch noch etwas anderes zeigen: Der Unheilszusammenhang, der hier geschildert wurde, erfloss nicht nur aus toxischen Stoffen, die bedenkenlos eingesetzt wurden. Will man der ganzen Situation wirklich auf den Grund kommen, muss man auch von der zunehmenden Industrialisierung reden: von der damals zu geringen Betriebsgröße vieler Bauernhöfe, die zu Großbetrieben werden mussten, wollten sie überleben; vom enormen Anstieg der Geburtenrate; vom Zerreißen des sozialen Netzes auf dem Land; von der Landflucht; von heimatlosen Massen, die in öden Vorstädten wohnten; von bedrückender Armut bei den einen, zugleich aber von der Möglichkeit, Riesengewinne zu machen bei anderen. Die Industrielle Revolution hat im 19. Jahrhundert die sozialen Verhältnisse in vielen Ländern tiefgreifend verändert. So positiv die Industrialisierung in vielerlei Hinsicht war, so gefährlich war sie in anderer Hinsicht. Sie brachte nicht nur Gutes, sondern schuf auch ›Strukturen‹, die nachhaltig Unheil produzierten.

4. Schließlich lässt sich noch Folgendes feststellen: Die Rede von einem Unheilszusammenhang setzt immer schon ein ›Kontrastbild‹ voraus. Wäre es anders, könnte gar nicht von ›Un-Heil‹ geredet werden. Wir Heutigen wissen, und unsere Vorfahren ahnten es vielleicht, was eine zerstörte Umwelt bedeutet und welche Folgen sie hat. Aber irgendwann musste es jemanden geben, der das in aller Deutlichkeit zum ersten Mal sah. Irgendwann musste es eine Amerikanerin geben, der auffiel, dass um ihr Haus keine Vögel mehr sangen. Selbstverständlich war sie nicht die einzige. Aber sie hat es als erste so artikuliert, dass viele aufmerksam wurden und plötzlich zusammen mit ihr sagten: »Eigentlich sollten doch unsere Bäche klar und die Luft rein

und unser Gemüse ohne Schadstoffe sein. Eigentlich sollten im Frühling die Vögel singen und Lerchen über den Feldern in die Luft steigen.« Das meine ich mit Kontrastbild. Und das heißt: Ohne Kontrastbild ist der Unheilszusammenhang nicht zu diagnostizieren.

Für die Theologie ist diese Einsicht von größter Wichtigkeit. Denn die Erbsündenlehre hatte von Anfang an ihr Kontrastbild: das Paradies. Der Erzähler von Gen 2–3 hat dieses Kontrastbild seinen Lesern sogar bewusst vor Augen gestellt, damit sie den Unheilszusammenhang, in dem sie selbst gegenwärtig leben, in seinem ganzen Ausmaß begreifen. Die Frage ist nur: Gab es dieses Kontrastbild ›Paradies‹ tatsächlich als Realität am Morgen der Menschheitsgeschichte? Oder ist es vielleicht das Ziel aller Geschichte? Oder gibt es dieses Kontrastbild schon ständig, dort, wo Menschen als Gottesvolk solidarisch zusammenleben und zusammenwirken? Oder hat es ausschließlich diagnostische Funktion, soll also für den Leser nur eine Hilfe sein, die eigene Situation zu begreifen? Ich komme auf diese Frage noch zurück.

Jedenfalls sind wir mit unserem Szenario jetzt schon näher an das herangekommen, was mit ›Erbsünde‹ gemeint ist: *Wir werden in einen Unheilszusammenhang hineingeboren, an dem wir zunächst einmal völlig unschuldig sind. Doch er beherrscht und bestimmt unser Leben.*

Selbstverständlich sind für den Begriff der Erbsünde noch weitere Präzisierungen notwendig. Es sollte aber schon jetzt deutlich geworden sein, was eigentlich mit einer ›Unheilssituation‹, mit einem ›Unheilszusammenhang‹ und mit ›Schuldverflochtenheit‹ gemeint ist.

Dass es bei der Erbsünde nicht um Chemie geht, sondern um das Potential an Schuld, das sich in der Menschheitsgeschichte angehäuft hat, ist natürlich klar. Das Gemeinsame aber ist: Wir alle werden in eine Unheilssituation hineingezeugt. Es gibt heute nicht nur eine immense Zerstörung natürlicher Lebensräume – ich habe seit langem keine Lerche aus einem Feld in die Luft aufsteigen sehen, obwohl ich seit Jahrzehnten auf dem Land lebe; in meiner Jugend sah ich sie noch im sogenannten

›Singflug‹ aufsteigen –, sondern es gibt Unheil bringende ›Geschichtsmächte‹, die noch viel gefährlicher sind. Werfen wir deshalb jetzt wenigstens parallel zu unserem Umwelt-Szenario einen kurzen Blick auf die Geschichte und deren Schuld- und Verstrickungspotentiale.

Wenn ein Kind auf die Welt kommt, wird es nicht in einen geschichtsneutralen Raum, erst recht nicht in einen Raum der Unschuld hineingeboren. Die Welt, die Gesellschaft, in der wir uns vorfinden, ist zu einem beträchtlichen Teil von Mächten geprägt, die unser Leben mit ihren Parolen und Leitideen, mit ihren Verdummungen und verschleierten Verführungen bestimmen.

Da ist der breite Strom der Nazi-Ideologie. Sie hat selbstverständlich nicht erst mit Hitler begonnen. Ihre Wurzeln reichen weit zurück ins 18. Jahrhundert. Und sie wuchert, wie wir wissen, noch immer weiter. Hitlerbilder hängen nicht nur in Deutschland in mehr Zimmern, als wir ahnen[26]. Und es geht nicht nur um Hitlerbilder und Hakenkreuze.

Da ist sodann das breite Spektrum des religiösen Fanatismus. Es gab ihn in allen Jahrhunderten, und es gibt ihn noch immer in schrecklichen Exzessen direkt vor unseren Augen. Wir brauchen nur an den 11. September 2001 zu denken, also an die Zerstörung des World Trade Centers in New York und an die 2.753 Menschen, die dabei ermordet wurden. Wir sahen die beiden brennenden Türme und die Menschen, die sich aus 300 bis 400 Metern Höhe aus diesen Türmen herabstürzten, um nicht zu verbrennen. Und wir sahen den Hass derer, die in islamischen Ländern auf der Straße vor Genugtuung tanzten, als sie wie wir diese Bilder im Fernsehen sahen.

Da ist der Antisemitismus bzw. Antijudaismus, der seit weit über 2000 Jahren die Geschichte durchzieht, und an dem christliche Theologen in einer furchtbaren Weise nicht nur mitschuldig geworden sind, sondern den sie in seiner ganzen Wucht überhaupt erst ausgelöst haben. Die in sich konträren Reaktionen des Westens auf die Terror-Aktion der Hamas vom 7. Oktober 2023 zeigen, in welchem Ausmaß der Antisemitismus auch im Westen lebendig ist. Er zeigt sich heute nicht nur in Sonderbereichen der

Gesellschaft. Vielmehr sind die Sozialen Medien zu einem gefährlichen Tradierungsort für Antisemitismen geworden.

Ich könnte mit der Aufzählung von Unheilsmächten in der Welt noch lange fortfahren. Zu ihnen gehören natürlich auch all die westlichen Ideologien der ›Wohlfühlgesellschaft‹, das Leitbild von der absoluten ›Selbstbestimmung des Menschen‹ und der penetrant propagierte ›Ego-Kult‹.

Die Welt, in die ein Kind hineingeboren wird, ist keineswegs neutral. Sie ist schon beherrscht von zahlreichen »Mächten und Gewalten« (Röm 8,38–39; 1 Kor 15,23–28). Genau darum geht es der Kirche bei dem Dogma von der Erbsünde. Wenn sie sagt, jeder werde »in der Erbsünde geboren«, behauptet sie gerade nicht, dass die neugeborenen Kinder schon persönlich gesündigt hätten. Erst recht behauptet sie nicht, dass die Kinder in Sünde gezeugt seien, weil der Zeugungsakt selbst sündhaft sei. Die Kirche will vielmehr sagen, dass die Kinder hineingezeugt werden in eine Welt, die bereits von Selbsttäuschung und Manipulation, von Gier und Gewalt und von vielen anderen Mächten beherrscht wird.

Man darf sich diese »Mächte und Gewalten«, die den Menschen vom Anfang seines Lebens an beeinflussen, gerade nicht so vorstellen, als seien sie etwas rein Äußerliches und Außenständiges, als lauerten sie irgendwo draußen vor der Tür, eben als Außenwelt, Umwelt, Umgebung. Die Mächte, denen wir ausgesetzt sind, dringen nur allzu oft tief in uns hinein und besetzen unser Innerstes.

Noch bevor das Kind den Mutterleib verlässt, ist es oft schon halb erdrückt von den Sorgen, Plänen, Vorsätzen, Vorstellungen und Leitbildern seiner Eltern. Sie träumen ja nicht selten schon *vor* der Geburt, was aus ihrem Kind einmal werden soll: etwa ein Supersportler, der Geld in die Familie bringt, oder ein Statussymbol mit Hochschullaufbahn, oder ein Partner-Ersatz, weil man mit dem Ehepartner nicht zurechtkommt, oder ein Dressurobjekt, an dem sich vorführen lässt, dass man etwas von Erziehung versteht.

Selbstverständlich ist es nicht immer so. Es gibt viele Kinder, die wirklich Kinder sein dürfen. Die gerade angeführten Beispiele sollten nur klar machen: Die Prägungen, die Formungen, die Einflussnahmen, die Belastungen beginnen für das Kind schon sehr früh. Nicht selten beginnen sie schon im Mutterleib. Der Mensch wird in eine Geschichte hineingezeugt, die längst von Schuld geprägt ist, und die Auswüchse dieser Schuld umgeben ihn nicht nur von außen.

Das Dogma von der Erbsünde ist, wie gesagt, eines der realistischsten kirchlichen Dogmen. Und die Kirche hat gewusst, warum sie im Konzil von Trient (1545–1563) sagte, die Erbsünde werde nicht [nur] durch »Nachahmung«, sondern durch »Fortpflanzung« weitergegeben. *»Non imitatione, sed propagatione«* lautet die lateinische Formulierung. Wir werden »hineingeboren« in die Verstrickungen von Schuld, in die Folgen der Sünde anderer, in Altlasten der Sünde, die oft bis ins Biologische hineinreichen. Wir leben nicht nur inmitten der Gesellschaft. Die Gesellschaft lebt in uns. Sie sitzt mitten in uns. Wie war es möglich, dass die Mehrzahl der Deutschen einen Verbrecher wie Hitler hochkommen ließ und ihm folgte? Wie ist es möglich, dass in den USA viele Menschen einen hemmungslosen Egoisten wie Trump feiern?

Alles, was ich bis jetzt gesagt habe, sollte zeigen: Was die Kirche mit Erbsünde meint, ist kein Phantom, kein Konstrukt, keine Kopfgeburt. So missverständlich das Wort ›Erbsünde‹ auch ist: die Sache, die damit gemeint ist, hat ihren Ausgangspunkt in erfahrbarer Realität. Aber ich muss nun an dieser Stelle noch einmal auf das zurückkommen, was ich über das Kontrastbild ›Paradies‹ gesagt hatte. Müssen wir wirklich glauben, dass es dieses Kontrastbild als reale historische Wirklichkeit am Anfang der Menschheitsgeschichte gegeben hat?

In den Kapiteln 2–4 des Buches Genesis wird erzählt, wie der Mensch zunächst in einem Paradies lebt, wie sich Eva von der Schlange zur Sünde gegen Gott verführen lässt, wie sich Adam seinerseits von Eva verführen lässt, wie deshalb beide aus dem Paradies vertrieben werden und wie ihre Sünde sich dann fortsetzt in ihren Nachkommen: Kain ermordet seinen Bruder Abel. Und das ist erst der Anfang einer langen Geschichte der Gewalt, die alles erfasst (vgl. Gen 2,4b – 11,9). Letztlich hat das kirchliche Dogma von der Erbsünde in dieser Erzählung seinen Ursprung.

Nun weiß aber die heutige Bibelwissenschaft schon längst: Die Erzählung von Paradies und Sündenfall ist eine ›Stammvatererzählung‹. Das heißt: Was von einem ganzen Clan, einem ganzen Stamm oder einer ganzen Volksgruppe gilt, kann in der damaligen Kultur in der Gestalt und im Leben eines Stammvaters zusammengefasst werden. *Die Stammvatererzählung erzählt als ein Ereignis des Anfangs, was immer und überall gilt, wo es Nachkommen dieses Stammvaters gibt.*[27]

Damit ist klar: Was in Gen 3 und den folgenden Kapiteln als Sündenfall und Schuldverflochtenheit *am Anfang der Menschheitsgeschichte* erzählt wird, deutet die Situation der Welt und die Situation Israels *in der gesamten Geschichte* bis in die damals aktuelle Gegenwart. Das Paradies ist dabei Kontrastbild, das zeigen möchte, wie die Welt eigentlich sein könnte und sein sollte. Wir brauchen also nicht an einen paradiesischen Urzustand am Morgen der Menschheitsgeschichte zu glauben. Von der Gattung der damaligen ›Stammvatergeschichten‹ her, die eben Realitäten der Gegenwart *in den Anfang* verlegen, ist das gerade nicht gefordert.

Wir dürfen nicht nur, sondern wir müssen mit der Evolutionsbiologie davon ausgehen, dass sich der Mensch historisch in immensen Zeiträumen aus dem Tierreich langsam hochentwickelt hat. Die ersten ›Urmenschen‹ (zum Beispiel der *homo rudolfensis*) werden von den Forschen vor etwa 2,5 bis 1,5 Millionen Jahren angesetzt. Die Entwicklung bis zum *homo sapiens* bedurfte dann noch zahlloser Schritte – und zwar in *gleitenden Übergängen*. Im Zuge der langsamen Menschwerdung des Menschen muss allmählich, zunächst noch in sehr beschränktem Ausmaß, die Möglichkeit erster Freiheit entstanden sein. Das heißt die Möglichkeit, dass sich dieses Wesen, das aus dem Tierreich kam, nicht mehr einfach nur von seinen Instinkten steuern ließ, sondern wählen lernte zwischen verschiedenen Möglichkeiten. Auf das Engste verbunden damit war ein aufkeimendes Verstehen, ein wachsendes Erkennen – dieses seltsame, nur dem Menschen eignende Erkennen, das über jedes Einzelobjekt, das sich den Sinnen darbietet, hinausgreift. Damit aber eröffneten sich dem werdenden Menschen neue Möglichkeiten. Er kann sich nun transzendieren auf Neues hin – zum Beispiel auf das Richtige, auf das Angemessene, auf das Gute.

Das, was die Kirche als »Ursünde« bezeichnet, wäre dann als *Verweigerung* zu denken – als Verweigerung von Schritten, die dem Menschen mit zunehmender Hominisation möglich wurden:[28] eine immer größere Freiheit zum Erkennen der Wahrheit und des Guten. Die Ursünde wäre dann in ihrem Sich-Verweigern ein *Zurückbleiben* in tierischen Mechanismen – und das hieße für den Menschen, »tierischer als jedes Tier zu sein«, denn er könnte ja nun auch anders.

Dieses Sich-Verweigern geschah natürlich nicht nur bei *einem bestimmten* Menschenpaar. Es geschah an vielen Orten der Hominisation und es geschieht bis heute. Es führte zu der Schuldverflochtenheit, von der bereits ausführlich die Rede war.

Mit all dem ist aber immer noch nicht alles Notwendige über das Dogma von der Erbsünde gesagt. Ich hatte Gen 3 und die sich anschließenden Kapitel der Bibel als eine ›Stammvatererzählung‹ bezeichnet, welche die gegenwärtig erfahrenen Unheilszusammenhänge an den Anfang der Menschheitsgeschichte verlegt und sie von dort her begründet. Es gibt in der Bibel aber auch *positive* Stammvatererzählungen wie die vom Stammvater Abraham. Auch hier verdichtet sich je aktuelle Gegenwart in einer Figur des Anfangs.

Darin aber geht es nun nicht um eine Geschichte des Unheils und der Verweigerung, sondern um den immer neuen Auszug Israels aus dem Bisherigen, um das Wagnis seines Vertrauens, um die Treue zu seinem Gott. Das heißt aber: Es gibt in der Welt und es gibt in Israel nicht nur eine Geschichte des Unheils, der Schuld und der Schuldverflochtenheit, sondern auch eine Geschichte der Freiheit, der Solidarität miteinander, der Aufklärung, der wachsenden Erkenntnis Gottes, eine Geschichte des Gehorsams und der unverbrüchlichen Glaubenstreue. Das Alte Testament beschreibt den Strang dieser ›Heilsgeschichte‹ in vielen Szenen.

›Freiwerden von der Erbsünde‹ heißt dann: Sich in diese lange Geschichte, dessen Realsymbol Abraham und dessen Vollendung Jesus Christus ist, hineinzubegeben, um an ihr Anteil zu haben. Genau das geschieht in der Taufe. Sie ist der Eintritt in eine ›Gegengeschichte‹, in der man frei werden kann von den Schuldverhängnissen, die uns umgeben. Nicht als ob die Kirche, der bleibende Ort dieser Gegengeschichte, nur aus Freigewordenen, nur aus Unschuldigen, nur aus Heiligen bestände. Sie ist aber der Ort, wo *in Christus* die Freiheit von allen Schuldverhängnissen geschenkt wird und immer wieder erneuert werden kann. Insofern, und nur insofern wird schon ein kleines Kind bei seiner Taufe von der »Erbsünde« befreit.

*

So viel zum Thema ›Erbsünde‹! Und nun noch einmal die Frage: Weshalb habe ich jetzt in solcher Ausführlichkeit von dem Glauben an den dreieinen Gott geredet sowie von dem, was die Kirche mit dem missverständlichen Begriff ›Erbsünde‹ bzw. ›Ursünde‹ eigentlich meint – wo ich doch viele Erlebnisse und Begegnungen aus meinem weitergehenden Studium in St. Georgen hätte erzählen können?

Ich habe, so hoffe ich, das Wichtigere gewählt: Ich habe versucht, die Ernsthaftigkeit dieses Studiums zu zeigen. Nicht nur bei der Frage nach dem dreieinen Gott und bei der Frage nach der Erbsünde, sondern bei allen Fragen, die in meinem Theologiestudium behandelt wurden, ging es um Grundfragen – um die unausschöpfliche Tiefe des christlichen Glaubens, aber eben auch um die Vernunft.

Vielleicht haben meine Leserinnen und Leser gerade in diesem Kapitel gespürt: Über Gott und die Welt lässt sich vernünftig reden. Gott bleibt dabei das unfassliche Geheimnis der Welt. Das heißt aber gerade nicht, dass diejenigen, die mit der Kirche an Gott zu glauben sich entschließen, an puren Unsinn glauben müssten oder in einem »Gotteswahn« lebten, wie das der englische Zoologe und Evolutionsbiologe Richard Dawkins den Christen unterstellt.[29]

Wie es nach der Zeit in St. Georgen weiterging, ist schnell berichtet. Unser Kurs, wir waren insgesamt 14 Priesteramtskandidaten, ging nach Limburg ins Priesterseminar und damit in eine letzte Vorbereitungszeit für den Dienst als Kaplan und später als Pfarrer. Bevor wir im Limburger Dom am 8. Dezember 1960 durch Bischof Wilhelm Kempf die Priesterweihe empfingen, geschah mit mir aber noch etwas Wichtiges, ja mir Unvergessliches.

Ich hatte beschlossen, vor der Priesterweihe nicht nur die üblichen einwöchigen Exerzitien zu machen, sondern die sogenannten »Großen Exerzitien«, die vier Wochen dauern. Vier Wochen des völligen Schweigens, der Schriftlesung, der Besinnung, des Gebets. Die klassische Form dieser Großen Exerzitien geht zurück auf Ignatius von Loyola (1491–1556), den Gründer des Jesuitenordens. Ignatius hatte in einem Büchlein, dem er den Titel »Geistliche Übungen« gab, seine eigenen Erfahrungen mit Gott niedergeschrieben und zugleich Anweisungen für alle, die diese Erfahrungen machen wollten.

Er hatte dabei freilich Einzelexerzitien vor Augen. Jeder, der sich zu ihnen entschloss, sollte mit Hilfe eines geistlichen Begleiters nach dem Willen Gottes für sein Leben fragen. Auch heute werden solche Einzelexerzitien angeboten. Meistens ist es aber so, dass eine größere Gruppe gemeinsam Exerzitien macht. Der Exerzitienmeister gibt dann der gesamten Gruppe Hilfen für die sich anschließende Schriftmeditation, kann aber nur am Rande – in einem gelegentlichen Einzelgespräch – auf das eingehen, was den einzelnen Teilnehmer jeweils bewegt.

Eben diese Form hatten auch meine vierwöchentlichen Exerzitien. Es waren Gruppenexerzitien mit einer größeren Zahl von Priesteramtskandidaten aus verschiedenen deutschsprachigen Bistümern. Sie fanden in der Schweiz statt – und zwar in einem vielbesuchten Exerzitienhaus im Kanton Zug.

Nun war es leider so, dass bei meinem Kurs der Exerzitienmeister die Hilfen für die Meditation zeitlich überdehnte. Er machte daraus eine Art ›Vortrag‹, in dem alles Mögliche vorkam, vor allem seine Privaturteile über den Zustand der Gesellschaft und der Kirche. So ließ er sich zum Beispiel lang und breit darüber aus, dass die protestantischen Kirchtürme an ihrer Spitze kein Kreuz, sondern einen Hahn hätten (als Schweizer wusste er offenbar nicht, dass in Süddeutschland gerade die katholischen Kirchen meist einen Hahn an der Kirchturmspitze haben). Und als Schweizer sagte er natürlich nicht »Hahn«, sondern »Gockel« mit einem unnachahmlich reibenden Gaumenlaut für das »ck«. So etwas war natürlich lustig, und alles lachte.

Da sich diese Abschweifungen aber immer mehr ausweiteten, habe ich darunter sehr gelitten. Ich wollte nach dem Willen Gottes für die Gestalt meines Lebens fragen, mir aber keine Vorträge dieser Art anhören. Anderen ging es, wie ich nachträglich erfahren habe, genau wie mir. Doch ich habe trotz dieser widrigen Umstände meine Schriftmeditationen gemacht, über meinen künftigen Weg nachgedacht und am Abend noch lange in der Kapelle gekniet.

Und nun geschah etwas, mit dem ich nie gerechnet hätte. Als ich nach Ablauf der vier Wochen neben meinem schweren Koffer an der nächsten Haltestelle auf den Bus nach Zürich wartete, überfiel mich ein unsägliches Heimweh nach dem Exerzitienhaus und nach dem, was dort Tag für Tag geschehen war. Ich war nahe daran, nach meinem Koffer zu greifen und wieder in das Haus zurückzukehren. Dieses Heimweh war verbunden mit einer inneren Süßigkeit, die ich nicht schildern kann. In den vier Wochen war etwas mit mir geschehen, das auch die überlangen Einführungen in die Meditation nicht verhindert hatten. Es war wohl jene Süßigkeit, die Gott den Anfängern schenkt, damit sie es wagen, sich auf ihn einzulassen. Wochen später, beim Vollzug des Sakraments im Limburger Dom, geschah mir das Gleiche.

8. Endlich im Beruf

Nach der Priesterweihe war unser Kurs noch einmal für kurze Zeit im Seminar in Limburg zusammen. Dann wurde jedem sein erster Arbeitsplatz zugewiesen. Für mich war es die Pfarrei St. Ursula in Oberursel. Damals hatte Oberursel etwa 11.000 Einwohner. Die Stadt liegt am Südost-Abhang des Taunus. Ebenfalls nach Südosten grenzt sie an das Stadtgebiet von Frankfurt am Main. Nachts ahnte man an dem Widerschein in den Wolken die Nähe der Großstadt. Heute sieht man bei Tag und bei Nacht die Frankfurter Skyline aufragen.

Mein Chef war Pfarrer Josef Hartmann (1889–1972). Er war in Oberursel geachtet und geliebt. Jeder kannte ihn. Während mein Mitkaplan und ich mit dem Auto durch die Stadt fuhren (allein schon wegen der Schulen, die in den Außenbezirken lagen), machte er sämtliche Wege zu Fuß. Er zog vor jedem, der ihm begegnete, achtungsvoll den Hut und war auf der Straße ständig in Gespräche verwickelt, die sich oft zu Seelsorgsgesprächen entwickelten. Ich habe viel bei ihm gelernt.

Was meine eigenen Aufgaben betraf: Ich hatte jeden Morgen Religionsunterricht zu halten – und zwar in den beiden letzten Klassen der Volksschule, in den beiden unteren Klassen der Realschule und in zwei Klassen des dortigen Gymnasiums. Daneben hatte ich mich um die vielen Ministranten zu kümmern und um mehrere katholische Vereine, darunter besonders die Kolpingsfamilie. Mehrere Abende der Woche waren auf diese Weise belegt. Die Arbeit mit den Jugendgruppen war die Aufgabe meines Mitkaplans.

Am wichtigsten war natürlich der Sonntag. Die Frühmesse begann im Winter wie im Sommer morgens um 6.00 Uhr; sie wurde vor allem von Ausflüglern besucht, die in den Taunus wollten. Die nächste hl. Messe wurde um 7.30 Uhr gefeiert. Für sie war die mittelgroße Kirche eindeutig zu klein. Um 9.00 Uhr kam dann der Kindergottesdienst. Auch da war in der Kirche kein Platz mehr frei. Den Abschluss bildete um 11.00 Uhr das sogenannte Hochamt. In diesen Gottesdienst gingen vor allem die reichen und wohlhabenden Katholiken Oberursels, die am Sonntagmorgen lang schliefen und spät zu Mittag aßen.

Im Jahr 1959 hatten die deutschen Bischöfe mit der Fastenaktion »Misereor« begonnen. Den zahllosen Armen in der Welt sollte durch Hilfe zur Selbsthilfe Beistand geleistet werden. Ein eigenes bischöfliches Institut in Aachen fördert und lenkt diese Arbeit. Wie alle Pfarreien in Deutschland baten auch wir in Oberursel jedes Jahr an dem festgesetzten Fastensonntag in unseren Predigten mit Nachdruck um Unterstützung für diese jährliche Aktion. Es wurde auch außerordentlich viel gespendet. Man spürte die Ergriffenheit der Gläubigen, die helfen wollten, so gut sie nur konnten. Allerdings: Aufgeschlüsselt auf die einzelnen Gottesdienste kam in dem Gottesdienst um 7.30 Uhr die Hauptmasse der Kollekte zusammen – im Hochamt um 11.00 Uhr war das Sammelergebnis im Vergleich dazu kläglich. Ich habe noch oft darüber nachgedacht, warum das so war. Waren die Gutverdienenden es einfach gewohnt, größere Beträge direkt an den Empfänger zu überweisen – oder mussten sie sparen, um noch reicher zu werden?

Meine Arbeit erschöpfte sich aber nicht in Schulunterricht, Ministrantenstunden, Verbandsarbeit und Sonntagsgottesdiensten. Es kam noch anderes, Wichtiges hinzu. Wir drei Seelsorger saßen jeden Samstag ab 15 Uhr im Beichtstuhl – und das ging oft bis in den späten Abend hinein. In der Karwoche kamen so viele Gläubige zu ihrer Osterbeichte, dass wir praktisch zwei Tage lang Beichte hörten. Und es waren gute Beichten. Offenbar hatte es in Oberursel viele Jahre lang eine ausgezeichnete Beichtbelehrung gegeben. Denn da gab es stets zahlreiche Bekenntnisse, die von einer tiefen Gläubigkeit und dem festen Willen zur Umkehr zeugten. Mir öffnete sich damals erst wirklich der Blick auf die Gnade und die Kraft dieses Sakramentes. Befreit zu werden von Schuld – und von all den seelischen Belastungen, die oft damit zusammenhängen – welch ein Glück!

Ähnliches erlebte ich auch bei den vielen Alten und Kranken, denen wir einmal im Monat die Krankenkommunion brachten.

Da war nicht nur die Freude, dass der Kaplan zu ihnen kam. Bei den meisten war es mehr. Natürlich wurde es fast nie in Worte gefasst. Doch ich spürte es, wenn mir die Kranken die Hände drückten oder wenn ich sah, wie intensiv sie der liturgischen Handlung folgten.

Und dann die Todkranken, denen ich das Sterbesakrament spenden durfte! Natürlich konnte da die Situation sehr verschieden sein. Es gab Kranke, die mit bleichem, ausgezehrten Gesicht dalagen und gar nicht mehr sprechen konnten. Man sah nur, dass sie beim Beten des Vaterunsers versuchten, die Lippen zu bewegen. Und es gab andere, die vor dem sicheren Tod standen, mich aber mit fröhlichen Augen und einem herzlichen Gruß empfingen. Einmal besuchte ich eine Frau, die dann zwei Tage später an Krebs starb. Ich hatte mir auf dem Weg zu ihr zurechtgelegt, wie ich sie ansprechen und was ich ihr zusprechen könnte. Es war überflüssig gewesen. Nicht ich habe die Frau getröstet, sondern sie mit ihrem festen Glauben mich.

Ich wäre gern noch lange in Oberursel Kaplan geblieben. Ich verlor dort viel von einer gewissen Ängstlichkeit und Schüchternheit, von der ich bis dahin nie wirklich losgekommen war. Doch es sollte anders kommen. Nach zwei Jahren erreichte mich ein Brief meines Bischofs Wilhelm Kempf, in dem er mir erlaubte, in Theologie zu promovieren. Ich hatte mich darum in keiner Weise bemüht. Ich wollte Pfarrer werden. Die Sache ging auf das Betreiben von zwei Professoren zurück, denen meine theologische Zulassungsarbeit in neutestamentlicher Exegese gefallen hatte.

Als mich der Brief des Bischofs erreichte, sagte ich allerdings auch nicht Nein. Eine Promotion in Theologie erschien mir durchaus erwägenswert. Außerdem blieb mir noch eine relativ lange Bedenkzeit. Bischof Kempf hatte mich nämlich gebeten, vor meinem eventuellen Weiterstudium noch ein Jahr lang die plötzlich vakant gewordene Stelle eines Schulpfarrers an einem Frankfurter Gymnasium zu vertreten. Ich stimmte gern zu und wohnte nun wieder bei meinen Eltern in Frankfurt. Und nun die seltsame Fügung, die in dem Ganzen lag: Es handelte sich um das Heinrich-von-Gagern-Gymnasium, an dem ich acht

Jahre zuvor mein Abitur gemacht hatte. Viele meiner Lehrer von damals unterrichteten dort noch immer. Sie wurden nun plötzlich meine Kollegen.

Ich hatte in sämtlichen Klassen von der Sexta bis zur Oberprima den katholischen Religionsunterricht zu halten. Das war ein ziemliches Programm – besonders, weil ich mich für die Oberstufe neu einarbeiten musste. Wenn ich am frühen Nachmittag wieder zu Hause war und gegessen hatte, war ich so erschöpft, dass an Stundenvorbereitung für den nächsten Tag zunächst gar nicht zu denken war. Ich war dann nicht einmal in der Lage, die Tageszeitung zu lesen.

Dennoch war es eine gute Zeit. Besonders der Unterricht in den unteren Klassen war für mich eine Freude. Und ich merkte bald, dass es sinnvoll war, meine Sprechstunde für die Eltern nicht nur ernst zu nehmen, sondern auch einzelne Eltern gelegentlich dazu einzuladen. Das wurde von vielen gern wahrgenommen. Denn es war natürlich ein besonderer Typ von Eltern, der sein Kind oder gar seine Kinder auf ein humanistisches Gymnasium schickte, wo man damals (!) zuerst einmal Latein und Griechisch lernte und dann erst Englisch.

Ich habe in diesen Sprechstunden mit nicht wenigen Eltern lange und gute Gespräche geführt – nicht nur über ihre Kinder. Ich machte dabei eine Erfahrung, die sich mir später auch anderswo bestätigte: Gerade diejenigen Jungen und Mädchen, in deren Gesicht und Auftreten mir jene schwer zu beschreibende Mischung von Anstand, Offenheit und Lebensfreude begegnete – solche Jugendliche können einen richtig anstrahlen –, gerade deren Eltern waren stets Menschen, die offensichtlich in einer glücklichen Ehe lebten und in einer schlichten und ernsthaften Weise *gläubig* waren.

Nach einem Jahr verabschiedete ich mich mit einer gewissen Wehmut von den Schülern und meinen ehemaligen Lehrern und suchte mir in Würzburg zum Weiterstudium eine Wohnung.

9. Weiterstudium

Weshalb gerade in Würzburg? Für eine Promotion in neutestamentlicher Exegese waren mir damals vor allem zwei Professoren empfohlen worden: Otto Kuss in München und Rudolf Schnackenburg in Würzburg. Ich hatte mich für Schnackenburg entschieden, ihn besucht und wir waren uns schnell einig geworden. Er war bereit, mich bei meiner geplanten Promotion zu begleiten. Auch war er mit dem Thema, das ich ihm vorschlug, sofort einverstanden: »Die Himmelfahrt Jesu bei Lukas«.

Im Rückblick danke ich Gott, dass er mich bei meiner Wahl, bei der eben doch entscheidende Weichen für mein Leben gestellt wurden, nach Würzburg geführt hat: Rudolf Schnackenburg erwies sich als ein kluger, gerechter und stets hilfsbereiter Doktorvater. Er vertraute mir so sehr, dass er mir sofort eine frei werdende Assistentenstelle vermittelte, die dem Dekanat der Theologischen Fakultät zugeordnet war.

Über seine wissenschaftliche Qualifikation brauche ich nicht zu reden. Nach Papst Benedikt XVI. war Rudolf Schnackenburg (1914–2002) »der wohl bedeutendste deutschsprachige katholische Exeget der zweiten Hälfte des 20. Jahrhunderts«[30]. Sichtbar wurde das neben Schnackenburgs exzellenter wissenschaftlicher Arbeit vor allem an seinem großen Schülerkreis. Dem gehörten Doktoranden nicht nur aus Europa, sondern aus Afrika, Südamerika, den USA, Kanada und Ostasien an. Wir trafen uns jede Woche zu einer ausgedehnten Sitzung, in der jeweils ein Doktorand über ein neu erarbeitetes Stück seiner Dissertation zu referieren hatte. Außerdem musste jeder in bestimmten Abständen bei Schnackenburg zu Hause erscheinen und vom Fortschritt seiner Arbeit berichten. Dieses System verlangte natürlich von jedem zügige Weiterarbeit. Die offene Diskussion im Oberseminar hatte ihre Vorteile: Sie reizte den Einzelnen, Neues zu entdecken, schützte ihn aber auch vor wissenschaftlichen Verstiegenheiten.

Auch was das Wohnen angeht, hatte ich großes Glück. Ich fand ein Zuhause als Hausgeistlicher in einem großen Erholungsheim für Ordensschwestern. Das Haus hatte eine ideale Lage am Rande der Stadt, so dass der Weg zur Universität nicht weit war, lag aber zugleich unmittelbar neben einem ausgedehnten Waldgebiet mit langen Spazierwegen. Bei den Ordensschwestern handelte es sich um die »Kongregation der Töchter des Allerheiligsten Erlösers«[31]. Natürlich nahm kein Mensch in Würzburg oder im Bistum diesen hochstilisierten Ordensnamen in den Mund. Man sprach einfach von den »Ebracher Schwestern«, denn das Mutterhaus lag mitten in der Würzburger Altstadt an der »Ebracher Gasse«.

Ich hatte in der großen Kapelle dieses Erholungsheims jeden Morgen die hl. Messe zu feiern. Am Sonntag kamen auch viele Leute aus der Nachbarschaft zu unserem Gottesdienst. Da ich schon seit meiner Kaplanszeit jede meiner Predigten schriftlich ausgearbeitet habe, entstanden nach und nach zwei Predigtbücher. Sie hatten den Titel »Gott ohne Masken« und »Glaube braucht Erfahrung« und erschienen im Echter-Verlag. Auch diese Sonntagsgottesdienste bei den Ebracher Schwestern gehören zu meinen vielen glücklichen Erinnerungen an die Würzburger Zeit.

Das Erholungsheim war das ganze Jahr über voll belegt mit vielen Schwestern, die in den großen Krankenhäusern der Kongregation unermüdlich arbeiteten und deshalb dringend gelegentlich Erholung brauchten. Natürlich brauchte das wiederum tüchtige Hausschwestern, die kochten, wuschen und die Zimmer pflegten. Sie brachten auch dem Hausgeistlichen sein tägliches Essen in ein kleines Zimmer direkt neben der Küche. Dabei wurde natürlich erzählt und viel gelacht. (Nebenbei: Ich habe nirgendwo so viele fröhliche Menschen kennengelernt wie bei Ordensschwestern.) Irgendwann einmal sagte ich zum Spaß: »Wenn ich endlich meinen Doktor habe, dann sind hier die Puppen am Tanzen.« Noch viele Monate gingen dahin, ich hatte den Spruch längst wieder vergessen. Aber eines Tages war dann doch die Doktorarbeit abgeliefert, begutachtet, benotet und auch das mündliche Rigorosum in mehreren theologischen Fächern mit Erfolg bestanden. Ich kam vom Rigorosum nach Hause, legte meine Sachen ab, ging zum Mittagessen – und da tanzten zwei kleine mechanische Puppen, von den Schwestern liebevoll mit Doktorhüten und feinen Anzügen ausstaffiert, auf dem Esstisch herum.

Ich hatte allerdings schwer arbeiten müssen, bis endlich die Puppen zum Tanzen kamen. Von dieser Arbeit möchte ich jetzt ein wenig erzählen. Ich gerate dabei auch in wissenschaftliche Fragen hinein. Aber keine Angst, liebe Leserin, lieber Leser, Sie werden darüber nicht examiniert!

*

Für mich war schon seit langem eine brennende Frage gewesen, wie man mit den vielen Erzählungen über Jesus, die uns in den vier Evangelien begegnen, sachgerecht umzugehen hat. Diesen Erzählungen war es ja von Anfang an schlecht ergangen. Schon im 2. Jahrhundert hatte der heidnische Philosoph Kelsos behauptet, was da erzählt würde, seien in den meisten Fällen freie Erfindungen der Jünger Jesu – und dort, wo sie wirklich einmal Wahres berichteten, verrieten sie Jesus ungewollt als billigen Magier.[32] Hundert Jahre später spottete der Platoniker Porphyrios in ähnlichen Tönen.

Und Jahrhunderte später griffen im Zuge der Europäischen Aufklärung immer mehr Gelehrte die Bibelkritik von Kelsos und Porphyrios auf und bauten an ihr auf ihre Weise weiter. Den größten Einfluss in diesem Reigen hatte David Friedrich Strauss (1808–1874) mit seinem zweibändigen Werk »Das Leben Jesu, kritisch bearbeitet«. Es erschien 1835, erlebte viele Auflagen und Übersetzungen und formte das Bewusstsein unzähliger Gebildeter in Europa, leider auch vieler Neutestamentler.

David Friedrich Strauss wollte mit seiner Arbeit die *zuverlässigen* Angaben innerhalb der Evangelien von allen *mythischen* Zutaten befreien.[33] Unter »mythisch« verstand er grundsätzlich alles, was die normale Alltagserfahrung überstieg und die Naturgesetze (Naturgesetze im damaligem Verständnis!)

sprengte. »Mythisch« sind für ihn deshalb nicht nur die Kindheitsgeschichten Jesu im Matthäus- und Lukasevangelium und fast alle Wunderberichte der Evangelien, sondern auch sämtliche Ostererzählungen[34]. Und von wem stammen diese Mythen? Sie sind – mit seinen eigenen Worten – »nichts anderes als geschichtsartige Einkleidungen urchristlicher Ideen, gebildet in der absichtslos dichtenden Sage«[35]. Und selbstverständlich waren für Strauss sämtliche »mythischen Zutaten« für den heutigen Menschen erledigt. Sie entsprächen, so behauptete er, nicht mehr dem aufgeklärten Weltbild des 19. Jahrhunderts.

Selbstverständlich stießen die Thesen von Strauss auch auf scharfen Widerspruch. Sein Begriff des »Mythos« wurde in Frage gestellt, ebenso, dass sich biblische Erzählungen aus einem *absichtslos dichtenden Gemeindebewusstsein* bilden könnten. So verführerisch und meinungsbildend Strauss für viele Gebildete in Europa damals war – zugleich verführte er viele gläubige Christen und ihre Lehrer, nun erst recht an der protokollartigen Genauigkeit der neutestamentlichen Erzählungen über Jesus festzuhalten. Und auch das hatte seine Probleme. Ich möchte es an einem besonders drastischen Beispiel verdeutlichen.

Im Bücherschrank unserer Familie stand ein 551 Seiten dickes Buch, das wir sogar durch unsere Ausbombung im 2. Weltkrieg hindurchgerettet hatten. Ich habe es schon als Vierzehnjähriger gelesen, und es steht noch heute in meinem Arbeitszimmer. Es war der Bestseller von Franz Michel Willam, »Das Leben Jesu im Lande und Volke Israel«. Das Buch erschien 1933 im Verlag Herder, wurde bis 1960 immer wieder neu aufgelegt und in elf Sprachen übersetzt (1937 hatte die 7. deutsche Auflage bereits die 41.000 Exemplare erreicht).

Das Großartige an diesem Buch war, dass Willam die Existenz Jesu als *jüdische* Existenz ernst nahm. Die jüdische Lebensweise, die jüdischen Gesetze, Gebräuche und Lebensformen wurden dem Leser ausführlich erklärt – und das war damals alles andere als eine Selbstverständlichkeit. Allerdings hatte das Buch auch seine schwachen Seiten. Willam hat aus den Erzählungen der Evangelien eine Jesus-Historie gemacht.

Am Schluss des Buches benutzt er die beiden lukanischen Himmelfahrtserzählungen (Lk 24,50–53 und Apg 1,9–12), um für sein eigenes Werk ein wirkungsvolles Finale zu arrangieren – greift dabei jedoch in peinlicher Weise daneben. Dem Leser wird fast schwindlig, wenn er mit Jesus immer höher in die Luft emporschwebt und in der Tiefe mehr und mehr vom Heiligen Land sichtbar wird. Das liest sich bei Willam folgendermaßen[36]:

> *Jesus segnete zum letzten Mal der Getreuen Schar. Dann sahen sie, wie er der Erde entschwebte; aus eigener Macht hob er sich vor ihnen empor. Auf dem Ölberg sah Jesus weitum die Stätten, die sein irdisches Dasein von der Geburt bis zum Tode geheiligt hatte. Gegen Osten auf der Höhe dehnte sich in braunbleichen Tönen die Wüste Juda hin, hinter ihr sah er die Furche des Jordans, gegen Westen erblickte er vor den Stadtmauern draußen den Kalvarienberg, gegen Süden die Gefilde von Bethlehem.*
> *Dieser Blick wurde immer umfassender, je höher er stieg. Er sah die unzähligen Höhenrücken Judäas gleich einem erstarrten Meere unter sich; Städte und Dörfer schimmerten an ihren Hängen und in den Mulden dazwischen; dann kam der See Genesareth zum Vorschein mit dem Kranze von Siedlungen rings um die blaue Flut; er schaute Nazareth hoch oben über der Ebene Jezreel. Die Stätten seines Lebens rückten, je höher er emporstieg, immer näher zusammen, und aus allen wurde gleichsam eine: das Land Israel, das Land des Erlösers.*

Damit endete das Buch. So gut gemeint dieser Text auch war – er näherte sich ungewollt der Satire. Denn man braucht ja nur der von Willam gewählten Darstellungsform folgend noch ein kleines Stück weiterzuerzählen, so wird der Unfug einer solchen Textes offenkundig:

> *Schließlich sah Jesus das Land unter sich nur noch unter einem blau-grauen Schleier. Immer schneller stieg er jetzt empor. Und je höher er emporfuhr, desto unwirtlicher wurde es.*

Hoch oben strahlte ihn vor einem dunkler werdenden Himmel immer heller und gefährlicher die Sonne an, und zugleich wurde es um ihn herum kälter und immer kälter.

Was stimmt da nicht? Willam hat die literarische Gattung der beiden lukanischen Himmelfahrtsgeschichten nicht beachtet. Denn Lukas erzählt die Himmelfahrt Jesu ganz *aus der Perspektive der zurückbleibenden Jünger.* Er versagt es sich gerade, eine Auffahrt Jesu *aus dessen eigener Perspektive* zu schildern. Lukas verwendet eben nicht die Erzählform ›Himmelsreise‹, für die es in der Antike viele Beispiele gab, sondern die Erzählform ›Entrückung‹.[37]

Der Text von Willam zeigt: Die Ostertexte der Evangelien können leicht missverstanden werden. Missverstanden in Richtung freier Erfindung, die Jesus alles Mögliche andichtet (so Strauss) – missverstanden aber auch im Sinne einer Jesus-Historie, in der jedes Detail dieser Texte wörtlich genommen wird (so Willam).

Allerdings bediene ich mich in diesem Augenblick einer Sprache, die ich sofort korrigieren muss: Wir haben die Texte der Bibel durchaus »wörtlich« zu nehmen. Die Frage ist nur, worin genau das »Wort« eines biblischen Textes besteht. Was will uns der Text sagen? Auf welcher sprachlichen Ebene redet er? In welcher Redeform erzählt er? Will er nach Art eines protokollartigen Berichts äußere Fakten aneinanderreihen, die man auch fotografieren könnte, falls Fototechnik zur Verfügung stünde? Oder redet der Text auf einer ganz anderen Sprachebene, die Wahrheit (unter Umständen auch historische Wahrheit) mithilfe von Bildern und symbolischer Sprache formuliert?

Was ich jetzt gesagt habe, gilt übrigens für alle Texte, die uns irgendwo begegnen, nicht nur für biblische Texte. *Wir haben jeden Text wörtlich zu nehmen – andernfalls haben wir ihn nicht verstanden oder wollen ihn nicht verstehen.* Ein Beispiel: Wenn uns jemand bei einer dümmlichen Prahlerei erwischt und uns sagt: »Nimm doch den Mund nicht so voll!«, dann besteht das Wörtlich-Nehmen dieser Aufforderung eben nicht darin, dass wir bei der nächsten Mahlzeit kleinere Bissen in den Mund stecken, sondern dass wir mit unserer Angeberei aufhören. Denn genau das und nichts anderes wollte unser Gegenüber mit dieser Redewendung ausdrücken.

Für die sachgerechte Auslegung biblischer Erzählungen ist diese Einsicht von großer Wichtigkeit. Wie soll man diesen Texten begegnen? Welcher Redegattungen bedienen sie sich? Was wollen sie uns sagen? Vor allem aber: Dürfen wir sie einfach unseren Vorverständnissen unterwerfen? Besonders, wenn sie aus einer Kultur stammen, die Redegattungen verwendet, die uns fremd sind? Müssten wir solche Texte nicht zuerst einmal ganz vorurteilsfrei und ohne Misstrauen zu uns sprechen lassen, also nicht immer nur fragen, wie sie zustande gekommen sind, sondern vor allem genau hinhören, was ihre Aussageabsicht ist?

Fragen dieser Art (die Sprachwissenschaftler sprechen von der richtigen Texthermeneutik) hatten mich schon lange brennend interessiert. Die Himmelfahrtstexte des Lukas schienen mir dazu ein hervorragendes Forschungsfeld zu bieten, gehören sie doch innerhalb der Evangelien zu dem hochumstrittenen Bereich der Ostererscheinungen Jesu.

Ich habe, was die Ostertexte der Evangelien angeht, in diesem Kapitel bisher von zwei Extremen gesprochen: Entweder die Geschichten vom leeren Grab und von den Erscheinungen Jesu sind frei erfunden (Strauss) – oder sie werden missverstanden im Sinne einer Jesus-Historie, in der jedes Detail dieser Texte historische Wahrheit beanspruchen darf (Willam). Das ist bis hierher allerdings noch eine sehr vorläufige Skizzierung von Positionen. Was speziell die Ostererscheinungen Jesu angeht, sind die Meinungen heutiger Ausleger differenzierter.

Es gibt seit langem eine Position, die eine gewisse Faszination ausübt, weil sie es dem heutigen Menschen leichter macht. Man könnte sie folgendermaßen umschreiben: Nach dem Tod Jesu habe es überhaupt keine Visionen oder Erscheinungen gegeben. Damals sei nichts Außergewöhnliches oder gar Ekstatisches geschehen. Die Jünger seien in tiefe Trauer gesunken – aber in ihrer Trauer hätte sich ihnen der Tod Jesu neu »erschlossen«. Sie seien, modern gesprochen, in eine »Erschließungs-Situation« geraten. Plötzlich sei ihnen klar geworden: »Jesus ist nicht im Tod geblieben, er ist auferstanden, er ist bei Gott, Gott hat ihn gerechtfertigt gegenüber dem Urteil seiner Richter im Hohen Rat.« Sie hätten dabei in ihrem Innern die Nähe Jesu erfahren und die Gnade seiner Vergebung. Sie hätten sich neu zu dem bekehrt, den sie verlassen hatten. Und erst sekundär seien dann diese »Erschließungs-Erfahrungen« – bei denen selbstverständlich auch der Rückgriff auf die Schrift eine Rolle gespielt habe – in das überkommene Erzählmuster von ›Erscheinungen‹ gegossen worden. Ursprünglich hätten die Ostererfahrungen überhaupt nichts Visionäres oder gar Ekstatisches an sich gehabt.

Ich halte diese Position *theologisch* für möglich. Sie würde den christlichen Osterglauben nicht zerstören. Sie schließt ein Handeln Gottes (beziehungsweise des Auferstandenen) in den Herzen der Jünger ja keineswegs aus.

Aus *historischer* Sicht allerdings ist diese Position unhaltbar. Sie ist eine Anbiederung an die Mentalität der Aufklärung, die alles Ungewöhnliche und Außergewöhnliche wegreden möchte. Es ist aber unmöglich, aus dem Damaskuserlebnis des Paulus, für das wir immerhin Selbstzeugnisse haben (1 Kor 9,1; 15,8), die Grundstruktur der Vision zu eliminieren. Und auch die Evangelien zeigen deutlich, dass wir es mit typischen Visionsphänomenen zu tun haben. Mit der Vision des Petrus (Lk 24,34; 1 Kor 15,5) begann eine lange Reihe weiterer Visionen, die zunächst den Kreis der Zwölf erfasste (Apg 1,2–3; 1 Kor 15,5), dann nicht weniger als 500 Jesusanhänger auf einmal (1 Kor 15,6). Hier könnte es sich bereits um die Jerusalemer Urgemeinde gehandelt haben. Irgendwann greifen die Visionsphänomene sogar auf die Familie Jesu über: Von Jakobus, dem »Herrenbruder« (Gal 1,19) wird gesagt, dass ihm der Auferstandene erschien (1 Kor 15,7). In die lange Reihe dieser urchristlichen Visionen gehört schließlich auch noch die Vision des Stephanus (Apg 7,55). Wir kommen also an der Historizität der österlichen Visionen bzw. Erscheinungen nicht vorbei. Damit ist übrigens auch die Mythos-Theorie von Strauss zumindest teilweise falsifiziert.

Es bleibt also nur die Frage: Waren all diese Visionen, die es wirklich gegeben hat, Produkte des Unbewussten oder zeigte sich hier wirklich der Auferstandene?

Oft wird heute behauptet, die Jünger hätten sich einfach nicht damit abfinden können, dass sie Jesus, ihren Lehrer und Meister, nicht mehr bei sich hatten, und so sei tief in ihrem Unbewussten das Bild eines Jesus entstanden, der zu ihnen zurückkehrt, um ihnen Vergebung und Frieden zu schenken. Hinzu sei noch die tiefe Hoffnung auf das nahe Reich Gottes gekommen, die ihnen Jesus eingepflanzt hatte. Konnte es denn mit all dem vorbei sein? Nein! Die Wünsche und Ängste, die Hoffnungen und Sehnsüchte der Jünger seien plötzlich umgeschlagen in die Gewissheit, Jesus sei auferstanden. Diese Gewissheit hätte sich eruptiv Bahn gebrochen in innerseelischen Projektionen, in denen die Jünger das Ersehnte und Erträumte dann tatsächlich auch sahen. Dieser rein psychogene, in die innersten Schichten der Person hinabreichende Vorgang habe bei Petrus begonnen. Er habe dann seine Freunde suggestiv mitgerissen, und so sei eine Art enthusiastischer Kettenreaktion entstanden.

Gegen diese Entleerung der Ostererscheinungen zu zwar *außergewöhnlichen,* aber doch rein *naturalen* Phänomenen hat der christliche Glaube immer wieder Stellung bezogen. Er hat in Abwehr gegen die geschilderte Position die Übernatürlichkeit der Ostererscheinungen betont, das wirkliche Handeln Gottes an Ostern hervorgehoben und das wahrhafte Offenbarwerden des Auferstandenen vor seinen Jüngern herausgestellt.

So standen sich auch in der Frage der ›Erscheinungen‹ zwei scharf entgegengesetzte Positionen gegenüber. Auf der einen Seite die Behauptung: Die österlichen Visionen waren naturale Phänomene, produziert von der Einbildung oder, differenzierter, vom Unbewussten der Jünger. Demgegenüber, in ständiger Verteidigung, die traditionelle Position: Nein, die Ostererscheinungen waren ein schlechthin übernatürliches Geschehen, in dem Gott beziehungsweise der Auferstandene offenbarend in die Geschichte eingegriffen habe.

Mir ist schon damals bei meiner Doktorarbeit in Würzburg diese strikte Alternative fraglich geworden. Und heute halte ich sie für völlig verfehlt: Hier *natural,* dort *supranatural* – das ist eine höchst unglückliche, ja geradezu falsch konstruierte Alternative, die theologisch eigentlich längst überwunden sein müsste.

Wenn Gott an Menschen handelt, macht er sie nicht zum passiven Objekt seines Handelns, sondern dann handelt er mit ihnen und durch sie. Das heißt: Er hebt dann nicht die Strukturen, Gesetze, Bauformen und Potenzialitäten der Welt auf, sondern er handelt gerade mit ihrer Hilfe und im Zusammenspiel mit ihnen. Deshalb ist eine *echte* Vision beides: ganz Hervorbringung des Menschen und ganz Tat Gottes.

Eine echte Vision ist zunächst ganz und gar Hervorbringung des Menschen: Sie ist das Ins-Spiel-Bringen seiner Geschichte, seiner Vergangenheit, seiner Erfahrungen, seines Wissens, seiner Hoffnungen, seiner Imaginationen – und dies alles selbstverständlich in einem unbewussten Prozess, den der betreffende Mensch nicht kontrollieren kann und in dem der Zeitstil und kulturell bedingte Vorstellungsformen eine wichtige Rolle spielen.

Die Zeit ist längst reif, Visionen wieder als echte Möglichkeit des Menschlichen zu würdigen. Dann könnte man sie nämlich auch als echte Möglichkeit Gottes, in den Strukturen des Menschlichen zum Menschen zu reden, ernst nehmen. Denn wie jede Vision ganz und gar Werk des Menschen ist, kann sie eben zugleich ganz und gar Werk Gottes sein, der dann die produktive Einbildungskraft des Menschen dazu verwendet, sich mitten in der Geschichte zu offenbaren.

Das alte Prinzip der Gnadenlehre, dass Gottes Handeln das Handeln des Menschen nicht unterdrückt, sondern im Gegenteil überhaupt erst freisetzt, ist für die innere Struktur der Ostererscheinungen voll zur Geltung zu bringen. Das bedeutet: Die Ostererfahrungen der Jünger können *theologisch* betrachtet wirklich und wahrhaft als Erscheinungen des Auferstandenen angesehen werden, in denen Gott seinen Sohn offenbart hat (Gal 1,15–16) – *psychologisch* jedoch zugleich als Visionen, in denen die Imaginationskraft der Jünger die Anschauung des

Auferstandenen konstituiert hat. Beides schließt sich in keiner Weise gegenseitig aus.

Nur wenn man die Ostererscheinungen in der beschriebenen Weise versteht, nimmt man sie theologisch *und* anthropologisch ernst. Man braucht dann nicht mehr zu erschrecken bei der Feststellung, dass sich die Visionsphänomene seit dem Karfreitag wie in einer Kettenreaktion ausgebreitet haben und dass sie ganz inkulturiert sind in die Bild- und Sprachmöglichkeiten der damaligen Empfänger. Man versteht dann zum Beispiel, inwiefern die Jünger den Auferstandenen »sehen« und »hören«, ja ihn sogar »berühren« konnten.

Man braucht dann auch nicht mehr zu erschrecken, wenn man feststellt, dass die Evangelisten bei ihrer Darstellung der Ostererscheinungen in einer uns ungewohnten Weise frei arbeiten, etwa mit Motiven aus dem Alten Testament. Ein Beispiel! In Apg 1,9 heißt es:

> *Als er das gesagt hatte, wurde er, während sie [die Apostel] hinblickten, emporgehoben und eine Wolke nahm ihn auf – fort aus ihren Augen.*

Eine solche Wolke kommt in den Entrückungserzählungen der Antike mehrfach vor. Wahrscheinlich hat Lukas dort auch die Anregung für dieses Erzählmotiv bei der Himmelfahrt Jesu empfangen. Mit Sicherheit aber hat bei ihm auch das Alte Testament dabei eine entscheidende Rolle gespielt. Deshalb handelt es sich bei dieser Wolke weder um eine Regenwolke noch um eine Schönwetterwolke, weder um eine Nebelbank noch um eine Art metereologischen Lift. Die »Wolke« gehört zur biblischen Symbolsprache, die damals jeder verstand, der mit der Bibel vertraut war: Im Alten Testament wird ja erzählt, wie auf dem Wüstenzug Israels eine Wolke das Gottesvolk begleitet, um es zu schützen und zu führen (Ex 14,19–20; 40,34–38). Von jener leuchtenden Wolke ist dann auch wieder in der neutestamentlichen Verklärungsgeschichte die Rede (Mk 9,7 / Mt 17,5 / Lk 9,34–35). Sie ist *Bild* für die Gegenwart Gottes. Gott ist seinem Volk nahe, er ist in seiner Mitte, er zieht mit ihm und ist doch der Verborgene, über den niemand verfügen kann.

Wenn Lukas von dem scheidenden Jesus sagt, dass ihn eine Wolke aufgenommen habe, so will er mit dieser Bildsprache offenbar sagen: Jesus tritt nun endgültig ein in die Herrlichkeit Gottes. Er ist von jetzt an verborgen. Und doch bleibt er seinen Jüngern nahe. Er bleibt in ihrer Mitte.

Uns ist solche Bildsprache fremd geworden. Die Alte Kirche hingegen hat diese einzig richtige Art, biblische Texte zu lesen, noch wie selbstverständlich beherrscht. Ein Mann wie der Bischof Maximus von Turin (4./5. Jh.) dachte gar nicht daran, in der Wolke von Apg 1,9 ein metereologisches Phänomen zu sehen. Er sagt in einer Predigt über die Himmelfahrt Christi mit großartiger Prägnanz:[38]

> *Die Wolke, die Christus aufnahm, ist dieselbe Wolke, aus der auf dem Berg der Verklärung die Stimme des Vaters erscholl. Also hat nicht eine Wolke Christus aufgenommen, sondern Gott Vater hat seinen Sohn aufgenommen.*

Ein anderes Beispiel der Verwendung biblischer Motive sind die vierzig Tage. Warum sagt Lukas, dass Jesus seinen Jüngern nur in einem bestimmten Zeitraum, nämlich nur vierzig Tage lang, erschienen sei? Die Antwort, die ich jetzt geben werde und die auch in meiner Dissertation eine Rolle spielte, wird uns tief in die kirchlichen Nöte der nachapostolischen Zeit hineinführen[39].

»Vierzig Tage hindurch ist er ihnen erschienen«, schreibt Lukas in dem Vorwort zum 2. Buch seines Doppelwerks. Unmittelbar vorher formuliert er:

> *Mein 1. Buch, lieber Theophilus, hatte ich verfasst über alles, was Jesus getan und gelehrt hat bis zu dem Tag, an dem er – nach Weisung an die Apostel, die er sich durch den Heiligen Geist erwählt hatte – entrückt wurde.*

In diesem Vorwort Apg 1,1–3, das im klassischen griechischen Stil für Vorworte geschrieben ist, sitzt jeder Satz, und jedes Wort ist genau überlegt. Lukas will sagen, dass er im 1. Buch seines Doppelwerks, also im Evangelium, die *gesamte* Jesustradition gesammelt und dargestellt hat. Nichts hat er ausgelassen. Der Leser kann sich dabei des Eindrucks nicht erwehren, dass die Tätigkeit Jesu nicht nur bis zu seiner Passion reichte, sondern eben bis zu dem Tag, an dem er in den Himmel aufgenommen wurde. Das Tun und Lehren Jesu ist – so will es scheinen – über Tod und Auferstehung Jesu kontinuierlich weitergegangen bis zu seiner Himmelfahrt. Im nächsten Satz wird dieser letzte Abschnitt seines Wirkens dann noch genauer bestimmt:

> *Ihnen hat er nach seinem Leiden durch viele Beweise gezeigt, dass er lebt – vierzig Tage hindurch ist er ihnen erschienen und hat über das Reich Gottes geredet. (Apg 1,3)*

Mit diesen Formulierungen gibt Lukas der Zeit der Ostererscheinungen einen besonders hervorgehobenen, spezifischen Charakter. Worin besteht dieses Besondere, das es sonst im Neuen Testament höchstens noch in Joh 20–21 gibt?

Zunächst einmal: Die Zeit, in der der Auferstandene den Aposteln erscheint, ist nun eindeutig begrenzt. Sie wird so zu einer besonders qualifizierten Zeit mit einem markanten Abschluss. Lukas gibt dieser Zeit also eine besondere Qualität: Jesus wandert eine Strecke weit mit zwei Jüngern nach Emmaus – wahrscheinlich war es ein Ehepaar[40], hört sich ihre Fragen an, belehrt sie, folgt ihnen in ihr Haus, bricht dort als Tischherr das Brot, spricht den Lobpreis und reicht den beiden das Brot. Dann erst entschwindet er (Lk 24,13–31). Ähnlich in der Erscheinung Stunden später in Jerusalem vor den Aposteln: Der Auferstandene zeigt ihnen seine Hände und seine Füße, er isst vor ihren Augen ein Stück gebratenen Fisch, belehrt sie, gibt ihnen Anweisungen und führt sie dann selbst in Richtung Betanien (Lk 24,36–50).

Warum erzählt Lukas in dieser Weise? Warum so »fleischlich«? Warum lässt er den Auferstandenen sagen: »Kein Geist hat Fleisch und Knochen, wie ihr an mir seht« (Lk 24,39)? Warum berichtet er derart realistisch, als wäre Jesus mit den Aposteln so wie noch vor seinem Leiden zusammen? Warum hat er diesen qualifizierten Zeitraum durch die vierzig Tage derart klar abgegrenzt? Vor allem aber: Warum betont er in so auffälliger Form, dass er »alles« berichtet hat, was Jesus tat und lehrte – von Anfang an bis zum Tag der Himmelfahrt? Es gibt darauf eine im ersten Augenblick verblüffende Antwort, die aber viel für sich hat:

Mit all dem wehrt sich Lukas offensichtlich gegen gnostische Irrlehrer, die schon zu seiner Zeit die Kirche bedroht und bereits viel Unheil angerichtet hatten. Seit den Funden, die im Jahre 1945 bei dem kleinen ägyptischen Ort Nag Hammadi (NH) gemacht wurden, wissen wir mehr über die Irrlehre der Gnosis als früher. Wir wissen jetzt mit größerer Sicherheit, dass es wahrscheinlich schon im 2. Jahrhundert Schriften gab, in denen Jesus als der Auferstandene erscheint und seinen Zuhörern die Geheimoffenbarungen der Gnosis lehrt – so zum Beispiel in dem ›Apokryphon des Jakobus‹ (NHC I 2), im ›Brief des Petrus an Philippus‹ (NHC VIII 2) oder in der ›Sophia Jesu Christi‹ (NHC III 4). Die christlichen Gnostiker wollten auf diese Weise Jesus ihre absolut häretische und völlig unbiblische Weltsicht in den Mund legen, um sie in den christlichen Gemeinden durchzusetzen – und dazu benutzten sie nicht selten Gespräche des Auferstandenen mit den Aposteln. Möglicherweise hat Lukas von solchem Verfälschen der kirchlichen Ostertradition schon gehört und deshalb mit seiner Darstellung der vierzig Tage einen Damm gegen sie errichtet.[41] Dafür sprechen jedenfalls die folgenden Beobachtungen:

1. In Apg 20,17–38 nimmt Paulus Abschied von den Christen in Milet und Ephesus. Er selbst befindet sich in Milet und lässt durch Boten die Ältesten der Gemeinde von Ephesus zu sich kommen. Im Grunde ist es sein Abschied von der gesamten Provinz Asia.[42] Die Worte, die Paulus bei diesem Abschiednehmen spricht, nehmen seine Gefangenschaft und seinen Tod vorweg (Apg 20,23–24). Es ist also eine im Rahmen der Apostel-

geschichte bedeutsame und schwerwiegende Rede. In ihr nun heißt es an zentraler Stelle:

> *Ich habe euch, ohne etwas zu verschweigen, den ganzen Ratschluss Gottes verkündet. So gebt acht auf euch selbst und die ganze Herde, in der euch der Heilige Geist zu Vorstehern eingesetzt hat, um die Kirche Gottes zu weiden. Er hat sie sich durch das Blut seines eigenen [Sohnes] erworben. Ich weiß, dass nach meinem Heimgang gefährliche Wölfe bei euch eindringen und die Herde nicht schonen werden. Und sogar aus eurer eigenen Mitte werden Männer auftreten, die Verkehrtes reden, um die Jünger auf ihre Seite zu ziehen. (Apg 20,27–30)*

Das ist eine klare Warnung vor Irrlehrern – die nicht nur von außen kommen, sondern auch aus den Gemeinden selbst. In der Zeit, in der Lukas schreibt, war das alles schon Realität. Auffällig ist, dass der Paulus der Apostelgeschichte in seiner Rede sagt, er habe in der Provinz Asia »den ganzen Ratschluss Gottes« verkündet und nichts verschwiegen.[43] Das entspricht genau dem Vorwort der Apostelgeschichte, wo Lukas betont hatte, er habe *alles* berichtet, was Jesus gesagt und getan habe. Derartige Formulierungen gehen eindeutig gegen Irrlehrer, die dem Auferstandenen *Neues* in den Mund legen, nämlich ihre eigenen Geheimlehren. Wer genauer diese Irrlehrer sind, sagt Lukas nicht.

2. In eben dieser Sache werden die Pastoralbriefe (1 Tim, 2 Tim, Tit) deutlicher. Vor allem der 1. Timotheusbrief setzt sich immer wieder mit dem Einbruch der Gnosis in die christlichen Gemeinden auseinander (vgl. 1 Tim 1,3–7; 4,1–7; 5,15; 6,2b–5). Am Ende nennt er die Gnosis beim Namen:

> *Timotheus, bewahre das dir anvertraute Gut! Halte dich fern von dem gottlosen Geschwätz und den Streitsätzen der sogenannten ›Erkenntnis‹* [im Griechischen: gnōsis]. *Manche, die sich darauf eingelassen haben, sind vom Weg des Glaubens in die Irre geraten. (1 Tim 6,20)*

Es waren nicht nur »manche«. Die christliche Gnosis sollte sich schnell zu einer der größten Gefahren für die frühe Kirche entwickeln, besonders in Kleinasien.

3. Dass Lukas mit der scharf umrissenen Zeit der vierzig Tage einen Damm gegen die gnostischen Irrlehrer aufzubauen sucht, sieht man auch an Folgendem: Wie wir schon sahen, betont er die Leiblichkeit der Ostererscheinungen in einer extremen Weise: Der Auferstandene wandert mit zweien seiner Jünger nach Emmaus, und später verlangt er sogar nach gebratenem Fisch. Ich kann darin nur eine antignostische Spitze sehen. Denn dergleichen widersprach der gnostischen Erlösungstheorie in schärfster Weise. Der wahre Gnostiker hasste die Materie und suchte sich von ihr zu befreien. Materie und Leib sind für ihn ein Gefängnis. Welt und Materie stammten nicht von dem wahren Gott, sondern von einem bösen Demiurgen. Welt und Geschichte hatten mit dem absolut weltdistanzierten Gott, den jeder Gnostiker in seinem inneren ›Selbst‹ zu finden glaubte, nichts zu tun. Materie, Welt und Geschichte mussten überwunden werden. Das ging so weit, dass bestimmte gnostische Richtungen die Ehe und die Zeugung von Kindern verboten haben (vgl. 1 Tim 4,3). Die niederträchtige Welt sollte ›ausgehungert‹ werden und so ihr Ende finden. (Es gab allerdings auch gnostische Richtungen, die das Gegenteil taten: Sie lebten in jeder Hinsicht ausschweifend, weil sie überzeugt waren, durch ihre Gnosis bereits von der Materie befreit zu sein – und wenn das so war, konnte man ja tun, was man wollte). Jedenfalls: Wenn Lukas völlig zu Recht die Leiblichkeit des Auferstandenen betont, so passt das in keiner Weise in das Erlösungsprogramm der Gnostiker. Es gibt also Gründe dafür, dass Lukas mit seiner Darstellung der vierzig Tage gegen die Irrlehrer seiner Zeit argumentiert.

Es gab damals aber noch eine andere Not, welche die christlichen Gemeinden bis weit in die nachapostolische Zeit hinein bedrängte. Es war das Ausbleiben der Wiederkunft Christi. Auch diesem Problem räumt Lukas in seiner Darstellung der vierzig Tage einen zentralen Platz ein. Wenn die Apostel Jesus vor seiner Himmelfahrt fragen, ob er jetzt das »Reich für Israel«

wiederherstellen würde (Apg 1,6), nähert sich Lukas bereits diesem Problem. Wenn der Auferstandene antwortet »Euch steht es nicht zu, Zeiten und Fristen zu erfahren«, erfolgt bereits eine erste Antwort (Apg 1,7). Sie wird noch konkreter, wenn Jesus dann sagt:

> *Ihr werdet die Kraft des Heiligen Geistes empfangen, der auf euch herabkommen wird. Und ihr werdet meine Zeugen sein in Jerusalem, in ganz Judäa und Samaria und bis an die Grenzen der Erde. (Apg 1,8)*

Der Heiligen Schrift zufolge ist die Geistausgießung markantes Zeichen der Endzeit (Joël 3,1–5). Wenn Jesus das bevorstehende Kommen des Heiligen Geistes ankündigt, muss in den Jüngern Endzeiterwartung Platz greifen. Doch diese apokalyptische Endzeiterwartung wird sofort unterbunden. Stattdessen skizziert Lukas in meisterlicher Form den Inhalt seines 2. Buches. Für die Wiederkunft Jesu ist da zunächst einmal kein Platz mehr. Es geht um die Zeugenschaft für Jesus in der ganzen Welt, ähnlich wie in Mt 28,16–20. Die letzte und endgültige Antwort auf die Frage der Jünger nach der Nähe der Parusie geben dann die beiden Deute-Engel:

> *Ihr Männer von Galiläa, was steht ihr da und blickt zum Himmel? Dieser Jesus, der von euch ging und in den Himmel aufgenommen wurde, wird ebenso wiederkommen, wie ihr ihn habt zum Himmel auffahren sehen. (Apg 1,11)*

Damit ist klar, was Lukas seinen Lesern zu der zweiten Not der damaligen Gemeinden sagen will: Es ist völlig verfehlt und sinnlos, auf die Wiederkunft Jesu zu warten, sich mögliche Termine zusammenzureimen und vor lauter Warten die Hände in den Schoß zu legen. Real gelebte Zeugenschaft für Jesus, für seine Taten, für seine Worte – das ist die Aufgabe der Jünger in dieser Weltzeit. Jesus wird mit Sicherheit wiederkommen. Aber jetzt lebt die Kirche in der Zeit, da er »bezeugt« werden muss. Im

Grunde geht auch das gegen die gnostischen Irrlehrer, die immer nur an sich selbst und ihre eigene Erlösung dachten – doch gerade nicht an Erlösung und Befreiung für die Welt. Die war sowieso nur minderwertig, unrein und böse.

*

So viel zu meiner Doktordissertation. Selbstverständlich musste ich viel mehr tun, als nur die gerade skizzierte antignostische Auslegungslinie zu diskutieren. Ich saß zum Beispiel wochenlang im Institut für klassische Philologie der Universität Würzburg, um sämtliche antiken und frühjüdischen Texte über Himmelsreisen, Entrückungen und Apotheosen zu sammeln, zu interpretieren und sie nach Gruppen zu ordnen.

Auch musste ich mir die gesamte wissenschaftliche Sekundärliteratur zu meinem Thema zusammensuchen, sichten und wenigstens teilweise dokumentieren. Die Schlussphase dieser Sichtung der Sekundärliteratur geschah dann übrigens nicht mehr in Würzburg, sondern größtenteils in Rom. Denn dort befindet sich im Päpstlichen Bibelinstitut eine der besten Bibliotheken der Welt zum Alten und Neuen Testament. Ich wohnte damals wochenlang in der Nähe des Instituts, las dort vom Morgen bis zum Abend Literatur zur Himmelfahrt und überprüfte dabei mein an sich fertiges Manuskript.

Nicht sehr weit vom Bibelinstitut liegt die Piazza Navona mit einer der besten Eisdielen Roms. Es verging kein Abend, an dem sich der erschöpfte Doktorand nicht mit einem großen Eisbecher in der Hand an dem bunten Leben auf diesem weitläufigen, vom Barock geprägten Platz erfreut hätte. Aber irgendwann war auch diese Zeit vorbei, die Arbeit war beendet, das Rigorosum geschafft und die Puppen waren am Tanzen.

Insgesamt hatte ich bis zu diesem Abschluss mehrere Jahre gebraucht. Ich saß in dieser relativ langen Zeit freilich nicht nur an meiner Doktorarbeit. Ich habe damals nebenbei noch etwas anderes geschrieben, nämlich ein Buch mit dem Titel »Paulus vor Damaskus«. Lukas erzählt die Jesuserscheinung vor Paulus ja nicht weniger als dreimal (Apg 9,1–19; 22,3–21; 26,9–18), und zwar jedes Mal verschieden. Ich versuchte, in dem genannten Buch zu zeigen, warum er die Erscheinung *mit Variationen* erzählt: Für einen guten Schriftsteller wäre es in der Antike ein schwerer Kunstfehler gewesen, eine Geschichte dreimal in der gleichen Weise zu erzählen. Das galt natürlich auch für die beiden Himmelfahrtserzählungen am Ende des Lukasevangeliums und am Anfang der Apostelgeschichte.

Außerdem habe ich damals im Bistum Würzburg an allen möglichen Orten Vorträge über die Bibel gehalten. Auch die wollten vorbereitet sein. Einer dieser Vorträge ist mir in so lebhafter Erinnerung, dass ich unbedingt von ihm erzählen muss.

Ein Würzburger Pfarrer hatte mich um einen Vortragsabend über die richtige Auslegung biblischer Texte gebeten. Als Thema hatten wir ausgemacht: »Der Schöpfungsbericht am Anfang der Bibel« (Gen 1,1 – 2,4). Ich hatte ihm auch gesagt, dass ich ein großes, steifes Papier oder eine Tafel für eine Zeichnung brauchen würde. Ich kam frühzeitig im Pfarrsaal von Versbach, einem Würzburger Vorort, an. Es war ein großer Raum mit einer hohen Bühne für Theateraufführungen. Für meine Zeichnung stand leider nur eine schwere Holztafel mit eisernen Rändern zur Verfügung, so wie sie an den Stirnwänden von Klassenzimmern üblich war. Die Tafel war aber nicht an einer Wand befestigt, sondern musste provisorisch aufgestellt werden. Wir stellten dazu auf die etwa 1 m hohe Bühne einen massiven Tisch und oben auf diesen Tisch zwei Stühle. An die Rückseite dieser Stühle lehnten wir die Tafel.

Ich hatte auf ihr mit farbiger Kreide das damalige Weltbild des Vorderen Orients und auch Israels skizziert (Gen 1,6–10.14–18): die Erde als eine Scheibe, über der sich das ›Firmament‹ als riesige Halbkugel wölbt; unter der Erdscheibe die ›Wasser der Tiefe‹ und über dem Firmament »die Gewässer des Himmelsozeans, dessen Bläue wir von unten sehen. Von hier kommt der Regen auf die Erde«[44]. Am Firmament selbst Sonne, Mond und Sterne.

Wir waren noch am Aufstellen der Tafel, als schon die ersten Leute kamen. Der große Saal füllte sich schnell mit einem, wie sich bald zeigte, hochinteressierten und wachen Publikum. Der Pfarrer stellte mich vor, und ich begann meinen Vortrag. Das Rednerpult stand nicht auf der Bühne, sondern davor – direkt unter der hochangebrachten Tafel. Mein Vortrag wollte zeigen, dass die Theologen aus Israel, die den Schöpfungsbericht von Gen 1 geschaffen hatten, zwar von dem damaligen babylonischen Weltbild ausgingen, es aber zugleich radikal veränderten. Die Gestirne im Schöpfungsbericht von Gen 1 sind zum Beispiel keine Götter mehr wie sonst im gesamten Alten Orient, sondern es sind schlicht und einfach »Lampen«, die Gott am Firmament befestigte. Ich wollte anhand dieser Darstellungstechnik zeigen, wie hier der babylonische Götterhimmel entmythologisiert, ja geradezu lächerlich gemacht wird. Die heiligen, hochverehrten Götter Babylons werden degradierend als Beleuchtungskörper bezeichnet.

Da ich diesen Vortrag schon mehrere Male anderswo gehalten hatte, sprach ich ganz frei. Das Publikum ging gut mit, ich schaute ständig in aufmerksame und gespannte Gesichter. Und da geschah es: Mitten im schönsten Vortragen sah ich plötzlich, wie sich die Augen der Zuhörer weiteten. Ich sprang – ich weiß nicht, was mich getrieben hat, zur Seite – und schon krachte die schwere, eisenbeschlagene Tafel genau dorthin, wo ich gestanden hatte. Unsere Stellage oben auf der Bühne war eine lächerlich-liederliche Improvisation gewesen. Einen Augenblick herrschte im Saal noch Totenstille – und genau in diese Stille hinein rief ein Mann: »Das war die Rache der babylonischen Götter!« Da fing das Publikum an zu toben und entspannte sich unter nicht endendem Gelächter.

So viel zu den Jahren meiner Promotionsarbeit! Selbstverständlich muss ich auch für diese Jahre die Frage beantworten: Was bedeuteten sie für meinen Glauben an Gott? Die Antwort kann nur davon ausgehen, dass ich mich ja jahrelang intensiv mit biblischen Erzählungen beschäftigt habe. Wie bin ich mit dieser ständig prüfenden, kritischen, ja oft sezierenden Behandlung von Texten zurechtgekommen? Hat diese Beschäftigung meinem Glauben geschadet oder hat sie ihn gefördert?

Selbstverständlich tauchte im Verlauf meiner Arbeit, direkt oder indirekt, immer wieder die Frage auf: Welche Art von Texten sind denn nun eigentlich die Ostererzählungen des Lukas, die beiden Himmelfahrtsschilderungen miteingeschlossen? Handelt es sich um Dokumentarberichte? Das sicher nicht. Oder sind sie eben reine Erfindung, also romanhafte Erzählung, geboren aus der freien Phantasie des Lukas? Auch das mit Sicherheit nicht. Aber was sind sie dann? Wie sollte ich diese Textsorte, diese seltsame Art von Erzählen benennen?

Ich habe im Verlauf meiner Arbeit nie daran gezweifelt, dass Lk 24 wie Apg 1 fiktive Elemente enthalten. Aber sie sind eben keineswegs der freien Phantasie des Lukas entsprungen. Die österlichen Visionen der Jünger Jesu mit ihrem Sendungsauftrag hat es mit Sicherheit gegeben – wir brauchen ja nur an das zu denken, was Paulus in 1 Kor 15 berichtet. Auch die Uminterpretationen des Traditionsguts der Kirche durch die Gnostiker hat es ohne Zweifel gegeben – ebenso wie die lange Zeit drängende Frage, wann denn der Tag der Wiederkunft Christi nun endlich komme. Hinter beiden Himmelfahrtstexten steht also reales Geschehen, vor allem die unbezweifelbare Realität der Ostererscheinungen, zugleich stehen da aber Fragen, Nöte und Probleme der Kirche des Lukas, die durch die Art, wie er das Ganze erzählt, eine Antwort finden sollen.

Mir wurde immer deutlicher: Hier liegt eine ganz eigene Art von Textsorte vor. Es ist nicht die Textsorte, die wir uns für die erste Seite einer seriösen Tageszeitung wünschen würden: reine Fakten und deren genaueste Dokumentation. Es ist aber auch nicht die Textsorte, der wir dann im Fortsetzungsroman im Feuilleton begegnen. Es ist vielmehr eine ganz eigene Art zu erzählen. Sie arbeitet mit fiktiven, möglicherweise auch nicht-fiktiven Erzähl-Elementen. Mit ihrer Hilfe verdichtet sie reale Erfahrungen der Jünger bzw. des Gottesvolkes.

Als ich mein Theologiestudium begonnen hatte, waren wir noch alle von der Frage nach der Historizität solcher Erzähl-Texte in der Bibel bewegt. Im Vordergrund standen für uns Quellenscheidung, Gattungskritik, historische Kritik, vor allem die Rückfrage nach dem historischen Jesus. Das alles war ja auch sinnvoll. Wir dürfen nicht in die Fallen des Fundamentalismus geraten.

Aber gerade in meiner Würzburger Zeit, bei meinem Bemühen, die Himmelfahrtstexte des Lukas zu verstehen, bin ich aus diesen Fragen herausgewachsen. Sie sind mir nicht mehr so wichtig. Was mich und auch viele andere in der heutigen Exegese interessiert, ist der *Endtext*. Nicht die Vorgeschichte des Textes, sondern der Text selbst. Sein Aufbau, seine Struktur, seine Linienführung, seine Theologie, seine Nüchternheit und doch zugleich der Glanz seiner Sätze; wozu der Text mich bewegen will und was er mir leise und doch eindringlich sagen will.

Welche Kraft liegt allein in dem Satz: *»Ihr werdet meine Zeugen sein in Jerusalem, in ganz Judäa und Samaria und bis an die Grenzen der Erde.«* (Apg 1,8) Es ist nur ein kurzer Satz – doch gefüllt mit Realität. Die Botschaft Jesu ist tatsächlich bis an die Grenzen der Erde gedrungen. Doch zugleich erschrecken wir, wenn wir diesen Satz lesen. Wie steht es denn mit unserer Zeugenschaft für den Auferstandenen?

Ich merke immer mehr, dass ich heute die Texte der Heiligen Schrift mit einer Art »zweiten Naivität« lese. Die »erste Naivität« hatte ich in meiner Kindheit. Da waren die biblischen Texte noch voller Zauber. Im Theologiestudium wurden sie dann zerlegt, analysiert, auseinandergenommen, dekomponiert, hinterfragt, in ein System gebracht. Jeder Theologe und jede Theologin muss Derartiges durchmachen. Ich habe es jedenfalls durchgemacht und es durchaus genossen. Diese Phase hatte ihren Höhepunkt bei meinem Theologiestudium in St. Georgen. Doch schon bei meinem Weiterstudium in Würzburg wurde solch sezierende Begegnung mit den Texten der Bibel aufgesprengt. Ich habe von da an in vielen, oft kleinen Schritten gelernt, mich vom Text selbst führen zu lassen, ohne die Wissenschaft dabei aufzugeben.

Und heute, in meinem Alter, möchte ich meine Bibel wieder ganz schlicht lesen. Die Last der Wissenschaft trage ich dabei im Rucksack mit. Sie ist notwendig. Sie muss mitgeschleppt werden. Denn sie hilft ja gerade, den Text in seiner Endgestalt wirklich zu erfassen. Und doch darf ich mich heute vom Text selbst und seiner Kraft forttragen lassen. Ich erfreue mich an ihm. Ich erschrecke vor seinem Anspruch. Ich lasse mich von ihm trösten. Ich lebe mit ihm wie ein Kind, dem die Mutter eine Geschichte erzählt, wenn es Abend wird.

Das also habe ich in meiner Würzburger Zeit zu lernen begonnen. Aber diese Zeit ging ja noch weiter. Schon bevor ich meine in feierlichstem Latein geschriebene Promotionsurkunde in der Hand hielt, war die Frage einer möglichen Habilitation aufgetaucht. Professor Schnackenburg förderte die Sache, die Fakultät machte keinerlei Schwierigkeiten, mein Bischof gab seine Erlaubnis.

So packte ich die Sache sofort an. Und dieses Mal musste es schneller gehen, wie es ja auch dem Wesen einer Habilitation entspricht: Der Habilitand soll vor allem zeigen, dass er in der Lage ist, wissenschaftliche Vorlesungen zu halten. Seine Lehrbefähigung *(facultas docendi)* wird offiziell festgestellt. Dazu muss eine wissenschaftliche Arbeit vorgelegt und eine Probevorlesung gehalten werden.

Da ich mich in das lukanische Doppelwerk schon eingearbeitet hatte, blieb ich bei Lukas. Ich konnte nach zwei Jahren eine Arbeit einreichen mit dem Titel: »Die Sammlung Israels. Eine Untersuchung zur lukanischen Ekklesiologie«. Sie war bei weitem nicht so dick wie die Doktorarbeit, von ihrem Thema her aber gewichtiger.

Ich war bereits bei meinen Untersuchungen über die Himmelfahrt Jesu auf etwas gestoßen, das freilich schon von vielen Neutestamentlern beobachtet worden war: Lukas schreibt in bestimmten Abschnitten seines Doppelwerks bewusst im Stil des griechischen Alten Testaments, also der Septuaginta. So liebt er zum Beispiel Wendungen wie »Und es geschah, dass …« oder »Und siehe …« Wendungen dieser Art finden sich bei Lukas an vielen Stellen, sie kommen aber gehäuft vor am Anfang seines Doppelwerks, also in der Vorgeschichte Lk 1–2.

Weshalb? Was hat Lukas mit dieser sprachlichen Stilisierung beabsichtigt? Für griechische Ohren musste sie ja zunächst einmal eigenartig und fremd klingen. Die Antwort ist nicht schwer. Für Lukas bedeutete dieser so ganz andere Stil der Septuaginta: Hier wurde *heilige Geschichte* erzählt – von der Erschaffung der Welt bis zu den Prophetien im Buch Daniel. Wenn er nun in seinem Doppelwerk sofort in den ersten Kapiteln und auch später immer wieder den Stil des Alten Testaments aufgreift, so will er damit deutlich machen: Eben diese heilige Geschichte, die das Alte Testament erzählt, ist mit Johannes dem Täufer und mit Jesus weitergegangen – und selbst über den Tod Jesu hinaus im Wirken der Apostel und des Paulus.

Aber damit ist noch längst nicht alles gesagt. In meiner Habilitationsarbeit wollte ich beweisen, dass diesem bei Lukas immer wieder auftauchenden *Sprachstil* ein sich durchziehendes *Thema* entspricht: *das Werden der Kirche als ein langer Prozess der Sammlung und der Scheidung.* Dieser Prozess begann Lukas zufolge schon im Alten Testament. Gerade die lange Stephanusrede in Apg 7,1–53 will ja zeigen, dass der Widerstand Israels gegen Jesus und jetzt gegen Stephanus eine lange Vorgeschichte hat. Schon immer war man in Israel halsstarrig und widerstand dem Heiligen Geist (Apg 7,51). Doch ebenso gilt: Schon immer gab es in Israel Menschen, die gerecht und gläubig vor Gott lebten (Lk 2,25). Genau daran will die Vorgeschichte des Lukasevangeliums (Lk 1,5 – 2,40) erinnern. Sie hat nicht zuletzt die Funktion, das gläubige und auf Befreiung und Erlösung wartende Israel darzustellen.

Dieser Prozess der Sammlung und Scheidung ging dann Lukas zufolge weiter mit der Sammlungsbewegung des Täufers (Apg 13,24), dann mit der Sammlungsbewegung Jesu (Lk 13,34), bei der die Aussendung der Zwölf zu ganz Israel eine entscheidende Rolle spielt (Lk 9,1–6), dann mit dem Geistempfang der Jünger, der zunächst zu der Missionsarbeit in Israel (Apg 2,14 – 9,43) und auch da wieder zu Sammlung und Scheidung führt.

Mit dieser Entwicklung, in der sich ein Teil Israels der Botschaft Jesu versagt, ein Teil Israels aber gesammelt wird, verknüpft Lukas sehr geschickt den letzten Abschnitt des Weges zur Kirche: nämlich die Aufnahme der Heiden. Dass auch die

Heidenmission für Lukas noch zur Israel-Thematik gehört, zeigt das Amos-Zitat in der Rede des Jakobus: Das zerfallene Zelt Davids (also Israel) wird jetzt (in dieser Zeit nach Ostern) wiederaufgebaut, damit auch die Heiden Gott suchen können (Apg 15,13–18).

Lukas bietet mit all dem eine wohldurchdachte Sicht der Kirche. Sie steht in ungebrochener Kontinuität zu Israel. In dem Prozess der Sammlung und Scheidung, in dem Johannes der Täufer, dann Jesus und dann das Pfingstereignis eine entscheidende Rolle spielen, *wird* Kirche, *sammelt* sich Kirche. Einen punktuellen Stiftungsakt für die Kirche kennt Lukas nicht. Der gesamte Prozess, den er erzählt, ist das »Werk Gottes« (Apg 5,38–39; 13,41; 20,28). *Und die Kirche ist das wahre, das endzeitliche Israel.*

Als ich diese Arbeit als Habilitationsschrift einreichte, war mir natürlich klar, welche Brisanz in ihr steckte. Viele Christen haben ja keinerlei Verhältnis zu der Aussage, dass die Kirche *Israel* ist und bleibt. Sonst hätten sie kein so gebrochenes Verhältnis zum Alten Testament, sonst würde im Gottesdienst nicht so häufig die alttestamentliche Lesung einfach weggelassen werden, sonst hätte nicht sogar das Zweite Vatikanische Konzil die Kirche an entscheidenden Stellen als »das neue Israel« bezeichnet.[45] Mit diesem unglücklichen Begriff wird eine tiefe Zäsur zwischen der Kirche und Israel geschaffen.

Was meinen Lebensweg betrifft, ging dann alles sehr schnell – und ich kann die Details nur als Fügung bezeichnen. Ein Doktorand aus den USA, der bei Schnackenburg seine Doktorarbeit schrieb, hatte einen Bruder, der bei Professor Walter Kasper in Tübingen studierte. Professor Kasper erzählte seinem Doktoranden, und der Doktorand erzählte es seinem Bruder, und der Bruder erzählte es mir, dass in Tübingen am Fachbereich Katholische Theologie die Stelle eines Wissenschaftliche Rats für »Einleitung in das Neue Testament« neu zu besetzen wäre, dass die Fakultät mit den bisherigen Bewerbungen aber nicht zufrieden sei.

So fragte ich bei Professor Kasper an, ob eine Bewerbung von mir noch einen Sinn habe. Er verwies mich an den Dekan, ich schrieb dem Dekan, und der bat mich, ich solle einfach einmal all meine Unterlagen einsenden. Ich tat es und erhielt wenig später eine Einladung nach Tübingen zum »Vorsingen«, was eine öffentliche Probevorlesung vor der gesamten Fakultät, also vor den Studenten und allen Professoren, meint. Ich durfte drei Themen einreichen – und ich formulierte sie so, dass eines von den dreien mit Sicherheit gewählt würde. Sein Titel: »Jesu Verbot der Ehescheidung und seine Adressaten«. Ich hatte mich nicht getäuscht: Genau dieses Thema wurde gewählt.

Zwei Wochen später fuhr ich zur Sicherheit nicht mit dem Auto, sondern mit der Bahn nach Tübingen und stand, wieder zur Sicherheit, zwei Stunden vor der angegebenen Zeit vor dem Kupferbau, in dem die Vorlesung stattfinden sollte. Ich sah mich um und entdeckte einen Friedhof. »Ach«, dachte ich, »dort kannst du noch spazieren gehen und dich ein wenig auf die Vorlesung einstimmen.« Ich tat es – und stand plötzlich vor dem Grab von Hölderlin. Lange stand ich dort. Gedichtklänge tauchten in mir auf, verklangen wieder, und plötzlich war »Heidelberg« in Tübingen:

Sträuche blühten herab, bis wo im heitern Tal,
An den Hügel gelehnt, oder dem Ufer hold,
Deine fröhlichen Gassen
Unter duftenden Gärten ruhn.

Mich hat diese Begegnung mit Hölderlin, einem meiner deutschen Lieblingsdichter, unendlich getröstet. Alle Spannungen und Ängste waren wie weggeblasen. Ich sagte mir: Selbst wenn die bevorstehende Vorlesung erfolglos sein wird; ich war am Grab Hölderlins – und dafür hat sich die Fahrt auf jeden Fall gelohnt. Die Vorlesung war keineswegs erfolglos. Wenige Wochen später konnte ich die Stelle in Tübingen antreten.

Wieder hieß es, auf Wohnungssuche zu gehen. Ich tat es mit Begeisterung. Denn meine Eltern wollten zu mir ziehen und mir den Haushalt führen (der Vater war inzwischen 73, die Mutter 72 Jahre alt). Ich musste uns also eine größere Wohnung suchen. Die war in Tübingen selbst kaum zu finden. In Frage kamen nur

Dörfer in der weiteren Umgebung. Und da begegnete ich zum ersten Mal einem typisch schwäbischen Charakterzug.

Durch eine Zeitungsannonce meinerseits stieß ich auf ein Ehepaar. Sie arbeiteten beide »beim Daimler« (Mercedes-Benz sagt dort kein Mensch), hatten aber ›nebenbei‹ noch einen Nebenerwerb: eine Landwirtschaft, in der sie Kälber aufzogen und dazu zwei Kinder. Für ihre Kinder, die noch gar nicht zur Schule gingen, hatten sie bereits vorgesorgt und ihnen ein sehr schönes einstöckiges Haus am Dorfrand von Öschelbronn/Gäufelden gebaut. »Für später, wenn sie einmal groß sind!«, sagten sie stolz. Dieses Haus konnten wir als Ganzes mieten – und zwar zu einem annehmbaren Preis. Für mich begann eine neue Lebensphase.

10. Tübingen

Der Beginn dieser neuen Lebensphase hatte eine gewisse Dramatik. Denn das Thema meiner ersten Semestervorlesung in Tübingen hatte ich nicht selbst festlegen können. Es stammte noch von meinem Vorgänger und stand bereits im Vorlesungsverzeichnis. Der Titel der Vorlesung lautete »Text, Kanon, Hermeneutik«. Den Stoff dieser Semestervorlesung musste ich mir in all seinen Details erst einmal erarbeiten.

Ich hatte zunächst davon zu sprechen, wie der Text unserer heutigen Bibelausgaben zustande kommt – da wir selbstverständlich die Urtexte der einzelnen biblischen Bücher nicht mehr besitzen, sondern nur noch Abschriften von der einstigen Erstschrift, ja, komplizierter noch: nur mehr Abschriften von Abschriften von Abschriften. Und da schlichen sich zwangsläufig Abschreibfehler ein oder auch bewusste Veränderungen durch Abschreiber, die glaubten, es besser zu wissen oder es besser formulieren zu können. Tatsächlich gibt es in der Bibel (vor allem im Neuen Testament) zu fast jedem Satz Textvarianten – und die Bibelwissenschaftler müssen anhand der ältesten und besten Handschriften unter Berücksichtigung aller Varianten den Urtext rekonstruieren. Wie das geht, sollte der erste Teil dieser Semestervorlesung zeigen.

Jetzt, da ich dieses Buch hier in der Nähe von München schreibe, aber im Zurückblicken in Tübingen gelandet bin, kam mir verständlicherweise der Gedanke, den Anfang der Vorlesung »Text, Kanon, Hermeneutik« nach 50 Jahren noch einmal durchzulesen. Ich holte also aus einer großen Kiste im Keller meiner derzeitigen Wohnung sämtliche Tübinger Vorlesungsmanuskripte nach oben. Dann habe ich mit Nostalgie und Neugier Wiedersehen gefeiert und das dicke Manuskript meiner ersten Tübinger Semestervorlesung durchgesehen. Die Gesamtvorlesung war in 40 Paragraphen gegliedert. Den ersten Paragraphen, also die erste Einzelvorlesung, schaute ich mir besonders genau an. Dabei machte ich eine seltsame Entdeckung: Der größere Teil dieser Vorlesung war in gut lesbaren, ruhigen Zeilen niedergeschrieben. Doch in ihrem zweiten Teil wurde meine Schrift flüchtig, war voller Abkürzungen und kaum mehr lesbar. Und da stiegen plötzlich Erinnerungen in mir hoch.

Die Zeit vor meinem ersten Vorlesungstag war ziemlich hektisch verlaufen. Ich musste ein Haus finden, in dem wir wohnen würden, ich musste den Umzug meiner alten Eltern vom Hessischen ins Schwäbische organisieren sowie meinen eigenen Umzug vom Fränkischen ins Schwäbische. Dazu musste ich noch alle möglichen Dinge bewerkstelligen, die mit dem Umstand von Umzügen zusammenhängen. Und ausgerechnet für den Morgen vor meiner ersten Vorlesung war ich kurzfristig zum Präsidenten der Universität bestellt worden. Er wollte mich offiziell begrüßen und mir meine Anstellungsurkunde persönlich überreichen. Die erste Vorlesung aber war zu diesem Zeitpunkt noch gar nicht ganz fertig.

Ich blicke zurück und sehe mich im präsidialen Vorzimmer sitzen und mit fliegender Hand für den zweiten Teil meiner bevorstehenden Vorlesung Stichwörter niederschreiben. Die Sekretärin bietet mir einen Kaffee an und schaut mir neugierig bei meiner aufgeregten Arbeit zu. Ich vergesse meine Umgebung und schreibe, schreibe – bis der Präsident aus seinem Amtszimmer tritt und einen anderen Besucher verabschiedet. Vom Präsidenten geht es dann direkt zum Kupferbau in den Vorlesungssaal, wo mich über hundert Studierende erwarten. Werden sie mir überhaupt zuhören?

Sie haben mir zugehört. Ich las ihnen nämlich gleich zu Beginn einen Text aus einem Buch von Karlheinz Deschner vor. Das Buch trug den Titel: »Was halten Sie vom Christentum?« In diesem Buch werden 18 Autoren zu ihrer Stellung zum Christentum befragt. Der bekannte Schriftsteller Arno Schmidt, den Deutschland mit zahlreichen Ehrungen überhäuft hat, schreibt dabei unter der Überschrift »Atheist?: Allerdings!« neben vielen anderen Dummheiten Folgendes:

> *Es ist wieder einmal hohe Zeit, dem Christentum zu bedeuten, was ein Unbefangener von ihm hält. […] Meine Antwort auf die Frage »Was halten Sie vom Christentum?« lautet […]: »Nicht sonderlich viel!«. – Die (mir) zureichenden Begründungen sind von dreierlei Art. Einmal die Fragwürdigkeit der Stiftungsurkunde (also der Bibel; wer hier schon zuckt, lese nicht erst weiter). / Dann die (mir) ungenügende Persönlichkeit des Jesus von Nazareth. / Endlich die Betrachtung der Auswirkungen des Christentums in seinem Machtbereich […] während der verflossenen zwei Jahrtausende. / A v a n t i ! :*
>
> *Solange man als die reinste Quelle »göttlicher Wahrheit«, als heilige Norm der »Vollendetsten Moral«, als Grundlage von Staatsreligionen ein Buch mit, milde gerechnet, 50 000 Textvarianten (also pro Druckseite durchschnittlich 30 strittige Stellen proklamiert […]: solange verdienen wir die Regierungen und Zustände, die wir haben.*[46]

»Dümmer«, sagte ich meinen Hörern, nachdem ich diesen Text vorgelesen hatte, »kann man über die Textgeschichte der Bibel gar nicht reden. Denn die hohe Zahl der Textvarianten[47] kommt eben daher, dass es bei diesem Buch zahllose, oft sehr alte Handschriften gibt – unvergleichlich mehr als für die Werke aller anderen Autoren der Antike. Wegen der hohen Zahl der Handschriften gibt es dann natürlich auch viel mehr Textvarianten. Außerdem betreffen sie meist unwichtige Kleinigkeiten, die am Sinn eines Verses nicht das Geringste ändern. Auch lassen sie sich in den allermeisten Fällen durch Sichtung der Textfamilien und durch interne Textkritik erklären und aussondern. Wir haben gerade im Neuen Testament einen extrem zuverlässigen Text, der sich zudem noch durch Zitate früher kirchlicher Autoren absichern lässt. – Aber die Art, wie Textwissenschaftler arbeiten, müssen Sie eben kennenlernen, damit Sie auf solch uninformiertes, von reinem Hass getriebenes Gerede über die Bibel später eine Antwort geben können. Genau dem dient der erste Teil unserer Semestervorlesung. *Also Avanti!*«

Für Sie, meine Leserinnen und Leser, füge ich hier noch hinzu: Mir ist solch absolut ignorantes Gerede über die Bibel bei ›offensiven‹ Atheisten später noch häufig begegnet. Offenbar ist ihr Hass auf das Christentum so groß, dass sie glauben, sich für ihre Pamphlete, ihre Blogs oder ihre Leserbriefe genauere Recherchen schenken zu können. Auch diese auffällige, immer wiederkehrende Erfahrung hat mich in meinem Glauben an Gott und an Jesus Christus bestärkt. Die christliche Theologie kann sich klare Forschung und saubere Methodik leisten. Sie braucht nichts zu vernebeln oder zu verdrehen. Aber ein bestimmter Typ von Atheisten braucht es offenbar dringend, um überhaupt argumentieren zu können. Doch zurück nach Tübingen!

*

Der erste Teil meiner ersten Semestervorlesung hatte sich also mit dem Thema »Text«, der zweite Teil mit dem Thema »Kanon« zu beschäftigen. Was ist dabei mit ›Kanon‹ gemeint? ›Kanon‹ ist im Altgriechischen an sich ein Rohr oder ein Stab. Das Wort hat aber auch die Spezialbedeutung ›Maßstab‹ und ›Norm‹. Damit drückt es etwas aus, das für den griechischen Menschen von hoher Bedeutung war: das in sich Ausgewogene, das Harmonische, das Vollkommene, das Ideale. Und in diesem Sinn bedeutet ›Kanon‹ eben auch die vollendete Gestalt, die zum *Maßstab* für alles andere wird. In der christlichen Eigensprache bedeutet ›Kanon‹ dann die ›bindende‹ Norm des Glaubens oder der Überlieferung – und schließlich seit dem 4. Jahrhundert die offizielle Sammlung heiliger Schriften (und noch viel später den unveränderlichen Teil des eucharistischen Hochgebets). ›Kanon‹ im Titel meiner Semestervorlesung bedeutete also die Sammlung heiliger Schriften, die im Gottesdienst verwendet wurden, zu der einen, maßgebenden, unantastbaren Heiligen Schrift. Und es ging in der Semestervorlesung selbstverständlich vor allem darum, wie dieser Schriftkanon – besonders der des Neuen Testaments – überhaupt zustande gekommen war.

Man könnte sich die Entstehung des Neuen Testaments ja folgendermaßen vorstellen: Da hatte die Großkirche 27 Einzelschriften, die für sie *maßgebend* waren und die sie deshalb gern beieinander haben wollte. Sie band sie deshalb sozusagen in zwei Buchdeckel, genauer: in einen einzigen Codex hinein und sagte: »Jede dieser einzelnen Schriften ist uns in ihrer Art wertvoll. Wir haben sie deshalb zusammengebunden und nennen das Ganze Neues Testament.« Die einzelnen Schriften hätten dann sozusagen eine kleine Bibliothek gebildet mit durchaus unterschiedlichen, ja manchmal gegensätzlichen Positionen – wie das bei Büchern in einer Bibliothek durchweg der Fall ist. Doch aus praktischen Gründen wären die einzelnen Bücher alle in einem einzigen Sammelband vereint worden. Wie gesagt: So könnte man sich das Ganze vorstellen. Doch so war es gerade nicht.

Nach Ostern bestand die Heilige Schrift zunächst einmal nur aus dem, was wir seit Jahrhunderten im Rückgriff auf 2 Kor 3,14 das »Alte Testament« nennen. Zunächst hieß sie schlechthin *graphē:* die »Schrift«. Aber die frühchristlichen Gemeinden beließen es nicht dabei. Noch zu Lebzeiten des Paulus hob man dessen Briefe auf und las aus ihnen im Gottesdienst vor, nachdem man aus der »Schrift« vorgetragen hatte.

Nach seinem Tod wurde erst recht gesammelt, was man von Paulus noch schriftlich hatte, und zu einer paulinischen Briefsammlung vereint. In dieser Zeit entstanden zudem der Epheserbrief, der 2. Thessalonicherbrief und dann auch noch die Pastoralbriefe. Sie wurden von Paulusschülern im Namen und im Geist des Paulus geschrieben, um die Leerstelle zu füllen, die nach seinem Tod in den von ihm gegründeten Gemeinden entstanden war. Diese nachpaulinischen Briefe wurden wohl schon bald der Sammlung authentischer Paulusbriefe hinzugefügt. So entstand ein *Corpus Paulinum.* Aus ihm wurde im Gottesdienst vorgelesen; es war somit selbst zur »Heiligen Schrift« geworden.

Doch das war erst ein Teil dessen, was dann später »Neues Testament« genannt wurde. Denn nicht nur Paulusbriefe, sondern auch noch andere Schriften, vor allem Evangelien, wurden in den Gottesdiensten frühchristlicher Gemeinden vorgetragen.

Aus dem gesamten Bereich dieser Schriften, also aus den Briefen und den Evangelien, wurde eine Auswahl getroffen und in sorgfältiger Kompositionsarbeit zu dem vereint, was dann »Neues Testament« hieß. Ich habe jetzt bewusst vage formuliert, denn der genaue Zeitpunkt, zu dem all das geschah, lässt sich nicht mehr feststellen. Wir wissen auch nichts über den Personenkreis, der diese Kompositionsarbeit leistete.

Als Basis für die entstehende Sammlung wurden vier Evangelien ausgewählt: unser heutiges Matthäusevangelium sowie das Markus-, Lukas- und Johannesevangelium. Allerdings war das Lukasevangelium anders gebaut als die drei anderen Evangelien. Es hatte eine Fortsetzung, ein Zweites Buch, nämlich die sogenannte Apostelgeschichte. Um einen Evangelienkanon zu bekommen, wurde das Lukasevangelium von seinem Zweiten Buch abgetrennt, die vier Evangelien wurden aneinander gereiht und der 2. Band des lukanischen Doppelwerks hinten angehängt, so dass die Reihenfolge: ›vier Evangelien – Apostelgeschichte‹ entstand. Das war ein einschneidender Eingriff in das Doppelwerk des Lukas.

An die Apostelgeschichte angefügt, so wie wir es aus unseren heutigen Ausgaben des Neuen Testaments kennen, wurden die Briefsammlungen, die neben dem Evangelienkanon entstanden waren. Einmal die Briefsammlung der authentischen und nichtauthentischen Paulusbriefe, dann aber vor allem auch die Sammlung der sogenannten ›Katholischen Briefe‹. Dieser Name rührt daher, dass sie (zumindest Jakobus, 1 Petrus, 2 Petrus, 1 Johannes und Judas) nicht an eine Einzelgemeinde, sondern an größere Kirchengebiete oder sogar an die gesamte Kirche gerichtet waren. (»Katholisch« meint also ursprünglich keine Konfession, sondern die Großkirche, die im gesamten römischen Reich anzutreffen ist.) Schließlich wurde das Ganze noch durch die Johannesoffenbarung abgerundet.

Auf diese Weise entstand eine wohlgeordnete und durchdachte Komposition neutestamentlicher Schriften. Zuerst kommen die Evangelien mit dem Auftreten Jesu. Am Schluss des ganzen Bandes steht die Wiederkunft Jesu am Ende der Zeit (Johannesoffenbarung). Dazwischen ereignet sich die Sammlung der Kirche aus Juden und Heiden. Die Briefe des Paulus stehen gleichrangig neben den Briefen der »Säulen« Jakobus, Petrus und Johannes (Gal 2,9). Auf diese Weise wurde die Einheit der Kirche betont. Der ganze Band bekam in Anlehnung an 2 Kor 3,6 den Buchtitel »Neues Testament«.

Um es zu wiederholen: Das alles ist nur als sorgfältig durchgeführter Redaktionsvorgang zu begreifen – und zwar von hochkompetenten und gläubigen Christen – verwirklicht mit dem Ziel, *ein einziges, in sich homogenes Buch* zu schaffen. Das Neue Testament ist also nicht eine mehr oder minder zufällige Sammlung wichtiger Schriften der Urkirche, sondern ein wirkliches Buch mit einer wohlüberlegten theologischen Komposition, die einen klaren Autorenwillen verrät.

Bei all dem ist allerdings zu beachten: Das Neue Testament hängt sich bewusst an die »Schrift« (also an das Alte Testament) an. Die »Schrift« bildet das Fundament des Ganzen. Das Neue Testament wird in die »Schrift« einbezogen und wächst so mit dem Alten Testament zu einem einzigen, noch größeren Buch zusammen. Es ist sozusagen die letzte Interpretationsschicht des Alten Testaments. Und wie die Tora im Alten Testament, so bildet im Neuen Testament der Vier-Evangelien-Kanon die Basis.

So ist der kompositorische Wille, der dem Neuen Testament und der gesamten Heiligen Schrift zugrunde liegt, unverkennbar. Die Autoren, die dieses organische Werk geschaffen haben, wollten, dass es als einheitliches Buch gelesen würde. Der frühchristliche Theologe Origenes formulierte in seinem Johanneskommentar zu Recht[48]:

Man muss an die Schrift in ihrer Gesamtheit herangehen wie an einen einzigen Leib und darf die Harmonie des Ganzen in ihrem straffen und festen Gefüge nicht zerbrechen und zerhacken wie es jene tun, die die Einheit des die gesamten Schriften durchdringenden Geistes eigenmächtig zerbrechen.

»Autorenwille« heißt hier nicht, dass ein einziger Theologe oder Bischof den neutestamentlichen Kanon geschaffen hat. Es kann sich durchaus um ein Autorenkollektiv gehandelt haben. Außerdem hatte die Schaffung des neutestamentlichen Kanons auch eine sukzessive Seite: Was da in einem genialen Akt geschaffen worden war, musste ja von allen Gemeinden anerkannt werden, wenn es wirklich zum Kanon der Großkirche werden sollte. Das war selbstverständlich ein langer Prozess. Weil aber dieser Prozess der Anerkennung notwendig war und weil er auch stattfand, kann mit Recht die gesamte damalige Großkirche als Mit-Verfasserin, oder vorsichtiger formuliert, als Mit-Herausgeberin des Kanons bezeichnet werden.

Damit ist wohl klar, was in meiner Gesamtvorlesung mit »Kanon« gemeint war und was ich meinen Studierenden dann in Einzelvorlesungen nach und nach vorzutragen hatte. Für das richtige Herangehen an den Text, also für die »Hermeneutik« biblischer Texte, hat das jetzt gerade zum »Kanon« Gesagte eine außerordentliche Bedeutung. Wenn nämlich der gesamte Kanon ein einziges Buch ist, dann darf ich keinen Einzeltext isoliert und nur für sich auslegen. Dann muss ich ihn im Lichte aller übrigen einschlägigen Texte der Bibel lesen. Hierfür ein konkretes Beispiel, das ich in meiner ersten Semestervorlesung und auch später gern verwendet habe:

Das Gleichnis von den gewalttätigen Weinbauern (Mt 21,33–46) hatte schon früh in der Kirche für eine Theologie der *Enterbung und Verwerfung Israels* eine große Rolle gespielt. In der Markusfassung des Gleichnisses sagt Jesus, der Besitzer des Weinbergs werde kommen, die gewalttätigen Winzer töten und den Weinberg *anderen* geben« (Mk 12,9). *Das war von Jesus als scharfe Warnung an seine Gegner gemeint, nicht als unabänderliche Tatsache.* Diesen Satz seiner Markusvorlage hat Matthäus aufgegriffen, erweitert und verschärft. Bei ihm heißt es nun:

> *Darum sage ich euch: Das Reich Gottes wird euch weggenommen und einem Volk gegeben werden, das die erwarteten Früchte bringt. (Mt 21,43)*

Die Nähe dieses Textes zu Mt 8,12 (wo die »Söhne des Reiches« hinausgeworfen werden) liegt auf der Hand. Das Bildfeld ist zwar ein anderes, doch die Aussage geht in die gleiche Richtung. Sie geht sogar noch viel deutlicher in Richtung ›Enterbung Israels‹. Denn hier wird nun direkt gesagt, dass das Reich Gottes einem anderen »Volk« gegeben wird. Dieses andere Volk kann nur die Kirche sein. Haben wir also in Mt 21,43 eine Aussage, die spätere Positionen über den *Ausstoß* Israels aus der Heilsgeschichte legitimiert?

Man kann darüber streiten.[49] Doch selbst wenn Matthäus die Dinge anders gesehen haben sollte – er hätte dann immer noch äußerst missverständlich formuliert. Nehmen wir einmal hypothetisch den schlimmsten Fall an: Der Verfasser des Matthäusevangeliums hätte wirklich einer Enterbungstheologie das Wort reden wollen. Dann dürfte in dieser Frage selbstverständlich nicht nur *seine* Stimme gehört werden. Denn es gibt in dieser Sache noch eine andere Stimme – was nämlich Paulus in Röm 9–11 über die Frage sagt, ob Israel aus der Heilsgeschichte ausgestoßen wurde oder ob seine Erwählung durch Gott unwiderruflich sei. Die Stimme des Römerbriefs ist hier gewichtiger als alle anderen Stimmen im Neuen Testament, weil sich Paulus dieser Frage ausdrücklich, grundsätzlich und mit größter Ausführlichkeit gestellt hat.

Mit anderen Worten: Fragt man theologisch nach der bleibenden Treue Gottes zu seinem Volk Israel bzw. nach einer möglichen Verwerfung Israels, muss das gesamte Neue Testament und muss vor allem Röm 9–11 (und dort besonders 11,29) gehört werden.

Aber mehr noch: Auch das Alte Testament muss dazu gehört werden. Denn die Frage, ob Gott sein Volk verwerfen und sich ein neues Volk suchen könnte, wird bereits im Alten Testament ausführlich behandelt (vor allem in Ex 32,7–14). Diese ganze Frage kann also nur ›kanonisch‹ entschieden werden, das heißt durch eine Einbeziehung der gesamten Heiligen Schrift. An sich sind das Selbstverständlichkeiten. Sie werden aber leider oft vergessen – und zwar immer dann, wenn die Heilige Schrift nicht als ein einziges Buch, sondern als eine Vielzahl einzelner Bücher verstanden wird, die nichts miteinander zu tun haben. Und selbst die frühkirchlichen Theologen, die für die Einheit der Schrift plädierten, haben in diesem Fall ihre eigenen hermeneutischen Prinzipien missachtet. Die Folgen waren schrecklich: jahrhundertelange Judenverfolgungen im christlichen Abendland und am Ende Auschwitz.

*

Ich habe mit all dem jetzt nicht nur zeigen wollen, was mit »Text, Kanon, Hermeneutik« gemeint war. Ich wollte auch vorführen, was »Einleitung in das Neue Testament« bzw. »Einleitung in das Alte Testament« im Rahmen des theologischen Fächerkanons zu leisten hat. Es kommt noch vieles andere hinzu – vor allem auch Einleitungen in die einzelnen Schriften der Bibel. Bei einer Einleitung etwa in den Römerbrief sind viele Fragen zu beantworten: Wann hat Paulus diesen Brief geschrieben, wo, für wen und warum? Wie ist der Brief aufgebaut, was ist sein Hauptthema?

Ich hatte also für diese ersten Tübinger Semester viel Arbeit vor mir. Vieles musste ich mir ja selbst erst zusammenstellen und klar machen. Es war trotzdem eine gute Zeit. Denn meine Studierenden machten mit. Auch hier wieder ein Beispiel:

Den Höhepunkt der Studentenunruhen in Tübingen Ende der 1960er Jahre habe ich zwar nicht mehr erlebt. Als ich 1973 nach Tübingen kam, war Professor Joseph Ratzinger wegen der damaligen ständigen Vorlesungsstörungen schon nach Regensburg gewechselt. Ich selbst erlebte nur noch gelegentliche Nachwehen. Störend waren sie aber noch immer. Eines Vormittags konnten meine Kollegen und ich im Kupferbau keine Vorlesungen halten; revoltierende Studenten hatten den Eingang in der Nacht mit schweren Ketten verschlossen. Ein anderes Mal mussten wir wegen ständiger Zwischenrufe agitierender Studenten eines anderen Fachbereichs in den Hörsaal des Theologicums ausweichen. Dort hatten wir Hausrecht. Wieder ein anderes Mal stürmte eine Gruppe von Soziologiestudenten mitten in meine Vorlesung und wollte mit meinen Hörern über die »Ausbeutung« und »Entfremdung« der Studentenschaft sowie über die notwendige »Demokratisierung« der Universität »diskutieren«. Gemeint war damit: die eigene Position »proklamieren«. Da stand einer meiner Studenten auf und sagte: »Wenn Sie wirklich die Demokratisierung der Universität wollen, dann verlassen Sie jetzt bitte den Hörsaal. Denn die Studenten, die hier sitzen, wollen alle die Vorlesung von Professor Lohfink hören.« Die Zustimmung meiner Hörer durch das übliche Klopfen und Trampeln war so mächtig und so eindeutig, dass sich die Gruppe davonmachte.

Die drei Jahre, in denen ich als Wissenschaftlicher Rat auf einer C3-Stelle in Tübingen arbeitete, vergingen wie im Flug. Dann wurde Professor Karl Hermann Schelkle (1908–1988), der Lehrstuhlinhaber für Neutestamentliche Theologie am Fachbereich, emeritiert und der Lehrstuhl neu ausgeschrieben. Einige Kollegen rieten mir, mich zu bewerben – und meine Bewerbung wurde vom Fachbereichsrat angenommen.

Die Verpflichtungen wurden so allerdings größer. Wie mir der Inhalt der »Kiste aus dem Keller« verrät (s.o. S. 111), hielt ich nun (über Jahre verteilt) Vorlesungen über »Botschaft und Praxis Jesu«, »Erzählstruktur und Theologie der Gleichnisse Jesu«, »Geschichte und Theologie der Urgemeinde«, »Die Hauptthemen der paulinischen Theologie«, »Die Hauptthemen der johanneischen Theologie«, »Der Galaterbrief«, »Der Titusbrief«, »Ursprung und Wesen der Apokalyptik«. Das wollte natürlich erarbeitet sein. Aber ich habe dabei sehr viel gelernt – auch für meinen eigenen Glauben. Und ohne diese Vorarbeiten hätte ich meine späteren Bücher niemals schreiben können.

An dieser Stelle muss ich unbedingt auch die gute Zuarbeit vieler Studentinnen und Studenten erwähnen, die ihre Zulassungs- oder Diplomarbeiten bei mir geschrieben haben. Selbstverständlich erhielten sie von mir Themen, die mich selbst brennend interessierten. Noch wichtiger war für mich freilich die Hilfe und freundschaftliche Zusammenarbeit mit meinen Assistenten – zuerst mit Iris Bosold, dann mit Marius Reiser, später dann die unschätzbare Arbeit meiner amerikanischen Schülerin Dr. Linda Maloney. Nachdem sie wieder in die USA zurückgekehrt war, hat sie fast all meine Bücher ins Englische übersetzt und mir damit eine große Leserschaft in der ganzen Welt zugeführt. Zu nennen ist an dieser Stelle aber auch das angenehme kollegiale Miteinander mit den anderen Professoren im Fachbereich. Jeden Monat gab es eine Einladung in das Haus eines Kollegen, wo wir dann beim Abendessen – und danach – über alles Mögliche redeten und diskutierten.

Besonders in Erinnerung geblieben ist mir eine gemeinsame Reise aller Professoren der Fakultät nach Israel – vor allem aber auch eine hochoffizielle Einladung, die wir als Fachbereich von der Theologischen Fakultät der Universität Budapest erhalten hatten. Es war meine erste Reise hinter den ›Eisernen Vorhang‹ (Ungarn lag damals noch im Machtbereich der Sowjetunion). Die ›entsprechenden‹ Erfahrungen begannen für mich bereits beim Betreten der ›Sozialistischen Volksrepublik‹.

Wir waren glücklich mit dem Flugzeug gelandet und standen nun in einer langen Schlange vor der Passkontrolle. Vom zuständigen Beamten sah man praktisch nichts. Er saß nicht etwa hinter einer Glasscheibe oder einer offenen Barriere, sondern hinter einer großen Holzverschalung, in der zwei enge Schlitze waren – ein oberer Schlitz in Augenhöhe und ein unterer Schlitz für das Durchstecken von Papieren. Ich sah praktisch nur die Augen des Mannes. Sie fixierten mich, dann blickten sie nach unten. Wohin und wozu, sah ich natürlich nicht. Ich wusste in keiner Weise, was der Mann da eigentlich machte. Dann schaute er mich wieder mit stechenden Augen an und senkte erneut seinen Blick nach unten. Dieser Vorgang wiederholte sich noch mehrere Male, bis er dann endlich meinen Reisepass ohne ein einziges Wort zurückschob. Für mich war das Ganze gespenstisch. Und ich erinnerte mich an ein Diktum, demzufolge man den Charakter einer Regierung schon allein daran erkennen kann, wie man an der Grenze behandelt wird.

Vom Flughafen ging es dann sofort zum Hotel und von dort aus zu einem offiziellen Empfang, den uns die Theologische Fakultät gab. Er folgte dem üblichen Ritual: Begrüßungsreden, Vorstellungen, Imbiss, höfliches Geplauder, Hinweise auf das Programm der nächsten Tage. Alles geschah mit äußerster Höflichkeit und Korrektheit – aber zugleich mit einer seltsamen Distanz, die ich nicht deuten konnte. Die Sprache konnte es nicht sein, denn viele unserer Gastgeber sprachen Deutsch, für den Rest half Englisch.

Die Erklärung für diese vorsichtige Zurückhaltung bekamen wir erst am Abend. Der Dekan hatte Einzelne von uns privat angesprochen und zu sich nach Hause eingeladen. Tatsächlich waren wir dann *alle* dort. Nur von den ungarischen Professoren fehlten zwei. Der Dekan erklärte uns, das seien zwei Spitzel, welche die Regierung in die Fakultät lanciert habe. Sie wüssten von diesem privaten Treffen nichts. Und dieser Abend verlief dann völlig anders als der vorangegangene Empfang: nämlich mit offenen Gesprächen, mit viel Lachen und der Herzlichkeit, die einem in Ungarn immer wieder begegnet.

Im Wintersemester 1978/79 wurde ich zum Dekan gewählt. Das machte für mich und meine Eltern einen Umzug unumgänglich. Denn als Dekan musste ich vormittags und nachmittags in Tübingen präsent sein. Da die Fahrt mit dem Auto von Öschelbronn nach Tübingen eine halbe Stunde dauerte, wären das pro Tag zwei verlorene Stunden gewesen. Das konnte ich mir nicht leisten. So suchte ich für uns eine neue Bleibe möglichst nahe bei Tübingen. Ich kaufte ein Haus in Wurmlingen direkt unter dem Kapellenberg, den Ludwig Uhland besungen hat (»Droben stehet die Kapelle«). Mit einem günstigen Darlehen wurde die Finanzierung möglich.

Meine Eltern hatten nun endlich, was sie sich in vielen Jahren erträumt hatten: ein eigenes Haus mit genügend Platz, eine langgestreckte Terrasse und einen großen Garten direkt beim Haus. Mein Vater grub sofort zum Entsetzen des vorherigen Besitzers dessen »heiligen Rasen« um und säte noch im Herbst Feldsalat. Ich pflanzte gleich beim Haus vier Apfel- › zwei Mirabellen- und zwei Kirschbäume. Und über die Terrasse streckte bald ein Weinstock seine Rebzweige aus, so wie es einst in der

Mietwohnung in der Frankfurter Kuhwaldsiedlung gewesen war. Meine Eltern waren glücklich. Ich auch. Vor allem, weil ich nun in zehn Minuten in Tübingen am Theologicum war.

Zu den vielen guten Erinnerungen meiner Tübinger Zeit gehört auch der Sonntagsgottesdienst. Öschelbronn war ein altes Dorf, das aber nach dem Krieg durch eine neue Siedlung erweitert worden war – und dort wohnten inmitten einer rein evangelischen Umgebung fast ausschließlich Heimatvertriebene aus Schlesien, die meisten katholisch. Als Mittelpunkt der Siedlung war eine nicht sehr große, anheimelnde Kirche gebaut worden. Nach meinem Zuzug hatte ich sofort mit dem Ordinariat des Bistums Rottenburg-Stuttgart ausgemacht, dort regelmäßig den Sonntagsgottesdienst zu übernehmen. Dabei blieb es dann auch nach meinem späteren Umzug in die Nähe von Tübingen.

Dieser Sonntagsgottesdienst war für mich eine tiefe Freude. Nicht nur wegen der Treue der Heimatvertriebenen. Es entwickelte sich vielmehr sehr bald auch ein herzliches Verhältnis zum evangelischen Pfarrer von Öschelbronn. Von Zeit zu Zeit machten wir einen Predigt-Austausch. Er predigte in einem meiner Gottesdienste oder ich in einem der seinen. Auf diese Weise lernte ich eine ganze Reihe der evangelischen Pfarrangehörigen näher kennen – und mit ihnen zum ersten Mal in meinem Leben den schwäbischen Pietismus.

Es war eine Bekanntschaft, für die ich noch immer dankbar bin. Meine neuen Bekannten, von denen einige zu wirklichen Freunden wurden, waren tiefgläubige Christen. Sie trafen sich mit vielen anderen aus ihrer Gemeinde jeden Sonntagnachmittag zur sogenannten »Stund«, in der sie sich ganz unabhängig von ihrem Pfarrer aus der Heiligen Schrift vorlasen und zusammen beteten. Aber nicht nur das: Sie halfen sich gegenseitig, wenn einer von ihnen in Not war, und einige fuhren jedes Jahr wenigstens einmal mit dem Auto in die DDR. Als Schmuggelware führten sie dann gut versteckt Bibeln und Lebensmittel mit.

Der schwäbische Pietismus, den ich da kennenlernte, hatte seine eigene Sprache. Zu Weihnachten wünschte man mir »viel selige Zeit« und ich bekam Neujahrsgrüße, auf denen stand:

»Wir wünschen Ihnen Gesundheit des Leibes, Frieden der Seele und den Heiligen Geist.« In einer wahrhaft ökumenischen Gesinnung besuchten meine neuen Freunde manchmal auch meinen Gottesdienst – und dann konnte es geschehen, dass mir einer nach der Kirche sagte: »Herr Professor, ich hab's gemerkt: Sie lieben wie wir unsern Herrn Jesus.«

Einige dieser neuen Bekannten freundeten sich auch mit meinen Eltern an. Sie brachten uns im Sommer Obst und Gemüse und erzählten, wenn wir sie dann bewirteten, herrliche Geschichten. So berichtete uns ein schon älteres Ehepaar, wie sie sich in jungen Jahren kennengelernt hatten. Sie arbeiteten beide bei Daimler, wurden morgens im Werksbus mit vielen anderen in ihrem jeweiligen Dorf abgeholt und am späten Nachmittag zurückgebracht. So sahen sie sich jeden Tag. ER dachte: »Das ist sicher ein liebes, frommes Mädchen. Die wäre die Richtige für mich.« SIE dachte: »Das ist bestimmt ein zuverlässiger, gläubiger Mann. Der wäre für mich der Richtige.« Aber sie wagten es nicht, sich anzusprechen. Jeder betete zum Heiligen Geist um die rechte Erkenntnis. Irgendwann kam es dann aber doch zu einem Gespräch. Sie erzählten sich, wie sie Monat für Monat gebetet hatten, vereinbarten eine Zeit des Abwartens in weiterem Gebet, verlobten sich dann, heirateten und sagten uns verschmitzt lächelnd: »Wir haben uns immer noch lieb – und eigentlich jedes Jahr noch mehr.«

Ich weiß: Diese liebenswürdige Gläubigkeit hatte auch ihre andere Seite. So tobte in Tübingen vor jeder Fasnet in den Leserbriefspalten der Lokalpresse der nie endende Kampf, ob die Kleinen in den Kindergarten maskiert gehen dürften oder ob das nicht aus Gründen der Zucht und des Anstands zu verhindern sei. Und wenn ich in der Fasnet-Zeit nach Süden ins »Oberland« zu einem Vortrag unterwegs war, sah ich bei jedem Dorf, das ich durchfuhr, auf den ersten Blick, ob es katholisch oder evangelisch war. Die evangelischen Dörfer hatten nur *eine* Wirtschaft, und während der Fasnet blieb alles grau und still. In den katholischen Dörfern gab es zumindest den Altwirt und den Neuwirt, oft auch noch bei bergiger Lage einen Oberwirt und einen Unterwirt. Und über der Dorfstraße waren Seile gespannt, an denen Strümpfe, Unterhosen und Büstenhalter hingen, darunter ein buntes Fasnet-Treiben.

Einmal hatte ich, schon in dem Haus in Wurmlingen, eine mir unvergessliche ›Begegnung‹. Ein amtlicher Prüfer war gekommen, um meine Heizungsanlage zu kontrollieren. Ich ging mit ihm in den Keller, wir kamen schnell ins Gespräch, er fragte, was ich von Beruf sei, begann mich sofort im Neuen Testament zu examinieren, und ich sagte ihm schließlich, sein extremer Fundamentalismus sei eher hinderlich, das Evangelium richtig auszulegen. Als er die Heizungs-Kontrolle beendet hatte und wegging, drehte er sich noch einmal um und sagte drohend: »Glauben Sie mir! Sie sind verworfen.« Auch das konnte man in Württemberg erleben, aber ich glaube nicht, dass es mit dem schwäbischen Pietismus etwas zu tun hatte.

Den habe ich ganz anders erlebt – in seinen vernünftigsten und besten Formen auch bei Professoren vom Evangelischen Fachbereich der Universität. Es waren alles Wissenschaftler, die ich aus der Fachliteratur längst kannte – und die mir jetzt bei vielen Gelegenheiten begegneten. Zu ihnen gehörten vor allem Martin Hengel, Hartmut Gese, Peter Stuhlmacher, Otfried Hofius und Otto Betz. Wir sahen uns oft im Theologicum oder im Kupferbau, vor allem aber bei einem regelmäßigen Treffen der evangelischen und katholischen Bibelwissenschaftler, bei denen jeweils einer der Professoren ein Referat hielt, über das dann intensiv diskutiert wurde.

Ich verdanke diesen Begegnungen sehr viel. Mir ist vor allem aufgefallen, dass ich in Einzelgesprächen mit den Genannten oft zu Fragen des Glaubens vorgestoßen bin, bei denen wir uns dann relativ schnell einem persönlichen Bekenntnis genähert haben. Ich empfand das als sehr wohltuend und verbindend. Peter Stuhlmacher verabredete irgendwann ein gemeinsames Seminar mit mir – und von da an blieben wir bis heute in freundschaftlichem, ja mitbrüderlichem Kontakt.

Insgesamt gesehen habe ich auch in Tübingen für meinen eigenen Glauben an Gott viel gelernt: Nicht nur durch die neuen

Freunde im Glauben, die ich dort kennengelernt habe; nicht nur durch die Begegnung mit dem bibeltreuen schwäbischen Pietismus; nicht nur durch meine schlesischen »Sonntags-Pfarrkinder« in Öschelbronn; auch nicht nur durch Studentinnen und Studenten, die meine Sprechstunden besucht haben und mit denen es oft zu sehr persönlichen Gesprächen kam; sondern eben auch durch das eigene Weiterstudium der Heiligen Schrift, das die Basis meines Berufes ist und das immer weiterging. Von der Grundtendenz dieses ›Weiterstudiums‹ möchte ich jetzt noch einiges erzählen, bevor ich das Kapitel ›Tübingen‹ beende.

Anfangs der 1980er Jahre hatte mich Bischof Georg Moser zu einem Vortrag für alle Priester und Diakone des Bistums in den Rottenburger Dom eingeladen. Ich hatte als Thema vorgeschlagen: »Der Gemeinschaftsgedanke bei Jesus und in der Urkirche«. Zu dieser Themenformulierung hatten mich zwei Anlässe geführt: Einmal die Lektüre des Buches von Adolf von Harnack »Das Wesen des Christentums«[50], dann aber auch die Nachricht von einem »Kirchlichen Einsatzwagen« in Berlin. Beides hatte mich angeregt und aufgeregt und bildete dann auch den Anfang meines Vortrags.

Adolf von Harnack (1851–1930) war in Deutschland einer der einflussreichsten protestantischen Theologen zu Beginn des 20. Jahrhunderts. Er vertrat eine theologische Grundströmung des ausgehenden 19. Jahrhunderts, die er selbst als »religiösen Individualismus« und »Subjektivismus« bezeichnete. Beide Begriffe konnte er in dem genannten Buch ohne den Schatten einer Kritik gebrauchen. Er war überzeugt, dass mit diesen Begriffen auch die Predigt Jesu richtig und sachgerecht beschrieben sei.[51] So formuliert er im »Wesen des Christentums« den berühmt gewordenen und oft zitierten Text[52]:

Wer wissen will, was das Reich Gottes und das Kommen dieses Reiches in der Verkündigung Jesu bedeuten, der muss seine Gleichnisse lesen und überdenken. Da wird ihm aufgehen, um was es sich handelt. Das Reich Gottes kommt, indem es zu den einzelnen kommt, Einzug in ihre Seele hält, und sie es ergreifen. Das Reich Gottes ist Gottesherrschaft, gewiss –

> *aber es ist die Herrschaft des heiligen Gottes in den einzelnen Herzen, es ist Gott selbst mit seiner Kraft. Alles Dramatische im äußeren, weltgeschichtlichen Sinn ist hier verschwunden, versunken ist auch die ganze äußerliche Zukunftshoffnung. Nehmen Sie welches Gleichnis Sie wollen, vom Säemann, von der köstlichen Perle, vom Schatz im Acker – das Wort Gottes, Er selbst ist das Reich, und nicht um Engel und Teufel, nicht um Throne und Fürstentümer handelt es sich, sondern um Gott und die Seele, um die Seele und ihren Gott.*

Das Reich Gottes ereignet sich also nach Harnack keineswegs in der Welt, in einem Volk, in einer Gemeinschaft; es ereignet sich nur in den Herzen vieler Einzelner.

> *Der einzelne soll die frohe Botschaft von der Barmherzigkeit und der Kindschaft hören und sich entscheiden, ob er auf die Seite Gottes und der Ewigkeit tritt oder auf die Seite der Welt und der Zeit.*[53]

Wie sich das Reich Gottes nicht in einer Gemeinschaft, sondern nur im Einzelnen ereignet, so betrifft es also auch nicht das Äußere, sondern nur die Innerlichkeit, den inneren Menschen, die Seele. Tatsächlich sind »der Einzelne« und »das Innere« Schlüsselwörter, die bei Harnack immer wieder auftauchen.

Nun war Harnack allerdings ein viel zu guter Kenner des Neuen Testaments, als dass er den Gemeinschaftsgedanken, der dort mit dem Evangelium vom Gottesreich gegeben ist, übersehen hätte. Er formuliert, die Jesusbewegung habe sich nach dem Bruch mit der jüdischen Volksgemeinschaft als »Kirche« und das heißt: als »das wahre Israel« betrachtet.[54] Harnack steht also keineswegs auf der Seite derer, für die Kirche ihrem Wesen nach rein innerlich und deshalb unsichtbar sein muss[55].

Aber der extreme Individualismus seiner Theologie hat sich am Ende all diesen Einsichten übergestülpt. Die Kirche ist dann letztlich doch nur ein »Bruderbund« aller gutgesinnten Menschen in der ganzen Welt.[56] Sosehr Harnack damit rechnet, dass die Kirche sichtbar sei, insofern sie sich immer wieder in gesellschaftlich fassbaren Verbänden konkretisieren müsse, letztlich bleibt sie bei ihm eine rein geistige Gemeinschaft, eine *societas in cordibus,* die mit keiner der konkreten Kirchen ihrer Zeit identifiziert werden könne. Mit all dem gehen bei ihm eine Ablehnung des Alten Testaments und ein das Wesen der Tora verkennender Antijudaismus Hand in Hand.

Entscheidend ist nun Folgendes: Harnack steht mit seinem individualistischen Bild von Kirche und Erlösung keineswegs allein. Er ist vielmehr repräsentativ für eine breite Strömung liberaler Theologie am Ende des 19. und zu Beginn des 20. Jahrhunderts. Und es könnte durchaus sein, dass die katholische Kirche zwar an Begriffen, Formeln und Institutionen festgehalten hat, die ursprünglich einmal von einem intensiven Gemeinschaftsgedanken geprägt waren, dass diese Begriffe, Formeln und Institutionen dann aber allmählich viel individualistischer gedeutet und gelebt wurden, als sie einst gedacht waren. Vieles spricht dafür, dass die katholische Theologie und Frömmigkeit an Formen des neuzeitlichen Individualismus viel intensiver partizipiert, als sie selbst ahnt. Und es könnte sein, dass dieser Individualismus unsere Seelsorgekonzeptionen, unsere Vorstellungen von Kirche und das konkrete Erscheinungsbild unserer Pfarrgemeinden viel stärker bestimmt, als wir wahrhaben möchten.

Damit bin ich bei der zweiten Sache, die mich aufgeregt hatte. Damals ging durch die Zeitungen eine Nachricht, die mitteilte, dass es jetzt in Berlin von kirchlicher Seite ein rollendes Einsatzkommando gäbe. Genauer: einen mit Funk ausgestatteten Wagen, in dem ein Pfarrer, ein Arzt und ein Psychologe bei Tag und bei Nacht sofort herbeigerufen werden könnten.

Das klang hochmodern: die Kirche sozusagen an der Front, oder: moderne Technik im Einsatz für das Reich Gottes! In Wirklichkeit war dieser kirchliche Einsatzwagen für mich ein höchst fragwürdiges Symbol dessen, was die Kirche in unserer Gesellschaft weitgehend geworden ist: Betreuungskirche für den Einzelnen; Institution, die »freie Angebote« an eine Summe von Individuen macht.

Das entspricht genau der Situation unserer Konsumgesellschaft, die Gisbert Greshake einmal mit einem großen Einkaufszentrum verglichen hat: Jeder fährt mit seinem Wägelchen herum und wählt sich das, was ihm gefällt und wonach er Bedürfnisse hat.[57] Es gibt in dem riesigen »Einkaufszentrum Bundesrepublik« neben vielem anderen auch eine Ecke, in der für den Einzelnen »religiöse Angebote« gemacht werden. Hierfür sind die Kirchen da. Diese Ecke will die Gesellschaft durchaus besetzt haben. Das Warenangebot soll ja komplett sein. – Mir scheint jenes rollende religiöse Einsatzkommando ein geradezu perfektes Symbol einer betreuenden, versorgenden, die Menschen in ihrer Vereinzelung belassenden Angebots-Kirche zu sein.

Wir sollten die Art und Weise, wie gegenwärtig in vielen (nicht in allen) Pfarreien und Pfarrverbänden Seelsorge betrieben wird, nicht als eine unumstößliche Selbstverständlichkeit hinnehmen. Und katholische Christen sollten sich nicht zu sicher sein, dass die Frage nach der Gemeinschaft für sie gar kein Problem darstelle, da ihre Kirche ja immer am Gemeinschaftsgedanken festgehalten habe – an dem Gedanken sichtbarer, greifbarer Gemeinschaft. Natürlich stimmt es: »Kirche« meint konkrete, identifizierbare, heilsvermittelnde Gemeinschaft.[58] Die katholische Kirche hat das nie bestritten und nie wirklich vergessen. Aber es ist die Frage, ob sie ihre eigenen Traditionen in diesem Punkt nicht doch unterwandert und viel stärker aus dem Blick verloren hat, als sie selbst weiß.

Das hier nur angedeutete Problem ist selbst nach dem Zweiten Vatikanischen Konzil nicht erledigt. Das Konzil hat zwar in seinen Texten, vor allem in seiner »Konstitution über die Kirche« (*Lumen Gentium*), den Gemeinschaftsaspekt in großartiger Weise herausgestellt. Das Konzil spricht von der Kirche als der »Gemeinschaft des Glaubens, der Hoffnung und der Liebe«, es spricht von ihr als einer »sichtbaren Versammlung«, als dem »messianischen Volk Gottes«, als der »Keimzelle der Einheit« und sagt vor allem: [59]

Gott hat es gefallen, die Menschen nicht einzeln, unabhängig von aller wechselseitigen Verbindung, zu heiligen und zu retten, sondern sie zu einem Volk zu machen, das ihn in Wahrheit anerkennen und ihm in Heiligkeit dienen soll.

Diese Aussagen sind kostbar. Sie bringen vieles zurück, was die Frühe Kirche gewusst und gelebt hat. Und doch ist die kirchliche Realität noch immer weit von solch schönen Wörtern und Sätzen entfernt. Die Aussagen des Konzils wirken eher wie Tröstungen oder wie Verheißungen in einem dürren Land, das nach Regen dürstet.

Gibt es bei uns in einem normalen Sonntagsgottesdienst so etwas wie Gemeinschaft? Der Mensch, der dort neben mir sitzt, ist mir fremd. Ich kenne nicht einmal seinen Namen. Ich weiß nichts von seinen Freuden und Sorgen, nichts von seiner Not und seinem Glück. Falls ich aber doch weiß, wer er ist und wie er heißt: seine Not verbirgt er vor mir. Und ich selbst verberge vor ihm die eigene Not. Gewiss: Wir geben uns beim eucharistischen Friedensgruß die Hand, lächeln uns vielleicht sogar an. Aber ist das schon »Gemeinschaft des Glaubens, der Hoffnung und der Liebe«? Ist es schon das, was Paulus meint, wenn er an die Gemeinde in Philippi schreibt:

Vor allem: Lebt als Gemeinde so, wie es dem Evangelium Christi entspricht. [...] Macht meine Freude vollkommen, indem ihr eines Sinnes seid, einander in Liebe verbunden, einmütig, einträchtig, dass ihr nichts aus Streitsucht und nichts aus Prahlerei tut. In Demut schätze einer den anderen höher ein als sich selbst. Jeder achte nicht nur auf das eigene Wohl, sondern auch auf das des anderen. (Phil 1,27; 2,2–4)

Solche Mahnung – es gibt bei Paulus noch viele andere Texte dieser Art – setzt doch ein engeres Miteinander der Gemeinde voraus, ein Miteinander-Verbunden-Sein über den Gottesdienst hinaus. Und wie steht Jesus zur Gemeinschaft? Hat er sich tatsächlich nur an den Einzelnen gewandt? Hatte Harnack recht mit seinem mehrfach wiederholten Satz, Jesus sei es nur um Gott und die Seele, die Seele und ihren Gott gegangen?

Das waren die Beobachtungen und die Gedanken, die mich umtrieben, als ich Bischof Moser für den von ihm gewünschten Vortrag den Titel vorschlug: »Der Gemeinschaftsgedanke bei Jesus und in der Urkirche«. Mit den hier beschriebenen Beobachtungen setzte dann auch mein Vortrag ein und versuchte die Antwort.

Als mein Bruder später das Vortragsmanuskript las, riet er mir, daraus ein Buch zu machen. Der Vorschlag gefiel mir. Nur war während des Semesters und auch in der sogenannten »vorlesungsfreien Zeit« nicht daran zu denken, denn die Lehrveranstaltungen des nächsten Semesters mussten dann ja schon vorbereitet werden – von den »Notwendigkeiten des Tages« einmal ganz abgesehen.

So blieb nur der eigentliche Urlaub. Deshalb fuhr ich im folgenden Sommer mit einem Auto, das mit Büchern vollgepackt war, nach Österreich, mietete mir dort ein Ferienhaus, arbeitete den ganzen Vormittag intensiv an dem Buch und machte nachmittags lange Wanderungen. Ich kam mit meinem Projekt sehr weit – und was noch fehlte, konnte ich nach dem Urlaub mit Hilfe meiner Mitarbeiter fertigstellen.

Das Buch erschien 1982 bei Herder unter dem Titel »Wie hat Jesus Gemeinde gewollt? Zur gesellschaftlichen Dimension des christlichen Glaubens«. Es erreichte hohe Auflagen. Übersetzungen erschienen in den USA, Frankreich, Italien, Spanien, Brasilien, Ungarn, Tansania und Südkorea.[60] Offensichtlich hatte ich einen Nerv getroffen.

Ich habe das jetzt nur deshalb so ausführlich erzählt, weil mich in meinen letzten Tübinger Jahren das Thema Kirche/Volk Gottes/Gemeinde mehr und mehr beschäftigte. Es gab dazu dann noch andere Veröffentlichungen von mir, ich veranstaltete ein Seminar zu dem Thema »Hausgemeinden im Neuen Testament« und beteiligte mich selbst an einer kleinen »Hausgemeinde« in Rottenburg. Die Vornamen ihrer Mitglieder sind in der Widmung der Fassung von 1982 zu lesen. Mein freiwilliges

Ausscheiden aus dem Universitätsdienst im Jahre 1986 ist ohne den gerade beschriebenen theologischen Hintergrund nicht zu verstehen.

Mit diesem Weggang von der Universität aber verhielt es sich so: Ich hatte im Lauf der Jahre schon mehrfach von einer katholischen Gemeinschaft mit dem Namen »Integrierte Gemeinde« gehört. Ich wusste auch, dass der Neutestamentler Rudolf Pesch seinen Lehrstuhl an der Theologischen Fakultät in Freiburg im Breisgau aufgegeben hatte, um in dieser Gemeinde zu leben und zu arbeiten. Als wir beide uns irgendwann bei einem Neutestamentler-Kongress trafen, lud er mich ein, doch die Gemeinde, die ihren Hauptsitz in München hatte, einmal zu besuchen.

Ich sagte zu und fuhr irgendwann für ein Wochenende nach München. Ich wurde dort eingeladen, an einer Versammlung der Gemeinde am Samstag und dann beim Gottesdienst am Sonntag teilzunehmen. Details erinnere ich kaum noch. Wohl aber, dass ich tief beeindruckt war von der Vielzahl und Vielfalt der Menschen, die ich dort traf: Deutsche und Schweizer, Österreicher und Italiener, Alte und Junge, alle nur möglichen Temperamente, die verschiedensten Berufe wie Köchinnen und Kaufleute, Handwerker und Künstler, Ärzte, Lehrer und Wissenschaftler. Zum Teil lebten sie in größeren Häusern, die sie gekauft oder gemietet hatten, in denen sie auch gemeinsam zu Tisch gingen, aber ihre eigene Wohnabteilung hatten – zum Teil lebten sie für sich, hatten jedoch Verbindung zu den Häusern.

Ich erfuhr, dass sie sich jeden Samstag am Nachmittag und Abend trafen – und erlebte es selbst mit. Die Zusammenkunft diente einer gründlichen Vorbereitung des Gottesdienstes am nächsten Tag. Texte wurden an Lektoren verteilt und Lieder eingeübt. Noch wichtiger war freilich eine sorgfältige Einführung in die beiden Lesungen und das Evangelium durch einen Theologen der Gemeinde. Aber es kam noch etwas mir völlig Ungewohntes hinzu: nämlich ein Rückblick auf das, was sich in der Gemeinde während der vergangenen Woche ereignet hatte, und zugleich ein Blick auf das aktuelle Geschehen in Welt und Gesellschaft. Am Sonntagmorgen folgte dann die Feier der hl. Messe, die von den Vorbereitungen am Tag zuvor ihre Lebendigkeit bekam. Alles war durchdacht, sinnvoll und geschah unter einer Beteiligung aller, wie ich sie nie zuvor erlebt hatte.

Ich kam ein zweites Mal, ich kam ein drittes Mal und irgendwann dann auch zu einer Mitfeier der Karwoche und der Osternacht. Meine erste Osternacht in der Gemeinde werde ich nie vergessen. Am Vormittag des Karsamstags hatten wir die Nacht und den Ostermorgen gründlich vorbereitet. Schon die gemeinsame Vorbereitung war wie ein Stück des Festes selbst. Am Nachmittag haben wir uns dann alle gut ausgeruht. Als es Nacht geworden war, trafen wir uns wieder und saßen in einem großen Rund zusammen. Sämtliche von der Liturgie angeordneten Lesungen aus dem Alten Testament (und dann aus dem Neuen Testament) wurden vorgetragen – nicht nur ohne jede Verkürzung, sondern oft noch mit einem erweiterten Text. Und die Texte wurden nicht einfach abgelesen: die Sprecher hatten sie auswendig gelernt und trugen sie sachgemäß und engagiert vor. Zwischen den Lesungen gab es jeweils kurze Erklärungen zum nächsten Text und dazu Psalmengesang mit neuen, in der Gemeinde entstandenen Antiphonen. Das »Siegeslied am Schilfmeer« nach der Rettung Israels vor dem Heer des Pharao (Ex 15,1–21) wurde nicht nur gesungen, sondern alle Anwesenden bewegten sich zum Gesang im Reigentanz. Irgendwann vorher nahmen wir stehend einen kurzen Imbiss ein – zur Erinnerung an das Essen der Israeliten bei ihrem Auszug aus Ägypten. Die Nacht verging schneller, als ich gedacht hatte. Als wir das Osterfeuer und am Osterfeuer die Osterkerze anzündeten, dämmerte schon der Morgen herauf und die ersten Amseln sangen. Als wir dann die Ostermesse feierten, war es bereits hell geworden. Ein langes Osterfrühstück schloss sich an, und dann gingen wir alle zum Schlafen nach Hause.

Mir wurde bei diesem Fest in einer neuen Weise klar, was Liturgie sein kann und welche Kraft sie besitzt, wenn die Heilstaten Gottes wirklich erinnert und gefeiert werden. Als ich von diesem Osterfest im Auto über Ulm und die Schwäbische Alb nach Tübingen zurückfuhr, ertappte ich mich, wie ich das Lied »Großer Gott, wir loben dich« leise vor mich hin sang. In meinen Vorlesungen hatte ich so oft vom ›Volk Gottes‹ gesprochen und von dem, was ›Gemeinde‹ ist – fast in allem als reiner Theoretiker. Hier hatte ich es nun erlebt.

Die Verantwortlichen der Gemeinde machten mit mir aus, dass ich jeden Monat einmal nach München fuhr, um wenigstens auf diese Weise am Leben der Gemeinschaft teilnehmen zu können. Irgendwann wurde ich dann in einer Gemeindeversammlung, ich glaube es war in der Filialgemeinde Hagen in Westfalen, darauf angesprochen, ob ich nicht ganz zur Gemeinde kommen wolle. Und nun wiederholte sich all das, was ich schon bei meiner Entscheidung, Priester zu werden, erlebt hatte: mein Widerstand, meine Ängste, meine Ausweichversuche, dann doch eine neue Lebensentscheidung – und schließlich die tiefe, stille Freude, als ich mich entschieden hatte.

Dieses Mal waren die äußeren Umstände allerdings etwas schwieriger. Es hieß nicht nur das liebgewordene Haus und den Lehrstuhl aufzugeben, sondern es ging auch um meine Eltern. Sollte ich sie in einem Altersheim unterbringen? Das wollte ich nicht. Aber Druck ausüben, dass sie mit nach München gingen, wollte ich erst recht nicht. Um ihnen eine freie Entscheidung zu ermöglichen, nahm ich sie dann einmal mit nach München und zeigte ihnen das Integrationshaus, in dem wir zusammen wohnen würden – die Familie Lohfink in einem eigenen Wohnteil. Kurze Zeit später entschieden sie sich, mit mir zu kommen. Mein Vater war in diesem Fall – anders als sonst in seiner Ehe – derjenige, der die Dinge in Bewegung brachte. Er hatte des Nachts geträumt, er fahre wieder wie früher seinen Trans-Europa-Express, und alle Signale stünden auf »freie Fahrt«.

Dann ging alles sehr schnell. Zuerst erbat ich mir die Erlaubnis meines damaligen Limburger Bischofs Franz Kamphaus, dann informierte ich Georg Moser, den Bischof von Rottenburg-Stuttgart, dann die Fakultät, dann den Universitätspräsidenten Adolf Theis. Ich saß wieder wie 13 Jahren zuvor in seinem Amtszimmer – und dieses Mal versuchte er, mich zum Bleiben zu bewegen. Aber die Würfel waren gefallen. Und der Umzug ging glatt vonstatten.

Ich hatte allerdings noch zwei Semester lang den Lehrstuhl zu vertreten, bis die Stelle ausgeschrieben war und ein Nachfolger – es war Michael Theobald – seinen Dienst antreten konnte. Ich wohnte in dieser Zeit im Priesterseminar. Kurz vor dem endgültigen Weggang hielt ich meine Abschiedsvorlesung.[61] Sie hatte das Thema: »Die Not der Exegese mit der Reich-Gottes-Verkündigung Jesu« und begann folgendermaßen:

Eine Abschiedsvorlesung ist neben dem, was man theologisch sagen möchte, auch der Ort, sich für vieles zu bedanken. Ich danke zuerst und vor allem der Katholisch-Theologischen Fakultät, dass sie mich vor vierzehn Jahren nach Tübingen berufen hat – an eine Fakultät, die aus der Geschichte der katholischen Theologie nicht wegzudenken ist. So penibel es in Berufungsverfahren zugeht, am Ende solcher Verfahren muss eine Fakultät doch immer auch einen radikalen Akt des Vertrauens setzen. Solches Vertrauen habe ich hier gefunden. Es ist mir auch jetzt aus den einleitenden Worten von Dekan Peter Hünermann noch einmal entgegengeklungen. Ich fand hier einen weiten Raum, in Freiheit und finanzieller Sorglosigkeit forschen, lehren und veröffentlichen zu können – das Letztere in der ältesten noch bestehenden theologischen Zeitschrift der Welt: der »Theologischen Quartalschrift«. In Freiheit forschen, lehren und veröffentlichen zu können – das hört sich selbstverständlich an. Wenn man sich aber in der Welt und in der Geschichte umschaut, sieht man sofort, wie wenig selbstverständlich es ist. Die Katholisch-Theologische Fakultät bot mir auch die ständige Gesprächsmöglichkeit mit lieben und geschätzten Kollegen, von denen ich immer lernen konnte. Bei den meisten von ihnen wäre ich am liebsten noch einmal in die Vorlesung gegangen. Aber ich habe mich nie getraut.

Mein Dank gilt auch allen Bekannten und Freunden der Evangelisch-Theologischen Fakultät. Sie haben nicht nur die Welt meiner Theologie erweitert; ich konnte mit ihnen auch immer wieder von der Bibel her ganz persönliche, ja geistliche Gespräche führen, die meinen Glauben gestärkt haben. Sosehr

das Nebeneinander zweier theologischer Fakultäten Realsymbol einer schlimmen Wunde der Kirche ist, nämlich ihrer Spaltung, sosehr war mir dieses Nebeneinander doch auch eine tiefe Bereicherung und ständige Stimulation.
Ich danke auch den vielen Studenten, die in den vergangenen vierzehn Jahren hier im Kupferbau meine Vorlesungen gehört haben. Die erste Zeit bin ich in diese Vorlesungen stets mit Angst und Zittern hineingegangen: würde man mir überhaupt zuhören? Liebe Studentinnen und Studenten: Dass sie es getan haben, dass Sie immer wieder gekommen sind, und dass ich von Ihrer Offenheit und Wahrheitsliebe lernen durfte und dass mich Ihre Jugendlichkeit belebt hat – welch ein Geschenk!
Es wäre noch vieles zu sagen und vielen zu danken – das meiste muss ungesagt bleiben. Eines aber darf ich noch aussprechen: Eine deutsche theologische Fakultät ist nicht nur eine Einrichtung des Staates. Sie lehrt auch im Auftrag der Kirche. Ich bedanke mich an dieser Stelle ganz ausdrücklich für das Vertrauen, das mir Bischof Georg Moser, seine Mitarbeiterinnen und Mitarbeiter in der Seelsorge und das ganze Bistum Rottenburg-Stuttgart stets geschenkt haben. Ich bin während der vergangenen vierzehn Jahre in Forschung und Lehre niemals zu irgendetwas gezwungen worden. Stattdessen fand ich Gemeinschaft im Glauben, Sorge um das Evangelium, schwäbische Vernunft und eine Menschlichkeit, die jene Gefährdung der Kirche, wie die übrige Gesellschaft zu einem bürokratisierten System zu werden, immer wieder durchbrochen hat.
Wenn ich also nun gehe, dann nicht, weil ich diese Ortskirche nicht als meine Heimat empfunden oder den Universitätsbetrieb nicht mehr ausgehalten hätte; auch nicht, weil ich in eine midlife-crisis geraten wäre, wie mir ein Kollege besorgt schrieb, sondern weil ich auf etwas gestoßen bin, das stärker und faszinierender war, als alles, was ich bisher erfahren hatte. Weil man aber über seine Liebe innerhalb einer Vorlesung nur schwer reden kann, rede ich jetzt über das objektive Fundament dieser Sache, nämlich über das Reich Gottes. […]

11. Gemeinde

»Über seine Liebe«, so haben wir gerade gehört, kann man innerhalb einer Vorlesung nur schwerlich reden. Im Grunde aber auch nicht in einem Buch! Wenn ich es in diesem Kapitel dennoch wage, weiter über die Integrierte Gemeinde zu sprechen, dann eben nicht in der Art, wie es Autoren von Autobiografien tun. Ich werde also nicht erzählen, welche Aufgaben ich in der Gemeinde hatte und was ich dabei alles erlebte – das würde ein eigenes Buch erfordern –, sondern ich werde der grundlegenden theologischen Frage nach ›Volk Gottes‹ und ›Gemeinde‹ nachgehen, von der im vorangegangenen Kapitel schon die Rede war. Anders könnte ich gar nicht deutlich machen, worum es der Integrierten Gemeinde eigentlich ging und immer noch geht – und was mich letztlich dorthin gebracht hat. So bitte ich meine Leserinnen und Leser, jetzt mit mir einen etwas längeren Marsch zu machen – nicht »durch die Institutionen«, sondern durch die Geschichte Israels und der Kirche. Es wird schnell deutlich werden, was das mit meinem neuen und letzten Lebensabschnitt zu tun hat.

*

Wenn das Alte Testament von der Selbsterschließung Gottes, also von göttlichen Offenbarungen erzählt, geht es immer darum, *dass sich Gott in der Welt ein Volk schafft.* Die Selbsterschließung Gottes hat im Alten Testament niemals den Sinn, die »Tiefen der Gottheit« im Sinne der Gnosis aufzutun. Die »Tiefen Gottes« (1 Kor 2,10) sind Gottes verborgener Heilsplan. Offenbarung zielt stets darauf ab, dass Gott in der Welt ein Volk gewinnt, das sich von den anderen Völkern unterscheidet. In diesem Sich-Unterscheiden soll gerade deutlich werden, was der Plan Gottes mit der Welt ist. Man könnte dasselbe auch so formulieren: Israel soll allen Völkern zum Segen werden (Gen 12,3), damit sich ihnen in diesem Segen das Wesen des wahren Gottes erschließt.

Besonders deutlich zeigt das die Erzählung vom brennenden Dornbusch in Ex 3–4. Dort offenbart sich Gott dem Mose. Mose fragt Gott nach seinem Namen, denn er muss sich ja vor den Israeliten legitimieren, indem er ihnen den Namen des Gottes nennt, der ihm erschienen ist. Mose bleibt mit seiner Frage noch ganz in der Welt der altorientalischen Religionen. Denn dort hat jeder Gott und jede Göttin einen Namen und mit dem Namen ein jeweils eigenes ›Ressort‹, also eine eigene Zuständigkeit. Es gibt zum Beispiel Götter des Krieges, des Friedens, der Familie, der Fruchtbarkeit, des Wetters – oder der Herrschaft über alle anderen Götter.

Doch Gott nennt Mose keinen Namen, sondern er sagt ihm stattdessen: »Ich werde sein, der ich sein werde« (Ex 3,14). Diese Antwort Gottes kommt einer Namensverweigerung gleich. *Wer er in Wahrheit ist,* werden die Israeliten allein daran erkennen, dass er sie aus dem Sklavenhaus Ägypten herausholt und ihnen am Sinai eine alternative Gesellschaftsordnung gibt. Sie ist anders als die Gesellschaftsordnungen der übrigen Völker.

Am Sinai versammelt sich dann ganz Israel, Frauen wie Männer, um diese neue Gesellschaftsordnung, nämlich die Tora, in Empfang zu nehmen. Die Tora ist Teil des Bundesschlusses. Der Bund mit Gott macht Israel zum »Volk Gottes«. Das Buch Deuteronomium nennt jenen Tag am Sinai den »Tag der Versammlung« = *hemera ekklēsias* (Dtn 9,10).

Dabei ist festzuhalten: *Wirklich entscheidend* für das Volk-Sein Israels ist weder die biologische Abstammung, noch ein Territorium,[62] noch eine zentrale Regierung, sondern der angebotene Bund, dem ganz Israel am »Tag der Versammlung« in Freiheit zustimmt (Ex 24,7; vgl. Dtn 26,17–19).

Laut Dtn 31,10–13 soll dieser »Tag der Versammlung« in jedem siebten Jahr wiederholt werden – und zwar jeweils beim Laubhüttenfest mit der Verlesung der gesamten Tora. Auf diese Weise wird Israel jedes siebte Jahr wieder in seine Ursituation hineingestellt und soll stets neu lernen, wozu es da ist und was seine Lebensform ist. Die regelmäßige »Versammlung« des Gottesvolkes, die für die Kirche später als Grundmuster so wichtig werden sollte, wird hier grundgelegt. Der theologische Ursprungsort des Begriffs *ekklēsia* (= Versammlung bzw. Kirche) ist also der Sinai.

Doch Israel versammelt sich nicht nur in jedem siebten Jahr zur Verlesung seiner Sozialordnung. Es versammelt sich darüber hinaus jedes Jahr an den drei großen Festen in Jerusalem: beim Paschafest, beim Wochenfest und beim Laubhüttenfest. Es versammeln sich die Männer, die Frauen, die Kinder, die Sklaven, die Sklavinnen, die Holzarbeiter bis zu den Wasserträgern und selbst die Fremden (Dtn 16,11.13–15; vgl. 29,9–10). Israel lebt gleichsam *von Fest zu Fest.* Dass dann alle an einem Ort zusammenkommen, ist Realsymbol für die Einheit und das festgefügte Miteinander im Gottesvolk.

Doch wie ereignet sich dieses Miteinander im Alltag? Im Alten Orient spielte die Großfamilie eine entscheidende Rolle. Sie schützte den Einzelnen, gewährte ihm Solidarität und Beistand. In der Tora bleiben die altorientalischen Familienstrukturen zunächst einmal bestehen. Aber die Solidarität, die innerhalb der Familie gilt, wird nun auf ganz Israel ausgeweitet. Genau das ist gemeint mit der Aufforderung von Lev 19,18: »Du sollst deinen Nächsten lieben wie dich selbst.«

Denn dieses »Du selbst« ist nicht, wie heute in unzähligen Predigten behauptet wird, das individuelle Ich, das man pflegen soll, damit man auch andere lieben kann, sondern es ist ein Kollektiv. Es ist die eigene Familie. Und die »Nächsten« sind nicht irgendwelche ›Mitmenschen‹, sondern die Mitglieder des Gottesvolkes. Mit dem Gebot der Nächstenliebe in Lev 19 ist also gemeint: Allen im Gottesvolk ist dieselbe Solidarität zu erweisen wie den Mitgliedern der eigenen Großfamilie. Diese Solidarität hat sogar den »Fremden« im Gottesvolk zu gelten (Lev 19,33–34).

Jesus hat dieses Gebot der Nächstenliebe – also die Ausdehnung der Familien-Solidarität auf das gesamte Gottesvolk – mit größter Selbstverständlichkeit aus Lev 19 übernommen und hat es mit dem Hauptgebot der Gottesliebe von Dtn 6,5 verknüpft (Mk 12,29–31). Nur die Eindeutigkeit dieser Verknüpfung war neu.

Neu war auch, dass Jesus die Liebe zu den Feinden eigens und ausdrücklich benennt. Der Sache nach war die Feindesliebe (zunächst einmal innerhalb des Gottesvolkes) allerdings in Lev 19,17–18 schon gegeben, erst recht in Ex 23,4–5, wo ja gesagt wird, man solle seinem Feind helfen, wenn dessen Esel unter seiner Last zusammengebrochen sei. Das ist nichts anderes als Feindesliebe, denn »Liebe« meint in der Bibel keine Emotionen, sondern die praktische Tat.

Eine Selbstverständlichkeit war für Jesus auch die Institution des sich regelmäßig versammelnden Gottesvolkes. Er ist stets zu den Festen Israels nach Jerusalem hinaufgezogen. Allerdings hat er diese Versammlung Israels eschatologisch radikalisiert: Jetzt, da die Gottesherrschaft anbricht, »sammelt« Gott sein Volk endgültig. Jesus sagt: »Wer [jetzt, in dieser eschatologischen Stunde] nicht mit mir sammelt, der zerstreut« (Mt 12,30). Und im Vaterunser lässt er seine Jünger sofort in der ersten Bitte eindeutig um die »Sammlung« Israels beten. »Geheiligt werde dein Name« meint zuerst und vor allem: »Sammle, eine und heilige dein Volk Israel, damit so dein Name geheiligt werde« (vgl. Ez 36,22–28).

Für diese endzeitliche Sammlung Israels setzt Jesus eine Strategie ein, die er von den Propheten gelernt hat: Er sammelt Menschen, die ihm nachfolgen, so dass sich um ihn herum ein Jüngerkreis bildet. Vorbild ist dabei vor allem die Berufung des Elischa durch Elija, wie sie in 1 Kön 19,19–21 erzählt wird.

Aus diesem Jüngerkreis wählt Jesus zwölf Männer aus (Mk 3,14). Sie werden zu zweit ausgesandt (Mk 6,7), um als *offizielle* Zeugen die jetzt anbrechende Gottesherrschaft in Israel zu proklamieren und zum Zeichen für die angebrochene Gottesherrschaft Dämonen auszutreiben und Kranke zu heilen (Lk 9,1–2).

Allerdings – und das ist nun für unseren Zusammenhang wichtig – erschöpft sich die Aufgabe der Zwölf nicht in dieser Aussendung. Mk 3,14 sagt ausdrücklich, dass sie »mit Jesus« sein sollen. Abgesehen von ihrer apostolischen »Reise« (sie kommen ja schon bald wieder zurück) sollen sie also ständig um Jesus sein. Natürlich nicht als eine Art »Hofstaat«, sondern als Verwirklichung des neuen *Miteinanders* im Reich Gottes.

Über die Zwölf hinaus muss es einen größeren Jüngerkreis gegeben haben (Lk 6,17), der Jesus wenigstens teilweise begleitete (Lk 8,1–3). Er bildet mit Jesus und den Zwölf gleichsam die Wachstumsmitte des zu sammelnden endzeitlichen Israel. Den Evangelien zufolge – vor allem das Markusevangelium zeigt es – gibt es also nicht nur eine *missio apostolica* (eine »Apostolische Sendung«), sondern auch eine *vita apostolica* (ein »Apostolisches Leben«). Beides ist notwendig, und beides muss sich gegenseitig ergänzen. In der Geschichte der Kirche wird die Sehnsucht nach dem neutestamentlichen Apostolischen Leben eine wichtige Rolle spielen. Vor allem im Mittelalter wird der Begriff zum Programmruf vieler kirchlicher Erneuerungsbewegungen werden.

Die Evangelien, besonders das Markusevangelium, räumen dem Apostolischen Leben sogar noch mehr Platz ein als der Apostolischen Sendung. Das sieht man ganz konkret an der Themenverteilung im Markusevangelium: Die Konflikte im Jüngerkreis und die entsprechende Jüngerbelehrung durch Jesus spielen bei Markus (aber nicht nur bei ihm) eine außerordentlich große Rolle. Mehr noch: Viele Jesusworte, die jetzt in den Evangelien an die Volksmenge gerichtet sind, waren ursprünglich Worte an die Jünger.

Ein wichtiges Thema dieser Jüngerbelehrung (und damit eben der Einweisung in das Apostolische Leben) ist die Aufforderung, alles zu verlassen, selbst die eigene Familie, um ganz und ungeteilt für den Dienst am Evangelium zu leben. Dieses Thema taucht in vielen Variationen immer wieder auf (vgl. besonders Mt 19,29). Der historische Kontext sind die Berufungen von Jüngern in die Nachfolge Jesu und deren unstete Wanderungen mit Jesus durch Galiläa. In den Zusammenhang der Bereitschaft, alles zu verlassen, gehört auch das Thema »Besitzverzicht« (vgl. besonders Mk 10,17–31). Gemeint ist nicht, dass Besitz etwas in sich Böses sei, sondern dass er das ›Ganz‹ der Hingabe an die Gottesherrschaft verhindern kann und oft auch verhindert.

Ein weiteres Thema der Einweisung in das Apostolische Leben ist der Einspruch Jesu gegen den elementaren Drang der Machtgier, der Sucht nach Anerkennung, der Sucht nach Ansehen und Einfluss. Die Jünger sollen nicht sich selbst aufbauen, sondern einander dienen (vgl. besonders Mk 10,35–45).

Wie sehr es bei all diesen Themen um Probleme im Jüngerkreis geht, zeigt auch die Aufforderung, einander unablässig zu verzeihen (Lk 11,4). Jesus radikalisiert das Thema der Versöhnung am Beispiel eines Menschen, der seine Opferhandlung im Tempel unterbricht, um sich zuerst mit seinem Glaubensbruder zu versöhnen. Das Beispiel lässt sogar offen, wer von den beiden Beteiligten der Schuldige ist. Die Versöhnung mit dem Bruder oder der Schwester im Gottesvolk ist die Voraussetzung aller Liturgie, und sie hat sofort stattzufinden (Mt 5,23–24).

Zur ständigen Formung des Jüngerkreises gehört auch die Kreuzestheologie. Jesus hat sie wohl nicht erst auf dem Weg zu seinem Todes-Pascha in Jerusalem entfaltet (Mk 8,31–38).

Entscheidend zur Einweisung in das Apostolische Leben ist schließlich das Thema des unbedingten Vertrauens auf die Fürsorge des Vaters im Himmel (Mt 6,25–34). Dieses Thema prägt auch das Vaterunser, das ja in seinem Ursprung ein Jüngergebet ist. Das Thema ›Vertrauen‹ zeigt sich im Vaterunser nicht nur in der *abba*-Anrede, sondern vor allem in der vierten Bitte (Mt 6,11/Lk 11,3). Die Bitte um das Brot für den kommenden Tag bezieht sich auf die Jünger, die in Israel unterwegs sind und am Morgen noch nicht wissen, ob sie am Abend jemand aufnimmt und ihnen Unterkunft und Essen gibt (Der »kommende Tag« beginnt nach jüdischer Zeitrechnung bereits am Abend). So viel zu Jesus und seiner Unterweisung des Jüngerkreises!

Die junge Gemeinde, die sich nach dem Karfreitag in Jerusalem neu sammelt, lebt offensichtlich von diesen Unterweisungen Jesu und den eigenen Erfahrungen im vorösterlichen Jüngerkreis. Die Jesus nachgefolgt waren, fliehen zunächst, sammeln sich dann aber wieder in Jerusalem. Sie verknüpfen ihr Leben miteinander – nicht nur aufgrund der Erscheinungen des Auferstandenen, sondern auch unter dem Druck ihrer jüdischen Umwelt. Von daher ist es nicht statthaft, die Summarien in der Apostelgeschichte (vor allem Apg 2,43–47 und 4,32–37) einfach nur als Utopie oder Schönfärberei zu bezeichnen. Das Utopie-

Argument ist auch deshalb unangebracht, weil Lukas ja durchaus von schweren Konflikten in der Jerusalemer Gemeinde erzählt. Man denke nur an den Betrug von Hananias und Saphira (Apg 5,1–11), an die Vernachlässigung der Witwen aus dem griechisch sprechenden Teil der Gemeinde (Apg 6,1) und an den Streit um die Beschneidung der Heidenchristen (Apg 15,1–7).

Im Zusammenhang dieser Konflikte zeigt Lukas am Beispiel des sogenannten Apostelkonzils, wie Lösungen herbeigeführt werden können: Die gesamte Gemeinde versammelt sich um die Apostel und Ältesten (Apg 15,22); das Handeln Gottes in der jüngsten Vergangenheit wird erzählt und gedeutet (Apg 15,7–12); das aktuelle Geschehen wird an den Aussagen der Schrift gemessen (Apg 15,13–21).

Im Übrigen stellt Lukas den Christen seiner Zeit (und damit natürlich auch uns) vor Augen, was sich in wenigen Jahrzehnten als die bleibende Struktur der Kirche als des endzeitlich gesammelten (und weiter zu sammelnden) Israel erwiesen hat – vor allem auch in der Auseinandersetzung mit gnostischen Irrlehrern (ich habe über diese große Gefährdung der Kirche bereits oben in Kapitel 9 gesprochen). Lukas will zeigen, was Kirche ist, und er zeigt es vor allem, indem er immer wieder von den Versammlungen der Jerusalemer Gemeinde erzählt.

Laut der ersten Kapitel der Apostelgeschichte versammelt sich diese Gemeinde regelmäßig, und zwar nicht nur zum Gebet, sondern auch, um ihre Probleme gemeinsam zu beraten. Sie bemüht sich dabei um Einmütigkeit (Apg 1,14; 4,24; 15,25), weiß aber, dass ihre Einmütigkeit Werk des Heiligen Geistes ist. Sie versammelt sich immer wieder zum gemeinsamen Mahl »in Jubel und Einfalt des Herzens« (Apg 2,46), denn sie erfährt, dass der Auferstandene in ihrer Mitte ist. Die Gemeinde teilt aber nicht nur das gemeinsame Mahl – sie teilt ihr Leben miteinander. Denn sie versucht zum Beispiel, wie es schon die Tora vorschreibt, den ständigen Ausgleich zwischen Arm und Reich (Apg 4,32–37).

Diese Gemeinde ist überschaubare Versammlung um die zwölf Apostel – darauf weist die Zahl 120 in Apg 1,15 hin. Sie ist Versammlung, in der jeder von der Not und dem Glück, den Sorgen und den Freuden des anderen weiß. Wie sollte es auch möglich sein, in einer Mega-Gemeinde noch die Verantwortung für den Glauben der anderen mitzutragen?

Der Grundvollzug dieses Urbilds der Kirche ist aber nicht einfach die Versammlung, obwohl *ekklēsia* nichts anderes heißt als »Versammlung«. Versammlungen gibt es in der Welt unzählige. Der Existenzvollzug der Kirche geschieht nur in jener Art von Versammlung, die ganz hinhörendes Flehen ist und die das Kommen des Geistes erbittet (Apg 1,14), weil sie weiß, dass sie selbst völlig außerstande ist, aus Eigenem auch nur etwas Gemeinde-Ähnliches herzustellen. Es würde in ausweglosen Rivalitäten enden. *Lukas zeichnet in all dem mit großer Sorgfalt ein Bild, wie Kirche von ihrem Ursprung her sein soll.*

Vieles lässt dieses Bild, das uns Lukas da zeichnet, gleichwohl noch offen. In den Gemeinden des Mittelmeer-Raums mit seinen Hafenstädten, der dortigen Freizügigkeit und den vielen Privatkulten stellten sich neue Probleme. Hierfür muss ich mich jetzt Paulus zuwenden. Der ›Zuspruch‹ (die Paraklese) an die Gemeinde, nimmt in den Paulusbriefen einen breiten Raum ein. Dazu wäre Vieles auszuführen, ich kann nur Weniges herausgreifen. Es wird zeigen, dass der Begriff der ›Gemeinde‹ bei Paulus genauso wie bei Lukas die unumgängliche und grundlegende Basis christlichen Lebens ist.

Paulus spricht zum Beispiel von der »*ekklēsia* Gottes, die in Korinth ist« (1 Kor 1,2; 2 Kor 1,1). Er will damit sagen, dass die von Gott geschaffene endzeitliche Heilsgemeinde, die in Jerusalem begonnen und sich schon an viele Orte ausgebreitet hat, auch in Korinth (und genauso in allen anderen christlichen Gemeinden) ihr ›Anwesen‹ hat. Wenn neuerdings von manchen Theologinnen und Theologen in fast triumphalem Ton das »Scheitern der Gemeindetheologie« proklamiert wird, so ist das himmelweit von den Intentionen des Neuen Testaments, ja von der gesamten Bibel entfernt.

Bei Paulus spielt genau wie bei Lukas die Verknüpfung des realen Lebens der Christen eine entscheidende Rolle. Diese Verknüpfung zeigt sich bei ihm sprachlich an der Häufigkeit des Reziprokpronomens »miteinander«. Immer wieder stößt man in den echten Paulusbriefen auf dieses Reziprokpronomen. Nur einige Beispiele: »einander in brüderlicher Liebe zugetan sein« (Röm 12,10) – »untereinander eines Sinnes sein« (Röm 12,16) – »einander annehmen« (Röm 15,7) – »einander zurechtweisen« (Röm 15,14) – zum eucharistischen Mahl »aufeinander warten« (1 Kor 11,33) – »einträchtig füreinander sorgen« (1 Kor 12,25) – »einander in Liebe dienen« (Gal 5,13) – »einander die Lasten tragen« (Gal 6,2) – »einander trösten« (1 Thess 5,11).

Unter diesen Mahnungen fällt besonders die gegenseitige Zurechtweisung auf. In Liebe einander zurechtzuweisen und die Zurechtweisung demütig auszuhalten, setzt ein hohes Maß an Christus-Nachfolge und entsprechendem Nachfolge-Ethos voraus. Die Not unserer heutigen Pfarreien zeigt sich neben vielem anderen auch darin, dass in ihnen brüderliche Zurechtweisung im biblischen Sinn kaum vorkommt, obwohl Paulus so oft davon redet (vgl. etwa Röm 15,14; Gal 6,1; 1 Thess 5,14).

Ein besonderes Kennzeichen der paulinischen Mission sind die vielen Hausgemeinden, von denen sowohl in der Apostelgeschichte (Apg 18,7; 20,8.20) als auch in den Paulusbriefen die Rede ist (Röm 16,5; 1 Kor 16,19; Kol 4,15; Phlm 2). Die Gemeinden trafen sich in den Häusern vermögender Gemeindemitglieder (vgl. schon Apg 12,12), und diese selbst stellten nicht nur ihr Haus, sondern oft auch ihr Leben dem Gemeindeaufbau zur Verfügung. Guten Einblick in solche Orte christlichen Miteinanders bietet das Haus des jüdischen Ehepaars Priska und Aquila, in dem sich jeweils viele Christen versammelten – ob in Korinth, später in Ephesus oder schließlich in Rom. Gerade die Hausgemeinden waren der Ort, wo die Christen bei der Feier des Herrenmahls zu dem »Leib Christi« zusammenwuchsen.[63]

Das »Miteinander« in der Gemeinde begründet Paulus mit seiner Aussage, die Gemeinde sei »Leib Christi« (1 Kor 12,27) bzw. »ein einziger Leib in Christus« (Röm 12,5). Letztlich wurzelt diese ekklesiologische Metapher in der Tradition des Herrenmahls (1 Kor 10,16–17). Die Lebenshingabe Christi und die

Kraft seiner Auferstehung verbindet im Herrenmahl die Christen untereinander und ermöglicht die christliche Bruderliebe, die *agapē*.

Diese *agapē* ist zuallererst die vom Heiligen Geist geschenkte Kraft, die das Miteinander in der Gemeinde ermöglicht und kennzeichnet. Insofern ist sie nicht einfach mit der Utopie universaler Menschenliebe gleichzusetzen, was leider allzu oft geschieht. Bei Paulus bezieht sich das Substantiv *agapē* (und das Verb *agapan*) genau wie in den johanneischen Schriften immer auf das Gemeindeleben (vgl. besonders Röm 13,8; Gal 5,13; 1 Thess 4,9). Wenn es um das Verhältnis *zu* Nichtchristen oder um das Handeln *von* Nichtchristen geht, redet Paulus vorzugsweise vom »Gutes tun« (Röm 2,10; Gal 6,10; 1 Thess 5,15).

Diesem hohen Bewusstsein, dass die Gemeinde von Christus her ein einziger, in der Bruderliebe verbundener Leib ist, entspricht die Kontrastfunktion der christlichen Gemeinde gegenüber der heidnischen Gesellschaft (Röm 12,2; Phil 2,14–15). Diese Kontrastfunktion wird von Paulus und seinen Schülern in vielerlei Weise herausgearbeitet, vor allem durch das Schema »einst – jetzt« (Röm 6,19; 2 Kor 5,17; Eph 5,8; Tit 3,3–7), dann durch die Gegenüberstellung der heidnischen Laster mit den »Früchten des Geistes« (Gal 5,19–26) oder auch durch den Begriff der »Heiligung« (Röm 6,19; 1 Kor 6,11; 1 Thess 4,2–8). Wer heute in Deutschland an diese Kontrastfunktion christlicher Gemeinden erinnert, macht sich in der Kirche keine Freunde. Statt von »Kontrast« spricht man lieber von der notwendigen »Anschlussfähigkeit« der Kirche an die Gesellschaft oder betont gar, das Ethos der Kirche müsse »niederschwellig« sein.

Mit dem zuletzt Gesagten klingt bereits die ganze Problematik der Folgezeit an, in welcher sich die Kirche der Märtyrer und Bekenner allmählich in eine »Reichskirche« verwandelt. Aus den kleinen Gemeinden, die von ihrer ganzen Situation und Geschichte her im Gegensatz zur heidnischen Gesellschaft standen, werden zwischen dem 4. und 6. Jahrhundert Verwaltungseinheiten, denen jeder im Reich angehören muss. Christsein ist nicht mehr eine Sache freier Entscheidung, sondern gesellschaftlich vorgegeben, und die »Parochie«, das heißt die Pfarrei, ist nur allzu oft nicht mehr der Ort lebendiger christlicher Erfahrung.

Den Prozess dieser schrittweisen Umwandlung der frühen Freiwilligkeitskirche in eine flächendeckende Reichskirche kann ich hier freilich nicht skizzieren. Ich kann nur auf das hinweisen, was durch diese Entwicklung nun geradezu notwendig mitten in der Kirche aufbrechen musste: immer neue Gemeinschaften, die nach dem suchten, was die Frühe Kirche trotz allen Versagens, aller Schuld und allen Spaltungen eben doch ausgezeichnet hatte: dass es freie Entscheidung zu einer christlichen Existenz gab, dass es Nachfolge gab, Leben aus dem Evangelium, Verknüpfung des Lebens untereinander, *vita apostolica.*

Seit dem 4. Jahrhundert (in dem schnell christianisierten Ägypten schon früher) wenden sich viele Christen einem radikalen Leben der Askese und der Verinnerlichung der Heiligen Schrift zu. Am sinnenfälligsten wird das (vor allem in Ägypten) in dem »Auszug in die Wüste«. Es bilden sich ganze Kolonien von Einsiedlern bzw. Anachoreten. Dieser »Exodus« hatte zwar viele Gründe – zum Beispiel Steuerdruck oder militärische Rekrutierungszwänge. Wichtiger aber war eine Motivation, die aus der antiken Philosophie kam: wirkliche Einsicht und wahre Weisheit seien nur durch ein strenges asketisches Leben zu erlangen. Der entscheidende Grund für den Exodus so vieler Christen war jedoch ein anderer: Es war vor allem die schon genannte Sehnsucht zur Verwirklichung des ganzen Evangeliums. Denn exakt in der Zeit, da in der Kirche die Gemeinden ihre frühere Nähe zum Evangelium verlieren, beginnt der Aufbruch der Anachoreten und Mönche. Diese zeitliche Koinzidenz kann kein Zufall sein.

Am Anfang war dieser Exodus tatsächlich Flucht aus der Welt in die individuelle Einsamkeit. Aber das sollte sich schnell ändern. Der Auszug der frühchristlichen Asketen in die Wüste erhielt schon bald seine spezifisch ›christliche‹ Form durch die Männer und Frauen, die aus der Asketenbewegung eine Gemeinschaftsbewegung schufen – wie dies zuerst und vor allem der Ägypter Pachomios tat. Er ist der Vater jenes Mönchtums, dem es um das gemeinschaftliche Leben ging. Um 320/325 gründet er das Kloster Tabennisi in Oberägypten. Am Ende seines Lebens hatte Pachomios neun Männerklöster gegründet und mit Hilfe seiner Schwester zwei Frauenklöster – mit mehr als 10.000 Mönchen und Nonnen.

Aus dem isolierten Leben vieler Einsiedler wird nun Tischgemeinschaft, Gebetsgemeinschaft, gemeinsam organisierte Arbeit, das Miteinander und Füreinander einer ›neuen Familie‹ im Sinn der Evangelien (Mk 3,34–35). Damit wurde ein Stück dessen, was es in den christlichen Gemeinden von Anfang an gegeben hatte, weitergetragen und inmitten einer ins Gewohnheits-Christentum eintauchenden Gesellschaft in neue Formen gebracht.

Diese Gemeinschaftsbewegung, die im 4. Jahrhundert begann, hat bis heute niemals mehr aufgehört. Immer neue Orden und Institutionen gemeinsamen Lebens, immer neue geistliche Gemeinschaften und Bewegungen haben sich gebildet, getragen von dem Verlangen nach einem radikalen Leben gemäß dem Evangelium und bewegt von der Sehnsucht nach einem festeren Miteinander im Glauben. Maßgebende Texte waren dabei die Jüngerunterweisungen Jesu (bes. Mt 19,16–30), die Summarien der Apostelgeschichte (bes. Apg 2,43–47) und die Gemeinde-Paraklese des Paulus (bes. Röm 12,1–21).

Es ist unmöglich, auch nur einen Überblick über die unglaubliche Vielzahl und Vielfalt dieser kirchlichen Gemeinschaftsbildungen zu geben. Ich nenne zunächst einmal aus dem Blickwinkel der katholischen Kirche verschiedene *Formen* solcher Vergemeinschaftungen außerhalb der üblichen Pfarreien: Es entstehen Mönchsgemeinschaften nach der Regel des heiligen Benedikt; es entstehen seit der Mitte des 11. Jahrhunderts auf der Basis der Augustinusregel die sogenannten »Regularkanoniker«, zum Beispiel die Augustiner-Chorherren und die Prämonstratenser; es entstehen im 13. Jahrhundert die Predigerorden der Dominikaner und der Franziskaner mit einer gegenüber der Benediktregel völlig neuen Ordensstruktur; es entsteht im 16. Jahrhundert der Jesuitenorden, wiederum mit einer neuen und revolutionären Ordensform, in der Sendung, Verfügbarkeit und Mobilität eine zentrale Rolle spielen; es entstehen sogenannte »Gesellschaften des Apostolischen Lebens« wie etwa die Oratorianer.

Parallel zu fast all diesen Männerorden werden Frauenorden gegründet, nicht nur mit kontemplativer Zielrichtung, sondern später auch für Schulunterricht, Krankenpflege und anderes. Vor allem im 19. Jahrhundert kommt es zu einer kaum zu überblickenden Zahl von Frauenkongregationen, also von Gemeinschaften, deren Mitglieder nur ein »einfaches Gelübde« ablegen und die vor allem im sozialen Bereich tätig sind. Charakteristisch für das 19. Jahrhundert ist auch das Entstehen vieler Missionsgesellschaften wie etwa die der »Weißen Väter« oder der »Spiritaner«.

Im Jahre 1933 begründete René Voillaume ausgehend vom Leben des Charles de Foucauld »Die kleinen Brüder Jesu«, denen bald die »Kleinen Schwestern Jesu« folgten: wieder eine neue und weithin ausstrahlende Ordensform, deren Mitglieder einfach unter den Armen leben und ihr Leben teilen wollen. Bis zu einem gewissen Grad dem vergleichbar ist die Vielzahl der im 20. Jahrhundert entstehenden sogenannten »Säkularinstitute«. Schließlich entstehen seit der Mitte des 20. Jahrhunderts neue Geistliche Gemeinschaften wie »Comunione e liberazione«, die »Neokatechumenen«, die »Fokolarbewegung«, die Gemeinschaft »Sant'Egidio«, die Gemeinschaft »Immanuel«, der »Cursillo« – um nur einige wenige zu nennen.

Damit ist die Aufzählung verschiedener Typen des gemeinschaftlichen Lebens jedoch längst nicht erschöpft. Denn es gab in der Kirchengeschichte noch ganz andere Spielarten eines vom Evangelium geformten Lebens: in den ersten Jahrhunderten zum Beispiel sogenannte Familien- oder Hausklöster, in denen eine meist wohlhabende Familie um sich Freunde sammelte und mit ihnen zusammen versuchte, die Nachfolge Jesu zu leben. Im Mittelalter und in der Barockzeit spielten die sogenannten »Bruderschaften« eine außerordentliche Rolle. Zu nennen wären auch die »Dritten Orden« (Tertiaren) – das heißt Verbindungen meist verheirateter katholischer Laien, die sich jeweils um einen der klassischen Orden herum formieren; oder man denke an die »Beginen« und »Begarden« (seit dem 12. Jahrhundert) und an die »Brüder und Schwestern vom gemeinsamen Leben« (seit dem 14. Jahrhundert); oder an die christlichen Dörfer in den südamerikanischen Jesuiten-Reduktionen (17./18. Jahrhundert); oder an die von den Spiritanern im 19. Jahrhundert gegründeten christlichen Dörfer in Ostafrika, die aus freigekauften Sklaven und Sklavinnen bestanden. Diese führten vom Morgen bis zum Abend ein bewusst christlich geformtes, geradezu ordensähnliches Leben – aber als Verheiratete. Noch vieles andere wäre hier zu nennen.

Vor allem müsste ich jetzt entsprechende Geistliche Gemeinschaften und Bewegungen innerhalb der Kirchen der Reformation aufzählen und von ihrem Typos her charakterisieren – von der »Herrnhuter Brüdergemeine« über das »Bruderhaus« Dietrich Bonhoeffers, über den »Bruderhof« bis zur »Jesusbruderschaft« und vielen anderen neueren Gemeinschaftsbildungen jenseits der amtlichen Pfarrei oder Gemeinde. Das würde jedoch den Rahmen dieses Überblicks weit überschreiten. Wichtiger ist, aus der Menge des bisher Gesagten ein Fazit zu ziehen. Ich setze dazu noch einmal bei den frühen Mönchs- und Schwesterngemeinschaften an. In der Regel des heiligen Augustinus heißt es sofort am Anfang:

> *Das erste Ziel eures gemeinschaftlichen Lebens ist, in Eintracht zusammenzuwohnen und ein Herz und eine Seele in Gott zu haben.*

Der Bezug auf Apg 4,32 ist klar. Die Klostergemeinschaft soll ›neue Familie‹ sein im Sinn des Evangeliums und der Apostelgeschichte. »Diese Sehnsucht nach der Urkirche steht am Anfang aller großen Ordensgründungen« (Hans Urs von Balthasar).

Wenn aber »*neue* Familie«, dann war damit notwendig auch ein Stück neuer Gesellschaft, neuer Kultur und verwandelter Welt verbunden. Tatsächlich entwickelten sich viele Klöster, die als Neugründungen in unwirtlichen Gebieten begonnen hatten, schon bald zu erfolgreichen Wirtschaftszentren. Sie formten ihre Umwelt nicht nur im Glauben, sondern auch zivilisatorisch und kulturell.

So wurde auch hierin deutlich: Glaube muss sich inkarnieren. Er kann gar nicht weltlos sein. Er ist von seinem inneren Wesen her darauf ausgerichtet, alle Lebensverhältnisse der Glaubenden zu durchdringen und ihnen eine neue und erlöste Gestalt zu geben. Der Glaube drängt von sich aus dazu, gesellschaftliche Verhältnisse zu verändern und den Stoff der Welt zu formen. Vielen heutigen Europäern ist überhaupt nicht mehr klar, wie sehr die Welt, in der sie leben, durch den christlichen Glauben zivilisiert und humanisiert worden ist.

Auf jeden Fall haben die abendländischen Klöster den Exodus-Charakter des Gottesvolkes weitergetragen. Vor allem sind sie in Zeiten, in denen fast niemand die Freiheit hatte, *kein Christ zu sein,* zu Zeichen der Freiheit der Nachfolge Jesu geworden. Zugleich haben sie ein Stück der frühen Gemeindekirche mit ihrer Einheit von Glaube und Leben durchgehalten.

Zwar gab es im abendländischen Mönchtum auch gefährliche Entwicklungen. Leider wurde die Freiheit, von der hier die Rede ist, im frühen Mittelalter eingeschränkt durch das Institut der *oblatio,* bei dem Kinder durch ihre Eltern zum Klosterleben bestimmt wurden. Der Versuch, das Kloster später zu verlassen, zog die Exkommunikation nach sich (4. Konzil von Toledo). Erst Cluny bemühte sich, die Zahl der Oblaten in den eigenen Klöstern zu minimieren. Und erst die Zisterzienser (12. Jahrhundert) nahmen prinzipiell keine Oblaten mehr auf. Das Institut bestand aber in vielen Klöstern weiter und hat den Klostergemeinschaften immensen Schaden zugefügt. Ein anderer Missstand war das mittelalterliche ›Eigenkirchenwesen‹. Es führte dazu, dass viele Klöster in der Hand adliger Grundherren waren, die zwar ihre Klöster schützten, sie aber zugleich als Familienbesitz ausbeuteten.

Dennoch sind die Klöster – allen Missständen zum Trotz – für die Kirche ein überfließender Segen geworden. Das Gleiche gilt für die späteren Gemeinschaften, in denen der Glaube an das Evangelium Geist und Form angenommen hat.

Freilich zeigen gerade die Klöster und ihre außerordentliche Rolle in der Geschichte des Abendlandes (und genauso des Ostens) auch den Verlust: Sie verstehen sich zwar als klösterliche »Familie«, bestehen aber immer nur aus Männern oder nur aus Frauen. Für Verheiratete gab es zumindest in der katholischen Kirche viele Jahrhunderte lang – von wichtigen Ausnahmen abgesehen – keine Nachfolge in einer biblisch verfassten Lebensform.

Zwar haben auch unzählige Mütter und Väter, meist still und verborgen, Exodus und Jüngerschaft gelebt – nämlich in der Form der Nächstenliebe, die nicht selten zum Lebensopfer wurde. Aber die Hilfe einer lebendigen christlichen Gemeinde blieb ihnen dabei oft versagt. Erst recht fehlte ihnen lange Zeit die Möglichkeit, durch ihr Miteinander am Dienst für die Gemeinde und die Verkündigung beteiligt zu sein.

Anders war es in den Kirchen der Reformation. Ich nenne hier als besonders markantes Beispiel noch einmal die weltweit verbreitete Herrnhuter Brüdergemeine. Es gäbe noch viele andere Beispiele, vor allem kommunitäre Strukturen in den sogenannten »Freikirchen«. Gerade im evangelikalen Bereich der EKD hat sich in Deutschland in den letzten Jahrzehnten eine außerordentlich große Zahl von Hauskirchen gebildet, in denen man gemeinsam die Schrift liest, betet und Kirchenfremde zum Gespräch einlädt.

Seit dem 20. Jahrhundert und vor allem seit dem Zweiten Vatikanischen Konzil gibt es nun auch in der katholischen Kirche vermehrt Geistliche Gemeinschaften und Bewegungen, in denen nicht nur Ehelose, sondern auch Familien ihr Leben miteinander verbinden. Namen hatte ich schon genannt. Man muss in dieser Hinsicht von einem neuen Aufbruch sowohl in der katholischen Kirche als auch in den Kirchen der Reformation sprechen.

Grund für diesen Aufbruch ist neben vielem anderen ein erneuter, jetzt auch wissenschaftlich fundierter Blick auf die Bibel. Ich habe nicht aus Zufall zu Beginn dieser Überlegungen vom Willen Gottes gesprochen, in der Welt ein ›Volk‹ zu haben – und zwar ein Volk, das immer wieder den Exodus vollzieht und in dem Glaube und Leben zu einer Einheit werden.

Ein Grund für das Wachsen neuer geistlicher Gemeinschaften ist aber auch, dass sich die Gesellschaft, in der wir leben, immer stärker segmentiert und viele sich einen Lebensstil als Einzelne suchen mit frei gewählten Beziehungen, die aber oft unverbindlich bleiben. Selbstverständlich wirkt sich diese Bindungsunwilligkeit massiv auf das Leben in den Pfarreien aus. Mehr und mehr Christen ahnen aber, dass christliche ›Gemeinde‹ von ihrem inneren Wesen her mehr ist als Besuch des Sonntagsgottesdienstes und kirchliches Vereinsleben.

Allerdings bringt das kommunitäre Miteinander christlicher Familien auch Probleme mit sich, die es in den klassischen Orden so nicht gegeben hat und die wahrscheinlich mit ein Grund dafür waren, dass die katholische Kirche kommunitäre Lebensgemeinschaften von Familien lange Zeit unterdrückt hat oder ihnen doch mit äußerster Skepsis gegenüberstand: Ich denke jetzt vor allem an die Kindererziehung und damit verbunden an den Schutz des notwendigen Binnenraums der Familie. Kinder brauchen die natürliche Familie, und Jugendliche brauchen die Freiheit (selbstverständlich ihrem Alter entsprechend), über ihr Leben selber zu entscheiden. Zwar müssen sich auch die Erwachsenen zu einem kommunitären Leben *in völliger Freiheit* entscheiden. Aber mit ihrer Entscheidung gehen sie dann auch Verpflichtungen ein, die Jugendliche in dieser Form noch nicht eingehen können und auch gar nicht dürfen. Diese Sache der freien und der bleibend freien Zustimmung ist die entscheidende Frage für alle Geistlichen Gemeinschaften, an der sehr viel hängt.

Genau aus diesem Grund ist es sinnvoll, an dieser Stelle noch einmal einen Blick zurückzuwerfen auf die Strategien Jesu bei seiner endzeitlichen Sammlung Israels. Jesus ist hier von einer außergewöhnlichen und überraschenden Offenheit und Freigabe:

a) Es gibt bei ihm den Kreis der Zwölf und den Kreis der Jünger mit dem entsprechend radikalen Nachfolge-Ethos. Und wir sahen: Der Jüngerkreis war das Zentrum des Einsatzes Jesu um die Fleischwerdung der Gottesherrschaft.

b) Es gibt bei ihm aber eben auch die ortsgebunden Anhänger, die nicht mit ihm durch Israel ziehen, sondern deren wichtigste Aufgabe es ist, die Jünger am Abend in ihre Häuser aufzunehmen, ihnen zu essen zu geben und sie zu unterstützen.

c) Und es gibt darüber hinaus Freunde, Sympathisanten und Helfer der Jesusbewegung, die Jesus nicht in den Jüngerkreis aufnimmt, sondern nach Hause schickt, damit sie von seinem Wirken erzählen (vgl. etwa Mk 5,18–20).

d) Es gibt, noch weiter entfernt, gelegentliche Helfer, denen allein schon dafür hoher Lohn verheißen wird, dass sie den vorbeiziehenden Jüngern einen Becher Wasser reichen (Mk 9,41).

e) Und es gibt ganz am Rande der Jesusbewegung sogar Nutznießer der Sache Jesu, die sich ihm nicht anschließen, aber von der Jesusbewegung profitieren – wie zum Beispiel der Mann, der im Namen Jesu Dämonen austreibt (Mk 9,38–39). Die Jünger wollen ihm das verbieten. Jesu humorvoll-pragmatisches Urteil über ihn: »Dann kann er wenigstens nicht schlecht über mich reden.«

Diese unglaubliche Weite Jesu und die Strategie konzentrischer Kreise wäre auch für alle neuen kirchlichen Gemeinschaften wichtig. Es muss in ihnen Jüngerschaft geben. Es muss aber auch viele andere geben, die rund um diese Mitte und von ihr stimuliert ihr christliches Leben aufgrund ihres Taufgelübdes ohne die Selbstbindung der Jüngerschaft führen.

Ich hatte zu Beginn ausführlich vom biblischen Befund her über das Wesen von Volk Gottes und Gemeinde gehandelt. Das war notwendig. Die »Gemeinde«, wie Lukas und Paulus sie vor Augen haben, ist die eigentliche von Israel übernommene Binnenstruktur des Gottesvolkes. Und in jeder Gemeinde bzw. in jeder Pfarrei sollte es – je nach der konkreten Berufung des Einzelnen – immer auch Nachfolge geben, sollte es immer auch neuen Exodus aus negativen Leitbildern der Gesellschaft geben sowie Menschen, die ihr ganzes Leben dem Aufbau der Gemeinde zur Verfügung stellen.

Weil es das seit dem 4. Jahrhundert oft nicht mehr gab und das Christentum allzu oft sein Salz verlor, sind die Klöster in ihrer

Vielfalt und später die Geistlichen Gemeinschaften zu »Stellvertretern« des Exodus und zu »Stellvertretern« neutestamentlich orientierter Gemeinden geworden. Dieser elementare Bezug zur Gemeindekirche wird auch daran ersichtlich, dass in der Anfangszeit des Mönchtums keine eigenen Gelübde abgelegt wurden. Die Mönche und Schwestern betrachteten ihre Taufe als ihr Gelübde. Als dann später in den Orden die Profess eingeführt wurde, sah man sie als Realisierung und Aktualisierung der Taufe an.

Aus eben diesem Grund haben Klöster und Geistliche Gemeinschaften etwas Vorläufiges an sich: Ziel müssten Pfarrgemeinden sein, die sich immer wieder an der Bibel ausrichten und sich von ihr her erneuern. Und aus eben diesem Grund haben Klöster und Geistliche Gemeinschaften Zeichencharakter. Sie sind keine Inseln und sie sind auch keine Reservate für ein erfülltes christliches Leben. Sie sind für die Kirche da – und damit für den Plan, den Gott mit der Welt hat.

*

Vielleicht verstehen meine Leserinnen und Leser nach diesem Gang durch die biblische Theologie und die Kirchengeschichte jetzt etwas besser, warum ich zusammen mit meinen Eltern Tübingen verlassen habe und zur Integrierten Gemeinde gezogen bin. Denn dort fand ich ein Ringen um all das, und zwar wirklich um all das, was ich jetzt zusammengedrängt beschrieben habe.

Ich fand die regelmäßige »Versammlung« (wir erinnern uns: »Kirche« bedeutet im Griechischen nichts anderes als »Versammlung«). Nicht nur der Gottesdienst am Sonntagmorgen, sondern auch die Nachmittage oder Abende am Vortag waren Versammlungen, die alle vereinten und in denen man jeden kannte, sich mit ihm freute oder mit ihm trauerte.

Ich fand das »von Fest zu Fest«, das für Israel so charakteristisch war und ist. Was haben wir für Feste gefeiert! Verankert in der Heilsgeschichte des Gottesvolkes – und doch zugleich Feste mit neuen Liedern, mit vielem Erzählen, mit Tänzen und gemeinsamen Mählern. Ich habe in München und bei den Filialgemeinden in Walchensee, Wangen, Hagen, Wien, Rom und Tansania überhaupt erst richtig erfahren, was ein »Fest« sein kann.

Ich fand das, was schon im Buch Levitikus und dann bei Jesus mit der gegenseitigen Solidarität (dort: »Nächstenliebe«) gemeint war: Meinen Eltern wurde großzügig geholfen, sich in München einzugewöhnen; wenn sie krank wurden, fanden sie Hilfe durch Krankenschwestern und Ärzte aus der Gemeinde. Ich selbst wurde mit größter Selbstverständlichkeit bei Mitgliedern oder Freunden der Gemeinde aufgenommen, wenn ich irgendwohin, etwa zu einem Vortrag, unterwegs war – und ich könnte niemals aufzählen, was mir alles an technischer und persönlicher Hilfe in den vier vergangenen Jahrzehnten von vielen Brüdern und Schwestern geschenkt wurde.

Weiterhin: *Ich durfte immer wieder das erleben, was die Bibel die »Sammlung des Gottesvolkes« nennt.* Christen aus Österreich, Italien, der Schweiz und den USA kamen zu uns, weil sie nach einer von der Bibel her denkenden Gemeinde suchten. Oft blieben sie. Manchmal kamen auch ganze Gruppen mit Kind und Kegel – so zum Beispiel Ostern 1990 eine Gruppe junger Christen aus Ungarn. Schon 1977 war ein Bischof aus Tansania zu uns gekommen, der durch Europa reiste, um neue christliche Gemeinschaften kennenzulernen. Er wollte in seinem tansanischen Bistum solche Gemeinden aufbauen. Er blieb einige Zeit, schaute sich alles genau an, kehrte in sein Bistum zurück, sandte uns dann eine große Zahl junger Afrikaner, die bei uns einen Beruf erlernten und eine gute Ausbildung erhielten, mit der sie dann in Tansania beim Aufbau von Gemeinden mithelfen sollten. Ich habe einem Teil von ihnen lange Zeit Deutschunterricht erteilt, damit sie ihre berufliche Ausbildung gut bewältigen konnten.

Immer noch weiter: *In der Apostelgeschichte gibt es Erzählungen, die berichten, wie oft ganz unerwartet und ungeplant neue Gemeinden oder neue missionarische Vorstöße entstanden. Ich durfte erleben, wie genau das auch bei uns geschah.* Der Besuch des tansanischen Bischofs, sein Name ist Christopher

Mwoleka (1927–2002), führte seit 1987 dazu, dass wir selbst einen Teil unserer Mitglieder nach Tansania aussandten. Wir haben dort in Melela Bustani eine großangelegte Landwirtschaft aufgebaut (nebenbei auch eine Schreinerei). Melela sollte die Lebensgrundlage für eine Gemeinde werden und zugleich jungen Afrikanern die Möglichkeit bieten, sich gründlich landwirtschaftlich auszubilden. Wir wussten: Afrika brauchte geübte Handwerker und erfahrene Landwirte. 1994 konnten wir in Mikese (Tansania) eine Pfarrei übernehmen und dann nach und nach im Rahmen dieser Pfarrei ein neues Gotteshaus, eine Schule und ein Mädcheninternat errichten. Das Internat vor allem deshalb, weil viele Mädchen, die mit ihren Eltern weit entfernt und weit zerstreut im Busch lebten, sonst keinerlei Chance gehabt hätten, ihre Schulausbildung abzuschließen und einen Beruf zu erlernen.

Und ich durfte schließlich erleben, wie in der Gemeinde selbst Priesterberufungen entstanden. In der Anfangszeit kamen eine Reihe von Priestern zu uns, die von ihren Bischöfen oder ihrem Orden freigestellt worden waren (manchmal kamen sie aus einer großen persönlichen Not). Doch dann kamen Priester aus der Gemeinde selbst. Wir konnten sogar eine Priestergemeinschaft bilden und in Zusammenarbeit mit mehreren Bischöfen Pfarreien übernehmen – in Hergensweiler, in Walchensee, in Wien-Neuhaus und dann in Afrika. Dieser Vorgang ist auch aus anderen neuen Geistlichen Bewegungen bekannt. Dass die Zahl der Priester in Deutschland und überhaupt in Europa in einem erschreckenden Maß zurückgeht, brauchte also kein unausweichliches Schicksal zu sein.

Ich müsste noch vieles andere nennen, wo für mich immer wieder Berührungspunkte zwischen unseren Gemeinden und dem Alten und dem Neuen Testament sichtbar wurden. Es war das, was mich am tiefsten beglückt hat und was ich in der Tübinger Abschiedsvorlesung »meine Liebe« genannt hatte: lebendige Nachfolge – Leben aus dem Evangelium – Verknüpfung des Lebens untereinander – Tischgemeinschaft – Mitverantwortung für den Glauben des anderen. Und bei all dem entscheidend: Dass wir eben ein neues und tieferes Verhältnis zum Alten Testament fanden und damit auch zum Judentum, zu der Reich-Gottes-Verkündigung Jesu und zur Kirche.

Meine Eltern sind inzwischen längst tot, mein Vater starb mit 90, meine Mutter mit 94 Jahren – beide mit Liebe und Sorgfalt in der Gemeinde betreut. Ich selbst wohne zusammen mit einem Ehepaar aus der Gemeinde in einer größeren Mietwohnung, schreibe Bücher über biblische Themen und freue mich, wenn ich immer wieder Gutes von so vielen Brüdern und Schwestern höre, die mit mir den gleichen Weg gegangen sind.

Damit bin ich bei dem Schluss dieses Kapitels angekommen. Die Katholische Integrierte Gemeinde hat in Deutschland ihre Anerkennung als »Apostolische Gemeinschaft« durch die Bischöfe verloren. Die eigentliche Aberkennung geschah in München. Vor dem Hintergrund dessen, was ich ausgeführt habe, werden Sie, liebe Leserinnen und Leser, mir vielleicht zugestehen, dass ich die jahrzehntelange Vorgeschichte und dann den Verlauf dieser Aberkennung nicht erzählen kann. Darüber mögen an anderer Stelle die Historiker befinden.

12. Gottesverteidigung

Wenn dieses Buch nichts anderes als eine Autobiografie wäre, müsste ich jetzt von *dem* Abschnitt meines Lebens sprechen, den man den allerletzten nennt: also von der Zeit, in der das Gehör nachlässt, das Gehen unsicher wird, die Arztbesuche zunehmen, die kleine Hausapotheke überquillt – und immer mehr Bekannte und Freunde nicht mehr da sind.

Da es in diesem Buch aber nicht nur um Autobiographisches geht, sondern noch mehr um theologische Fragen – vor allem um die Frage aller Fragen, *ob denn ein Gott sei* – rede ich jetzt nicht von dem Schönen, das ich im Alter intensiver als früher erfahre (und auch nicht von all den Verdrießlichkeiten, die niemandem erspart bleiben). Ich rede vielmehr von einer Frage, die sich mir in den letzten Jahren immer stärker gestellt hat – *nämlich der Frage nach dem unermesslichen Elend der Welt, in der wir leben, und ob sich die schier unendliche Kette der Kriege und Katastrophen mit dem Glauben an Gott vereinbaren lässt.* Es geht jetzt also um das Problem der ›Theodizee‹, der Verteidigung Gottes.

Nicht als ob es diese Frage für mich nicht bereits in früheren Lebensabschnitten gegeben hätte. Die Frage hatte sich zumindest schon angedeutet: Ich habe zwei liebe Schwestern verloren: meine ältere Schwester Marianne wurde 1944 im Bahnhof einer Kleinstadt in der Rhön von einer amerikanischen Fliegerbombe zusammen mit über 60 Schulkindern getötet. Es war schon die Rede davon. Meine jüngere Schwester Margarete wurde dann später im Alter von neun Jahren in Frankfurt von der Straßenbahn überfahren. Vor den Augen meiner herbeigeholten Mutter musste ein Kranwagen die Straßenbahn anheben, damit man den blutigen Leichnam meiner kleinen Schwester aus dem Rädergestänge des Triebwagens herausziehen konnte. Ich war nicht dabei, aber man hat mir erzählt, dass meine Mutter auf dem Asphalt kniete und betete.

Ich selbst war damals viel zu jung, um wirklich erfassen zu können, was Eltern in solchen Situationen erfahren. Ich hatte ja auch vorher einen Teil des Bombenkrieges miterlebt, ohne wirklich zu begreifen, was da geschah. Im Spätherbst 1944 (wir waren ausgebombt und mussten alle zu Verwandten in die Rhön ziehen) – wenn ich mit Bauern auf dem Feld war, um die aus der Erde gepflügten Kartoffeln einzusammeln, tauchten mehrmals Tiefflieger auf und rasten über uns hinweg. Die Bauern sprangen dann unter den Wagen, der schon mit schweren Kartoffelsäcken beladen war. Ich selbst hatte mir immer schon vorher einen tiefen Graben ausgesucht, der unmittelbar an den Acker angrenzte. Dort hinein hechtete ich, sobald Tiefflieger von weitem auftauchten, mit dem Gedanken: »Mich bekommt ihr nie!« Ein schrecklicher, von Hitler angezettelter Krieg als eine Art ›Kriegsspiel‹ – so einfältig können Jungen in diesem Alter sein. Wir haben damals ja auch Granatsplitter gesammelt und getauscht, als wären es Briefmarken. Wer die größten Splitter hatte, wurde von seinen Freunden bewundert.

Heute erlebe ich nun wieder den Krieg. Noch nicht unmittelbar bei uns. Aber doch ziemlich nahe und durch die modernen Medien rückt er noch näher heran. Aber jetzt reagiere ich ganz anders. Jetzt packt mich tiefer Zorn, wenn ich in Wort und Bild mit dabei bin, wie ein Autokrat, der ein Riesenreich beherrscht, die Ukraine überfällt und wie er dabei bewusst auch die Zivilbevölkerung, um sie zu zermürben, mit seinen Drohnen und Raketen angreift.

Heute komme ich nicht davon los, wenn ich in Wort und Bild mit dabei bin, wie die Hamas am 7. Oktober 2023 ahnungslose Menschen überfällt, Frauen vergewaltigt, Kinder zerstückelt, in wenigen Stunden 1.200 israelische und ausländische Zivilisten ermordet, mehr als 240 Geiseln in ihre kilometerlangen unterirdischen Gänge verschleppt, die Mär verbreitet, an all dem seien allein die verbrecherischen Juden schuld, was im Westen auch noch eine erschreckende Zahl von zum Teil intelligenten Menschen der Hamas abnimmt.

Und heute weiß ich nicht mehr, was ich denken soll, wenn in den USA ein Präsidentschaftskandidat dabei ist, die amerikanische Demokratie zu zerstören, seine Anhänger ihm in Massen zujubeln – und er durchaus die Chance hat, die nächste Präsidentschaftswahl zu gewinnen. Nicht zu reden von all den Despoten, Gewaltherrschern und Invasoren in der übrigen Welt, die ihre Völker in die nackte Armut führen und auf diese Weise immer größere Migrationsströme verursachen.

Wie kann Gott so etwas zulassen? Trotz der unzähligen Bittgebete um Frieden und Gerechtigkeit in der Welt? Mich beunruhigt das alles mehr und mehr. Es bedrängt mich. Was mich aber noch mehr bedrängt, ist – abgesehen von dem unermesslichen Leid, das so viele Menschen immer wieder trifft – auch die Not so vieler Glaubenden, die mit all dem nicht fertig werden. Vielen, sehr vielen gläubigen Christen wird das alles zur Gottesfrage.

Deshalb musste dieses Buch auf diese Frage zusteuern. Für den Versuch einer Antwort braucht es allerdings wieder einen längeren Anweg. Ich möchte ›ganz unten‹, nämlich bei der Biologie und der Evolution beginnen und mich dabei langsam dem eigentlichen Problem nähern.

*

Fangen wir also nicht sofort mit den politischen Verbrechern an! Zunächst reicht bereits der Blick auf das rein biologische Leid: die wuchernden Krebszellen; die multiple Sklerose; die schleichende Demenz; die unheilbaren Krankheiten; die neuen Krankheiten, die früher als solche gar nicht bekannt waren, zum Beispiel das Ebolafieber: Die Menschen in Westafrika, die sich mit dem Ebola-Virus infizieren, müssen mit einer Sterblichkeitsrate von 50 % rechnen. Und dann am Ende für uns alle – woran immer wir sterben – der Tod und der Zerfall.

Wie konnte Gott eine solche Welt erschaffen? Spricht das alles nicht gegen einen guten und gütigen Gott? Wie kann er hinter einer Schöpfung stehen, in der Ekelhaftes, Widerliches, ja ständiges Sterben geschieht? Reinhold Schneider fand in seinem »Winter in Wien« keine Antwort auf die sich selbst auffressende Natur. Er schreibt nach einem Besuch des Wiener Naturhistorischen Museums, die japanischen Krabben, die er dort gesehen habe, seien ihm vorgekommen, als kämen sie aus dem Inferno. Und dann schildert er, wie ein Frosch, »aufrecht stehend wie ein Mensch, von einem ihn umschnürenden Egel ausgesaugt wird«. Im selben Zusammenhang spricht er von der »absurden Architektur« der Dinosaurier. Er nennt sie eine »Kathedrale der Sinnlosigkeit«, des »Lebenswillens, der nicht leben kann«. Und dann folgen die Sätze[64]:

> *Das Schaurige ist, dass menschliche Formen durch die Ungetüme spielen; das Knie des Dinosauriers erinnert an ein menschliches Knie, und die Fünfzahl der Finger und Zehen verbirgt sich noch in den Stützflossen der Elefantenrobbe. Der schönste Vogel hascht im Fluge den schönsten Schmetterling; er pflückt die Schwingen ab und lässt sie dahinwehen und verschlingt den zarten Leib, der sich für seine kurze Dauer mit ein wenig Nektar begnügte und schutzlos das Farbenspiel der Flügel, ein Blitz aus den Händen des Vaters, an die Welt verschenkte. Auch ist zur Zerstörung der Rose, wie es scheint, eigens ein grüngoldschimmernder Käfer erschaffen worden. Ich sah ihn bei der Arbeit in Muzot.*[65] *Er hat, unreiner Widerspruch, keine Rose verschont. Und das Antlitz des Vaters? Das ist ganz unfassbar.*

Nun ist dies ein ungeheuerlicher Stoff, der die Menschen schon immer beunruhigt hat: das Fressen und Gefressenwerden in der Natur. Was kann ich – in einem begrenzten Kapitel – schon zu diesem Thema sagen? Zunächst vielleicht doch das Folgende:

Wir dürfen Dinge, die uns biologisch widerwärtig erscheinen, nicht gegen Gott ins Spiel bringen. Dass Vögel Schmetterlinge und Käfer Rosen verspeisen, ist ein Stück unserer Welt: zu ihr gehören das Werden und das Vergehen, Geburt und Tod und eben auch das Fressen und Gefressenwerden. *Der ständige Kampf, das Werden und Vergehen sind – biologisch gesehen –Teil des Lebens.*

Ein Beispiel: Jede Sekunde, in der wir leben, spielt sich in der Mikrowelt unseres Leibes eine unerbittliche Schlacht ab: Unseren Leib attackieren unablässig körperfremde Krankheitserreger – Bakterien, Viren, Pilze und Parasiten, die sich in unserem Leib ausbreiten wollen und unsere gesunden Zellen angreifen. Unser Immunsystem muss mit dieser ständigen Invasion von Mikroorganismen fertig werden. Deshalb führt es Polizeitruppen ins Gefecht, zum Beispiel T-Abwehrzellen. Zwischen den Krankheitserregern in unserem Körper und der entsprechenden molekularen Ordnungspolizei tobt ein erbarmungsloser Kampf. Wenn es diesen andauernden Kampf in uns nicht gäbe, wäre es mit unserem Leben schnell zu Ende. Dann hätten wir zum Beispiel alle sehr bald Krebs, weil unser Körper mit entarteten Körperzellen nicht fertig würde.

Selbst in unserer Mundhöhle finden nicht abreißende Gefechte statt. Wer in dem Wahn lebt, sein Mund sei nach dem Zähneputzen keimfrei, täuscht sich gewaltig. Über 200 Mikrobenarten bevölkern ständig den schleimigen Raum zwischen unseren Lippen und unserem Gaumen. (Davon ist allerdings nur der kleinere Teil schädlich. Der größere Teil der Bakterien in unserem Mund fördert als eine Art Ordnungspolizei die Gesundheit unseres Zahnfleischs und unserer Zähne.) Also auch hier: hemmungslose Fressgier, rücksichtsloser Kampf und ununterbrochener Totschlag auf mikrobiologischer Ebene. Wenn dieser nie endende Krieg nicht stattfände, würden uns sehr schnell die Zähne ausfallen.

Das alles gehört zur Evolution. Es gehört zum Leben. Dass wir überhaupt leben, dass wir atmen können, dass uns die richtige Atmosphäre umgibt, dass es auf unserem blauen Planeten die Luft und das Leben erhaltende Wasser gibt – das alles ist ein unglaublicher Balance-Akt. Wir sollten also über diese ständige Gefährdung, über dieses Mitten-im-Tod-Existieren auf keinen Fall erschrecken. Es gehört zum Wunder des Lebens. Man könnte geradezu die Formel aufstellen:

Ohne Tod kein neues Leben.
Ohne je neues Leben keine Generationenfolge.
Ohne Generationenfolge keine Evolution.

Ohne Evolution keine Geschichte.
Ohne Geschichte keine Freiheit.
Und ohne Freiheit keine Liebe.

Aber das muss ich genauer erklären. Der erste Satz ist klar: *Ohne Tod kein neues Leben.* Wenn es auf der Erde keinen Tod gäbe, würden die Biotope buchstäblich explodieren, es gäbe keinen Lebensraum mehr, der Platz für alles, was lebt, würde immer enger, dem Leben ginge die Luft aus, der Nicht-Tod würde erst recht zum Tod für alles Lebendige. Kurz: Jede Generation muss der nächsten Platz machen. Das gilt für den Menschen genauso wie für die Mikroben. Es gilt für sämtliche Lebewesen.

Auch der zweite und der dritte Satz sind klar: *Ohne je neues Leben gäbe es keine Generationenfolge – und ohne Generationenfolge keine Evolution.* Die Evolution des Lebendigen wird nur möglich, weil die Erbanlagen mutieren. Gäbe es keine Generationenfolge, könnten sie nicht mutieren. Der Gen-Bestand bliebe immer der gleiche. Die ungeheure Vielfalt des Lebens wäre überhaupt nicht entstanden. Organe wie Augen und Gehör hätten sich nie gebildet. Säugetiere gäbe es nicht. Der Mensch mit seiner ungeheuren Anpassungsfähigkeit, mit seiner Intelligenz, seinem Sich-Ausstrecken nach immer neuen Zielen, seiner Sehnsucht und seinem Hoffen, wäre nie ins Dasein getreten.

Auch der vierte Satz versteht sich fast von selbst: *Ohne Evolution keine Geschichte.* Stellt man sich vor, die Entwicklung des Menschen wäre beim *homo erectus* stehen geblieben, so leuchtet ein, dass es dann für diesen Vorfahren des *homo sapiens* kein Geschichtsbewusstsein gegeben hätte. Herodot und Thukydides wären nie möglich geworden. Denn Evolution ist ja beim Menschen immer auch kulturelle Evolution. Die kulturelle Evolution, die auf der zivilisatorischen und biologischen Evolution aufbaut, wird für den Menschen sogar immer wichtiger und folgenreicher.

Die Stelle, bei der man am ehesten zweifeln könnte, ist der fünfte Satz: *Ohne Geschichte keine Freiheit.* Aber ich bitte meine Leserinnen und Leser an dieser Stelle einmal zu bedenken, auf welche Weise echte Freiheitsentscheidungen, die ja nicht alltäglich sind, in ihrem Leben zustande kamen: Doch dadurch, dass uns andere Menschen Freiheit ermöglicht haben. Alle Freiheitsräume, die sich uns öffnen, sind nur möglich, weil andere uns mit ihrer Freiheit vorangegangen sind. Das ergibt eine lange geschichtliche Kette von Freiheitsentscheidungen und sich in der Geschichte steigernder Freiheitserfahrungen, die unsere eigene Freiheit als Voraussetzung braucht. Der Satz: »Ohne Geschichte keine Freiheit« ist meines Erachtens ein fundamentaler Satz. Denn Freiheit fällt eben nicht vom Himmel. Sie hat bei unserem Herauswachsen aus dem Tierreich unendlich langsam begonnen, sie muss weiterhin errungen werden und sie wird uns vermittelt – vermittelt durch den Wagemut und den Einsatz vieler anderer. Freiheit erreicht uns, genauso wie die Unfreiheit, aus der Geschichte.

Und der sechste Satz: *Ohne Freiheit keine Liebe* – muss ich ihn begründen? Wer begriffen hat, dass wirkliche Liebe über Eros und Sexualität hinausreicht, weiß, dass die Freiheit für sie wesentlich ist. Ohne freie Zuneigung, ohne frei geschenktes Wohlwollen bleibt Liebe unerfüllt. Und dies gilt nicht nur für die Geschlechterliebe, sondern für jede Art menschlicher Zuwendung und Solidarität. Freiheit ist ein unglaubliches Existenzial. Erst in der Freiheit wird der Mensch ganz zum Menschen. Erst wenn Liebe ganz frei und ungeschuldet ist, treten ihr Glanz und ihre Schönheit zutage.

Jetzt können wir rückwärts gehen: Wirkliche Liebe setzt Freiheit voraus, Freiheit Geschichte, Geschichte Evolution, Evolution Generationenfolge – und Generationenfolge Sterben. Das Sterben gehört also notwendig zu unserer Welt. Es ist in sich betrachtet zunächst einmal nichts Negatives.

Nun kommt allerdings noch etwas Entscheidendes hinzu. Wir leben gar nicht einfachhin in einer Welt, wie sie dem Schöpfungswillen Gottes entspricht. Wir leben in einer Welt, die schon durch eine lange Schuldgeschichte geprägt ist. Die Geschichte der Menschheit ist durchsetzt mit einer Abfolge von Verweigerungen, auf Gott zuzugehen. Ich kann auch so formulieren: Die Geschichte der Menschheit ist durchsetzt mit einer Abfolge von Verweigerungen, die eigene Vernunft einzusetzen und mit anderen Menschen solidarisch zu sein. Die Weigerung aber, das zu tun, was schon sein könnte, was es in der Welt schon an Wahrheit und Freiheit geben könnte, schafft Schuldpotentiale und damit Blickverengungen. Altlasten menschlicher Schuld häufen sich und verdunkeln den Blick. Wir alle sind umgeben von einer Geschichte, die keineswegs mehr unschuldig ist. Ich habe über diesen Vorgang, den die Kirche mit einem missverständlichen Wort »Erbsünde« (bzw. »Ursünde«) nennt, schon in Kapitel 7 ausführlich gesprochen. Und ich füge hinzu: Eigentlich sollte die ganze Welt ein Spiegel der Herrlichkeit Gottes sein. Aber sie ist es nicht oder doch nicht in vollem Maß: die Schuldpotentiale der Geschichte trüben und verschleiern unsere Augen.

Infolge solcher Unheilspotentiale, infolge solcher Verschleierungen können wir die Schöpfung Gottes in ihrer Sinnhaftigkeit und in ihrer Schönheit oft gar nicht mehr erkennen. Unser Blick ist verdunkelt. Oft können wir gar nicht mehr wahrnehmen, was Schöpfung eigentlich ist. Die sogenannten »Übel« wie Naturkatastrophen, Krankheit und Tod gehören zur Welt, zu ihrer Endlichkeit und Geschichtlichkeit. Doch durch die menschliche Schuldgeschichte und ihre Altlasten haben diese sogenannten »Übel« ihre Qualität verändert. Wir sehen sie wie durch einen Schleier. Wir sehen sie wie durch eine dunkle Brille. Wir sehen sie verdüstert. Wir begreifen sie nicht mehr unmittelbar im Horizont einer von Gott her gegebenen Sinn-Dimension.

So sehen wir etwa den Tod nicht als Übergang zu Gott an, sondern als erschreckenden und tragischen Abbruch unseres Lebens. Oder wir erleben die Natur nicht als die vielfältige und farbige Schöpfung Gottes, sondern als abgründigen, ja gefährlichen Gegner des Menschen. Nicht die Natur selbst ist böse oder widerlich oder ekelerregend – aber sie kommt uns oft so vor.

Die Urteile zum Beispiel, ob ein Tier ekelhaft oder schön ist, sind äußerst subjektiv. Ich kannte einen Biologieprofessor, der sich auf die Erforschung von Spinnen spezialisiert hatte. Er fand, dass Spinnen nicht nur zweckmäßige, sondern geradezu elegante Geschöpfe seien. Seiner Frau hingegen war es jedes Mal zuwider, wenn sie im Haus eine Spinne sah. Man sage nicht, solcher Ekel hätte nur etwas mit dem Kampf um Sauberkeit zu tun. Das sitzt tiefer. Da stecken oft noch Abwehr-Reaktionen aus unserer tierischen Vergangenheit in uns, die vor Gefährlichem warnen. Deshalb zum Beispiel der Ekel vor allem Schleimigen und allem Fremdartigen. Insofern sind diese Reaktionen sogar berechtigt. Aber sie verhindern auch, die Schöpfung objektiv zu sehen – sagen wir ruhig, sie in ihrer Zweckmäßigkeit, ihrer Vielfalt und Schönheit zu begreifen.

Nun hat die atavistische Angst vor Spinnen und Mäusen ja durchaus ihre erheiternde Seite. Wenn aber derselbe Reflex auftritt, sobald wir Menschen begegnen, die eine andere Hautfarbe haben, andere Physiognomie, die anders sprechen und sich anders verhalten als wir, kurz, die uns fremd sind, wird sofort deutlich, was ich mit »Blickverschleierung« meine: Wir betrachten dann allzu oft Menschen, die anders sind als wir, von vornherein als Eindringlinge, Widersacher und Feinde. Sie als *Menschen* anzusehen, die uns an die Seite gestellt sind, dass wir mit ihnen zusammenarbeiten und uns gegenseitig helfen, ist dann meist gar nicht mehr möglich. Stattdessen empfinden wir sie als Konkurrenten und haben Angst vor ihnen. Und allzu oft werden sie dann gemieden, ausgegrenzt, gehasst und verfolgt.

Damit bin ich nun an dem Punkt, der für die Frage nach dem Leid in der Welt zentral ist. Ja, es gibt unfasslich Schlimmes und Schreckliches in der Welt. Aber sehr oft werden die Übel der Welt von uns gar nicht verhindert, obwohl sie verhindert werden könnten. Und oft fügen wir uns diese Übel selber zu. Sehr viel menschliches Elend brauchte es ja überhaupt nicht zu geben.

Viele Naturkatastrophen brauchten niemanden umzubringen, wenn die Menschen solidarisch zusammenarbeiteten. In Erdbebenregionen könnten die Häuser erdbebensicher gebaut werden. Vor Tsunamis könnte frühzeitig gewarnt werden, genauso vor plötzlichen Überschwemmungen und Wirbelstürmen. Auch die permanenten Hungerkatastrophen in bestimmten Regionen der

Erde müssten nicht sein. Sie werden nicht nur durch Klimaänderungen verursacht. Oft haben sie politische Hintergründe.

Oder denken wir an die Ströme von Flüchtlingen, die aus ihrer Heimat vertrieben werden oder sie verlassen, weil sie dort nicht mehr existieren können. Die ständig anschwellende Migration, die jetzt über Europa hereinbricht, brauchte keineswegs zu sein. Menschen sind es, Machthaber, Verbrecher, Kriegstreiber, die eine Überfülle menschlichen Leids verursacht haben und verursachen.

Ist damit jetzt alles klar, und ich kann dieses Kapitel beenden? Nein! Nichts ist klar. Das alles musste zwar gesagt werden, aber die Frage nach »Gott und dem Leid in der Welt« hat noch tiefere Dimensionen.

Da ist zum Beispiel Auschwitz. Da ist die Shoah. Innerhalb der Frage nach dem Leid in der Welt bietet Auschwitz allen theologischen Erklärungsversuchen sperrigen Widerstand. Der Mord an sechs Millionen Juden bleibt ein unfassliches Geschehen, fast ein Geschehen neuer Art, vor dem die Theologie heute am liebsten verstummen möchte.

An Auschwitz entzündet sich noch einmal von neuem und jetzt mit letzter Radikalität die Frage nach dem Leid in der Welt: Wie kann Gott das endlose Leid der Geschichte, vor allem aber das seinem eigenen Volk zugefügte Leid zulassen? Ist mit Auschwitz die Gottesfrage nicht eben doch erledigt? Hätte Gott – wenn es ihn gibt – nicht das Schicksal der wehrlosen Kinder, Frauen und Greise, die nackt in die Gaskammern getrieben wurden, das Herz zerreißen müssen?

Ich kann alles Folgende nur unter dem Vorbehalt sagen, dass wir angesichts solcher Geschehnisse zunächst einmal verstummen müssten. Eigentlich hätte die Rede von diesem Verstummen schon am Anfang dieses Kapitels stehen müssen. Aber man kann nicht nach Anweisung verstummen. Mein Kapitel musste einen Anfang haben, und es muss auch jetzt weitergehen. Was ich mit dem Wort »verstummen« meine, muss untergründig weitergehen. Es sollte alles Reden über das Leid der Welt im Stillen begleiten und vor allem alles Argumentieren mit Vernunftgründen durchdringen und tragen.

Neben solchem Verstummen wäre dann bei aller theologischen Rede über Gott und das Leid immer auch die biblische Gebetsgattung der Klage angebracht – wie sie etwa in der ersten Hälfte von Psalm 22 hervorbricht:

Mein Gott, o mein Gott, warum hast du mich verlassen,
bist fern meinem Schreien, den Worten meiner Klage?
Mein Gott, ich rufe bei Tag, doch du schweigst;
ich rufe bei Nacht und finde doch keine Ruhe. [...]
Viele Hunde umlagern mich,
eine Rotte von Bösen umkreist mich.
Sie durchbohren mir Hände und Füße.
Man kann all meine Knochen zählen.
Sie gaffen und weiden sich an mir.
Sie verteilen unter sich meine Kleider
und werfen das Los um mein Gewand. (Ps 22,2–3.17–19)

Wer ist das »Ich«, das hier redet? Als moderner Mensch denkt man sogleich an einen Einzelnen, an eine individuelle Person, die in tiefer Not ist. Das ist auch nicht falsch. Aber die eigentliche Tiefendimension der Psalmen ist damit noch nicht erreicht.

Denn das »Ich« der Psalmen und der Klagelieder des Alten Testaments ist fast immer das »Wir« Israels. Ganz Israel klagt hier vor Gott. Es klagt über die Schrecken seiner Geschichte. Es klagt über das Leid, das ihm die Völker zufügen. Oder es klagt über das Leid, das sich die Menschen im Gottesvolk selbst zufügen. Psalm 22 ist zunächst einmal reine Klage, und diese Klage braucht Raum, bevor sich dann der Psalm voll Vertrauen und Hoffnung Gott zuwendet.

Entsprechend brauchte es auch den Raum der Klage, wenn wir Heutigen auf das Leid der Welt schauen. Bevor nicht die Klage ihren Ort bei uns hatte, sollten wir über die Frage nach Gott und dem Leid erst gar nicht nachdenken. Das gilt sogar für die modernen Heiden, die sich darüber entsetzen, dass die Welt ein Schlachthaus ist. Denn ohne die erschrockene und bekümmerte Klage wird alles Nachdenken über das Leid zu bloßem

Räsonieren. Indem die Klage sich unablässig erinnert, hält sie aus bei dem, was geschehen ist und erleidet es immer wieder von neuem mit. Allerdings bleibt Psalm 22 nicht bei der Klage stehen. Er verwandelt sich in Bitte:

Du aber, Herr, halte dich nicht fern!
Du, meine Stärke, eil mir zu Hilfe!
Entreiß mein Leben dem Schwert,
mein einziges Gut aus der Gewalt der Hunde!
Rette mich aus dem Rachen des Löwen,
vor den Hörnern der Büffel! (Ps 22,20–22)

Am Ende des Psalms hat Gott dann eingegriffen. Er hat den um Hilfe Schreienden errettet. Dieser feiert nun mit seinen Verwandten und Freunden ein festliches Mahl, bei dem er seine Rettungsgeschichte erzählt.

Aber auf welche Weise rettete Gott damals in Israel? Und auf welche Weise rettet er heute? Wie entriss er die nach Babylon Deportierten und die hungernd im Land selbst Zurückgebliebenen ihrem Elend? Und wie half er den Juden, die von den Gefolgsleuten Hitlers zusammengetrieben, in Güterwagen gepresst, in den Osten gefahren, dort selektiert und in todbringende Arbeit oder ins tödliche Gas geschickt wurden?

Dadurch dass er von oben her eingriff? Dadurch, dass er ein Wunder tat? Durch ein Erdbeben, das die SS erschreckte und zur Umkehr bewegte? Durch eine Seuche, die alle Nazis dahinraffte? Indem er Hitler, Himmler, Eichmann und Konsorten plötzlich sterben ließ? Bis heute hat es in der Geschichte nichts dergleichen gegeben.

Hitler hatte sogar verteufeltes Glück. Er ist mehrere Male Attentaten entgangen. Wenn es wirklich einmal geschah, dass Böse dahingerafft wurden, dann springen uns sofort die Gegenbeispiele in die Augen: Auch Gute wurden und werden dahingerafft. Also ist auch für die Zukunft mit keiner Rettungs-Magie dieser Art zu rechnen. In Auschwitz fiel eben kein Feuer vom Himmel, das die SS-Mannschaften tötete. Aber wie handelt dann Gott? Die gesamte Bibel setzt doch voraus, dass er hilft, dass er rettet, dass er eingreift.

Die Antwort kann nur lauten: Gott handelt durch Menschen. Durch Menschen, die an ihn glauben, die von seinem Geist ergriffen sind und vor Diktatoren keine Angst mehr haben, weil sie von dem Schriftwort leben: »Man muss Gott mehr gehorchen als den Menschen« (Apg 5,29).

Auf diese Weise hat Gott auch tatsächlich gehandelt. Es waren ja nicht wenige, die Juden unter eigener Lebensgefahr versteckt haben, die ihnen zur Flucht verholfen haben, die auf der Kanzel über das 5. Gebot in einer Form gepredigt haben, dass jeder wusste, wer gemeint war. Der Berliner Dompropst Bernhard Lichtenberg protestierte bei den nationalsozialistischen Behörden mit mehreren Eingaben gegen die Geschehnisse in den Konzentrationslagern. Er betete öffentlich für die Juden und für alle Verfolgten, wurde dafür verhaftet, misshandelt und starb auf dem Transport in das KZ Dachau. In Dachau selbst litten viele Priester, die wegen ihrer Predigten der Gestapo missliebig geworden waren.

Leider waren es zu wenige, die auf diese Weise Gott handeln ließen. Gott handelt zwar durch Menschen, gewiss. Aber er handelt vor allem durch das Volk, das er sich geschaffen hat. Der Sinn des Gottesvolkes besteht eben auch darin, dass Gott in der Welt ein Volk hat, das für andere ein Segen ist, das Gewalt durch Gewaltlosigkeit überwindet und den Armen zur Seite steht. Durch dieses Volk vor allem will Gott rettend handeln. Es ist sein Werkzeug für die Welt.

Das heißt nun aber: Die Christen in Deutschland insgesamt hätten nicht dulden dürfen, dass ihre jüdischen Schwestern und Brüder mit einem Judenstern ausgegrenzt wurden, dass sie gesellschaftlich geächtet und immer mehr Erpressungen ausgesetzt wurden. Die christlichen Gemeinden in Deutschland hätten spätestens dann, als die Scheiben der jüdischen Geschäfte von der SA zerschlagen und die Synagogen angezündet wurden – da spätestens hätten sie auf die Straße gehen und sich mit den Juden solidarisch erklären müssen. – Hitler wäre ohnmächtig gewesen.

Es ist nicht geschehen. Eine jahrhundertelange Geschichte des christlichen Antijudaismus und eines falschen Respekts vor der Staatsmacht hatte denen, auf die es angekommen wäre, die Augen blind gemacht und die Hirne vernebelt. Hat also Gott nicht gehandelt? Nein, die Christen in Deutschland haben in ihrer Mehrheit nicht gehandelt. Hat Gott geschwiegen? Nein, die Christen haben geschwiegen. Hat Gott beiseite geschaut? Nein, wir selber hatten den Blick abgewandt.

Solche Rede mag vielen Frommen noch immer fremd erscheinen, extrem, einseitig, wenig kirchlich, allzu sehr abweichend von dem üblichen religiösen Jargon. Und doch entscheidet sich an solch ärgerlicher Rede, ob wir unsere falschen Gottesbilder und das Unheil, das sie in der Welt anrichten, endlich verabschieden.

Gott ist kein Lückenbüßer. Er greift nicht gelegentlich in das Gefüge der Welt ein – dann, wenn es ihm gerade einmal einfällt. In Auschwitz hätte er dann beschlossen, nicht einzugreifen. Da hätte es ihm nicht gefallen. Wer so redet, redet gotteslästerlich. Gott handelt ständig. Er schenkt unablässig seinen Geist, damit die Christenheit aufwacht und ihre Aufgabe wahrnimmt. Er will durch die, die an ihn glauben, in der Welt handeln. Es hängt alles davon ab, ob sie auf Gott hören oder lieber die Ohren verschließen und wegschauen.

Damit wird die immense Verantwortung deutlich, die erschreckende Eigenständigkeit und die schwindelerregende Freiheit, die Gott dem Menschen einräumt. Letztlich endet die gesamte Frage, die uns hier beschäftigt hat, bei der Ungeheuerlichkeit der menschlichen Freiheit und Verantwortung.

Aber mit all dem kommen unsere Fragen noch immer nicht an ihr Ende. Es gibt wohl keinen denkenden Christen, der sich nicht schon die Frage gestellt hätte, warum Gott nicht eine ganz andere Welt geschaffen habe. Eine Welt, in der es überhaupt keine Evolution gäbe, keine mühsame Entwicklung auf ihn hin, kein leidvolles Fortschreiten zur Wahrheit, sondern eine Schöpfung, die von Anfang an und schon immer an ihrem Ziel angekommen wäre. Also ein fertiges Paradies, in dem schon alles immer da wäre, eine Welt, in der es überhaupt keine Schuld und kein Versagen geben könnte. Formulieren wir es noch radikaler: Warum hat Gott nicht von vornherein nur Himmel geschaffen oder aber die Welt eben als Himmel?

Die Antwort kann nur lauten: In einer Welt, in der es keine Evolution gäbe, keine mühsame Entwicklung auf Gott hin, kein leidvolles Fortschreiten auf ein letztes Ziel hin, gäbe es keine Freiheit. In einer solchen Welt wären die Menschen bloße Marionetten, infantile, euphorisierte, auf Glücksgefühl programmierte Bio-Maschinen, wie sie Aldous Huxley 1932 in seinem Roman »Schöne neue Welt« geschildert hat.

Es gibt Menschen, die an dieser Stelle Kompromisse eingehen möchten. Sie sagen: Gewiss, Gott hätte uns nicht sofort in den Himmel versetzen müssen. Aber er hätte doch eine Erde schaffen können, in der es gerechter zugeht, in der die Machtmenschen schnell oder doch sehr bald die Strafe trifft, in der die Guten belohnt werden und in der das Böse sichtbar und augenscheinlich gerichtet wird. Also eine Welt, in der es nicht die dunklen Rätsel gibt, sondern Klarheit, Transparenz und Gerechtigkeit. In einer solchen Welt könnte es ja immer noch Freiheit geben – die Freiheit, sich zum Guten zu entscheiden. Die Menschen würden auf diese Weise das Gute unmittelbar sehen, sie würden die Wahrheit unmittelbar erkennen, würden wahrnehmen, wie schön sie ist – und dann würden sie sich auch für die Wahrheit und das Gute entscheiden. Es wäre eine andere, eine bessere Welt! Ist die real existierende Welt nicht doch eine Fehlkonstruktion?

Nein, nicht unsere Welt, sondern diese vorgestellte und erdachte Welt wäre vom Anfang bis zum Ende eine Fehlkonstruktion! Sie ist absurd. Soll Gott etwa die Gewalt, sobald sie beginnt, verhindern? Soll der Gewalttäter nicht zustechen können? Soll die Schneide seines Messers weich werden wie Butter, sobald er töten will? Oder soll er die Tat zwar ausführen können, aber dann soll ihn ein Blitzstrahl treffen, damit alle sehen können: Er war ein Verbrecher, und Verbrecher trifft die Strafe Gottes? Man muss diese konstruierte Wunschwelt wirklich einmal auf ihre Realität hin durchdenken, damit man sieht, wie irreal sie ist.

Sie würde auch keine Freiheit schenken, denn die wirkliche Freiheit ist in dieser Welt immer ein Wagnis. Freiheit muss sich entscheiden. Sie muss sich entscheiden, ob sie gut sein will oder nicht, ob sie wahrhaftig sein will oder nicht, ob sie dem anderen vertraut oder nicht vertraut. Eine Welt mit sofortigen Sanktionen würde zu einem Kasperle-Theater, zu einer Schmierenkomödie, zu einem Kitsch-Stück schlimmster Sorte, Gottes und des Menschen unwürdig.

Freiheit ist nicht billig zu haben. Sie ist ein Kapital, das erarbeitet werden muss. Sie kann das Leben kosten. Erst die errungene Freiheit macht den Menschen zum Menschen, zum Bewunderer und zum Liebenden. Nur freie Menschen können erfahren, was Liebe ist.

Aber wie ist es dann mit all denen, die nie frei wurden? Die ohne eigene Schuld in ihrer Entwicklung zurückgeblieben sind? Wie ist es mit denen, deren Existenz nie zur Freiheit reifen konnte, weil sie von Geburt an aufs schwerste behindert waren, oder weil sie in unmenschlichen Verhältnissen leben mussten, oder weil sie schon als Säuglinge starben, oder weil sie im Mutterleib getötet wurden?

Die damit angeschnittene Frage stellt sich übrigens auch für die langen Übergänge zum *homo sapiens.* Was ist mit den Milliarden derer, die noch im Übergang lebten – nicht mehr ganz Tier und noch nicht wirklich Mensch? Werden all diese Wesen am Ende ins Nichts versinken? Ins reine Umsonst?

Es gibt hier keine sinnvolle Antwort, wenn wir nicht bedenken, was mit »Teilhabe«, mit Partizipation gemeint ist. Es ist ja auch bei dem ganz Mensch gewordenen Menschen so, dass seine Freiheit, sein Verstand, seine Würde, ja sein Glück niemals etwas ist, das er aus sich allein und für sich allein hat. Er hat das alles immer von anderen und mit anderen zusammen. Ewiges Leben ist nach christlichem Verständnis nicht nur unverdientes Geschenk, sondern darüber hinaus reine Teilhabe – Teilhabe an dem Glück, dem Wissen, der Freiheit, der Heiligkeit anderer. Letztlich Teilhabe am Leben des dreieinen Gottes, der selber in sich Gemeinschaft und reine Teilhabe ist.

Damit bin ich bei dem Thema der Auferweckung der Toten angekommen. Das war unausweichlich. Denn für die Christen gibt es auf die abgrundtiefe Frage nach dem Leid noch eine letzte Antwort, die alles bisher Gesagte umfängt und trägt: Es ist die Verheißung der Auferstehung. Die Auferstehung der Toten ist Gottes letzte Antwort auf alles Leid der Welt.

Wir dürfen den Weg nicht zum Ziel erklären. Das Ziel ist noch nicht erreicht. Wir sind noch unterwegs zu dem Ziel, das Gott mit der Welt im Sinn hat. Dieses Ziel heißt »Auferweckung der Toten«, und zwar gerade derjenigen Toten, denen Gewalt und Unrecht zugefügt wurde – Unrecht, das nie geklärt und nie aufgedeckt werden konnte.

Allerdings muss auch der Satz von der Auferweckung der Toten noch einmal differenziert werden. Zum Christsein gehört unabdingbar die Zuversicht, dass in der Auferstehung Jesu die Auferstehung der Geschichte schon begonnen hat, ja dass sie sogar schon jetzt für jeden beginnt, der an Christus glaubt. Paulus und seine Schüler, aber auch das Johannesevangelium bringen dieses »Schon jetzt« ins Wort, indem sie von dem täglichen Sterben und Auferstehen der Glaubenden sprechen (Röm 6,13; 2 Kor 4,16; Kol 3,1–4; Joh 4,24).

Sie sprechen damit von einer Erfahrung, die nicht nur Christen machen, sondern die jeder machen kann: Wer sein Leiden annimmt, es gleichsam umfängt und sein gläubiges »Ja« spricht, erfährt schon jetzt mitten in allem Schmerz und Elend einen unendlichen Sinn, der Ewigkeit in sich trägt.

Freilich darf »sein Leiden annehmen« nicht nur heißen, das *eigene* Leiden anzunehmen. Es heißt gerade, das *fremde* Leiden zu seinem eigenen zu machen und zu helfen. Damit sind wir noch einmal bei der schon angedeuteten Antwort auf das Elend in der Welt angekommen: in Freiheit Verantwortung zu übernehmen und darauf zu achten, wo unsere Hilfe gebraucht wird.

Ich habe in diesem Kapitel immer wieder von der Freiheit gesprochen. Sie gehört wesentlich zur Würde des Menschen. Hätte Gott uns als Marionetten geschaffen, brauchte es tatsächlich keine Leiden zu geben. Wir könnten dann in transpersonalen, infantilen Glücksgefühlen leben, wie sie der Drogenrausch ansatzweise erahnen lässt. Das wirkliche Glück ist aber etwas anderes. Es setzt immer Freiheit voraus, es setzt die Entscheidung unserer ganzen Existenz voraus.

Letzen Endes ist die Frage, wie das Leid der Welt mit der Güte Gottes zusammengehen kann, mit bloßem Argumentieren also nicht zu lösen. Es ist eine Glaubensentscheidung. Wir müssen uns entscheiden, ob wir lieber an eine perverse, ungerechte, widersinnige und absurde Welt glauben, in der das Leid der unzähligen Unschuldigen, denen von Menschen schwerstes Unrecht zugefügt wurde, in Ewigkeit ungeklärt bleibt – oder ob wir an eine Welt glauben, die in den Händen Gottes ruht, in den Händen des Gottes der Bibel, der mehr weiß als wir und der uns in die Freiheit berufen hat.

Ich habe mich seit langem für die zweite Möglichkeit entschieden. Ich weigere mich, die Welt und die Geschichte als eine absurde Sinnlosigkeit anzusehen. Ich glaube an den Sinn der Schöpfung, – dass sie nämlich ihr Ziel und ihre Vollendung in Gott finden wird.

*

»Ich weigere mich, die Welt und die Geschichte als eine absurde Sinnlosigkeit anzusehen« – bei diesem gerade niedergeschriebenen Satz hatte ich den französischen Schriftsteller und Philosophen Albert Camus (1913–1960) vor Augen. Und zwar in keiner Weise abwertend. Ich habe vor diesem Existentialisten eine hohe Achtung. Denn er gehört zu der Schar jener Agnostiker, die sich nichts vormachen, die Welt und Geschichte mit staunenswerter Nüchternheit betrachten und ehrlich die Konsequenzen ziehen aus ihrer Voraussetzung, dass man mit der Existenz Gottes nicht rechnen kann.

Nach Albert Camus sind das abgrundtiefe Leid der Welt und das Elend des menschlichen Lebens unerklärbar. Der Mensch ist zwar ständig auf Sinnsuche, trifft aber immer nur auf Sinnlosigkeit. Camus spricht in diesem Zusammenhang von der »Absurdität« der menschlichen Existenz. In seinem Essay »Der Mythos des Sisyphos« sagt er, diese Absurdität in ihrer trostlosen Nacktheit könne den Menschen jederzeit anspringen, mitten im Grau des Alltags, an jeder Straßenecke, in der Straßenbahn, beim Essen, im Büro – eben die radikale Frage nach dem »Warum« des Ganzen. Und diese schreckliche Sinnlosigkeit des Lebens werde durch den Tod dann ein für alle Mal besiegelt.

Allerdings belässt es Camus nicht bei dieser Analyse. Er ruft auf zum Widerspruch, zur Auflehnung, zur Gegenwehr, zur »Revolte« gegen die Absurdität des menschlichen Lebens. Das »Trotzdem« des Menschen könne aber nicht in der Hinwendung zu irgendwelchen Ideologien, zum Beispiel zum Kommunismus bestehen (darin widerspricht Camus bewusst Jean-Paul Sartre und anderen französischen Existentialisten). Die eigentliche Revolte geschehe in der Kunst. In ihr lasse sich das »trotzige Dennoch« des Menschen vollziehen. Die Kunst halte den Menschen ein Bild der gemeinsamen Leiden und Freuden vor Augen. So stehe sie im Dienst der »Revolte«. Sie erschaffe die Welt neu.

Diese Philosophie ist noch längst kein Christentum. Aber sie schafft in ihrer Nüchternheit und Ehrlichkeit einen Raum, der für weitergehende Fragen Platz lässt. Camus gehört damit zu einer Anzahl von Denkern, die gar nicht so klein ist. Man könnte sie als »bekümmerte Atheisten« bezeichnen. Ich denke dabei etwa an den französischen Philosophen und Schriftsteller André Comte-Sponville (*1952). Er macht damit ernst, dass auch ein Atheist ein eigenes, ihm angemessenes Ethos braucht.[66] Er holt es sich aus dem Christentum, aus der griechischen Philosophie, aus dem Buddhismus und bei Simone Weil.

Auf jeden Fall gilt: Es gibt Atheisten, die sich jeder Christ als Gesprächspartner nur wünschen kann. Ihr Atheismus hilft ihm, den eigenen Glauben zu klären und diesen Glauben von falschem Ballast zu befreien. Die Begegnung mit einem unbestechlichen und sich selbst gegenüber kritischen Atheisten kann den Glauben nur beleben. Zwischen dem christlichen Glauben und dem radikal fragenden und zugleich bekümmerten Atheismus gibt es viele Gemeinsamkeiten. Denn der jüdisch-christliche

Glaube ist unablässig dabei, die Götter der Welt zu leugnen und den vielen falschen Gottesbildern, die das Bild des wahren Gottes immer wieder überlagern, mit schärfster Kritik zu begegnen. Diese ›wahre Aufklärung‹ hat einst in Israel begonnen und ist in der Kirche weitergegangen. Man darf ja nie vergessen, dass die Christen der kirchlichen Frühzeit von ihren heidnischen Gegnern aus eben diesem Grund als »Atheisten«, das heißt als »Gottlose« bezeichnet wurden. Der von Stalin in die Verbannung geschickte russische Literaturwissenschaftler Michail Bachtin (1895–1975) sagt zu Recht:

> *Der Glaube lebt dicht an der Grenze zum Atheismus, schaut ihn an und versteht ihn; der Atheismus lebt dicht an der Grenze des Glaubens und versteht den Glauben.*

Der wahre Atheist versteht den Glauben, weil er selbst radikal denkt und radikal lebt. Der wirklich gefährliche Feind des Glaubens ist deshalb auch nicht der Atheismus, sondern die Gleichgültigkeit, die Bequemlichkeit, die Lauheit, der Stumpfsinn, die Arroganz – und zwar innerhalb der Kirche wie außerhalb von ihr.

13. Warum ich an Gott glaube

Ich beginne dieses Kapitel – es ist das wichtigste dieses Buches – mit einer Frage, über die wir oft nachdenken sollten. Sie lautet: Wem dürfen wir eigentlich vertrauen? Ich meine damit nicht jenes Alltags-Vertrauen, das wir anderen ständig entgegenbringen müssen, weil wir sonst gar nicht existieren könnten.

Irgendwie vertrauen wir ja ständig. Wir vertrauen unserem Metzger, dass die Wurst, die er uns verkauft, nicht vergiftet ist. Wir vertrauen unserer Zahnärztin, dass sie uns nicht aus Unaufmerksamkeit einen gesunden Zahn zieht. Wir vertrauen dem Autofahrer, der uns auf einer Landstraße entgegenrast, dass er nicht frontal in unser Auto hineinknallt. In diesem Sinn müssen wir den ganzen Tag hindurch vertrauen.

Das also meine ich nicht mit der Frage, wem wir eigentlich vertrauen dürfen. Ich meine jenes letzte, abgrundtiefe Vertrauen, bei dem ich einem anderen mein Leben schenke, meine ganze Existenz. Ich meine jenes Vertrauen, das völlige Hingabe ist ohne jeden Vorbehalt und ohne jede Bedingung. Ich meine das absolute Vertrauen.

Solches Vertrauen darf ich nur Gott schenken.[67] Nur Gott darf ich mein ganzes Leben übergeben. Und auch nur er darf absolutes Vertrauen von mir fordern, weil er der absolut Heilige, der absolut Wahrhaftige und der absolut Gute ist. Wenn die Bibel von »glauben« spricht, meint sie dieses sich hingebende »Vertrauen«.

Wenn ich nun aber sage: Nur Gott ist der absolut Heilige, der absolut Wahrhaftige, der absolut Gütige, und nur ihm darf ich bedingungslos vertrauen, dann habe ich damit zugleich gesagt, dass Gott ein Antlitz hat. Er ist Person. Wenn ich an Gott glaube, dann glaube ich nicht an eine Sache, letztlich auch nicht an Lehrsätze, nicht einmal an das »absolute Sein« oder die »erste Ursache«, sondern ich glaube an eine Person. Nur an eine Person kann ich mich hingeben. Und hingeben darf ich mich nur an eine Person, die mich anschaut, die zu mir spricht, die mich will, die mich liebt. (Dass wir den Begriff der göttlichen Personen nicht mit dem bei uns üblichen Personbegriff gleichsetzen dürfen, habe ich in Kapitel 7 versucht zu zeigen.)

Schon das Alte Testament sagt, dass Gott Person sei, doch gebraucht es dabei nicht das Wort »Person«. Dieses Wort ist *als Wort* erst später in theologischen Gebrauch gekommen. Aber das, was mit »Person« gemeint ist, kommt im Alten Testament tausendfach vor, vor allem in den Psalmen. Gott schaut die Menschen an. Er spricht. Er handelt. Er beschenkt. Er wendet sich ab. Er zürnt. Er vergisst seinen Zorn. Er verzeiht. Er liebt. Er tröstet. Er wischt dem Menschen die Tränen von den Augen. All diese Anthropomorphismen, die so formulieren, als wäre Gott ein Mensch, wollen letztlich sagen, dass er ein Antlitz hat, dass er Person ist.

Doch nun kommt das »Aber«. Gott ist Person, ja. Aber eine Person möchte ich doch sehen können, möchte ich hören, möchte ich fühlen. Ihr möchte ich begegnen. Aber das kann ich gerade nicht. »Niemand hat Gott je gesehen«, sagt das Johannesevangelium (1,18). »Gott wohnt in unzugänglichem Licht«, sagt der 1. Timotheusbrief (6,16), und er fügt sogar noch hinzu: »Keiner hat ihn je gesehen noch kann ihn je einer sehen.«

Erst wenn wir diese letzte Verborgenheit Gottes ernst nehmen, ahnen wir das Ungeheuerliche an dem christlichen Bekenntnis, dass Gott Mensch geworden ist, dass sein Logos in Jesus Fleisch wurde (Joh 1,14), dass wir dann, wenn wir Jesus sehen, den Vater selbst sehen (Joh 14,9). Im Angesicht Jesu sehen wir das Angesicht Gottes. Das absolute und bedingungslose Vertrauen, von dem ich geredet habe, das wir nur Gott entgegenbringen dürfen, kann sich auf Jesus richten. Wir dürfen ihm alles übergeben: unsere ganze Existenz.

Dass Gott ein Angesicht hat, dass uns dieses Angesicht des verborgenen Gottes *in Jesus* anblickt und dass wir uns in Jesus Gott selbst absolut anvertrauen dürfen – es ist eines der schönsten Geheimnisse des Christentums. Warum ist dieses Geheimnis so tief, so bewegend, so unvergleichlich? Warum übersteigt es alles, was die vielen Religionen der Welt besitzen?

Weil im Geheimnis der Inkarnation Gott der Verborgene bleibt, der Unfassbare, der Unermessliche, der Unantastbare, der Heilige. Und weil er zugleich und im selben Ausmaß der offenbare Gott wird, der, dessen Angesicht man sehen kann, der sich preisgibt, der sich verletzbar macht, der sein innerstes Herz entblößt. Diesem Sich-Preisgeben Gottes in Jesus entspricht nun vieles, das den christlichen Glauben unverwechselbar macht und ihn von sämtlichen Religionen der Welt zutiefst unterscheidet. Ich kann an dieser Stelle nur das Wichtigste nennen.

Zum Beispiel, dass Jesus jede Form von Gewalt verabscheut hat. Er hat nicht nur von seinen Jüngern absoluten Gewaltverzicht verlangt. Auch er selbst hat keine Gewalt ausgeübt, sondern allein auf freie Überzeugung vertraut. Jesus hat sich von seinen Gegnern lieber umbringen lassen, als auf Gewalt zu setzen. Das ist ein schneidender und enthüllender Unterschied zu dem Gott des Islam, zum Koran und zur realen Praxis Mohammeds. Dieser Unterschied darf niemals verwischt werden. Wir müssen uns zu ihm bekennen. Besser noch: Wir müssen ihn leben![68]

Zum Geheimnis der Inkarnation gehört auch, dass Gott selbst in die Geschichte eingetreten ist. Er ist nicht nur Fleisch geworden, er hat sich der Geschichte preisgegeben. Seit Herodot, Thukydides, Livius und Tacitus wissen wir, was ›Geschichte‹ ist. Nein, wir wissen es schon aus dem Alten Testament. Wir wissen, dass die geschichtslosen Naturreligionen, die von den sich stets wiederholenden Jahresabläufen leben und von der Wiederkehr des ewig Gleichen, ein wesentliches Existenzial des Menschen noch nicht erkannt oder sogar bewusst ausgeblendet haben. Sie können deshalb dem Blick des aufgeklärten Menschen nicht standhalten. Denn sie wissen nicht, was Geschichte ist. Geschichte ist unser Schicksal. Gott ist in die Geschichte eingetreten: radikal und für immer.

Zum Geheimnis der Inkarnation gehört auch, dass Gott die Welt geheiligt hat. Er ist Fleisch geworden. Er hat alles angenommen, was zur Welt gehört: das hilflose, um Luft ringende Eintreten des Säuglings in die Welt, dessen ersten Schrei, das sehnsüchtige und zugleich mühselige Lernen, die Krankheiten, die Feindschaften, am Ende den Tod. Gott ist nicht nur Mensch, er ist Jude geworden und in seinem Judesein ist er Welt geworden. Damit ist die Welt geheiligt. Und damit ist jede Religion, die ›Weltflucht‹ und ›Entweltlichung‹ predigt oder die jedes Begehren als negativ ansieht, ins Abseits geraten (ich denke an den Buddhismus). Wir dürfen begehren. Wir dürfen, solange es gemäß der Schöpfungsordnung geschieht, alles begehren, was gut und wahr und schön ist. Wir dürfen mit Leidenschaft lieben. Wir dürfen uns über die Schöpfung freuen und wir dürfen von ihr kosten.

Zum Geheimnis der Inkarnation gehört schließlich, dass Gott der Welt eine unbesiegbare Hoffnung eingestiftet hat. Denn wenn er die Welt nicht nur erschaffen hat, sondern wenn er selber Welt geworden ist, dann muss diese Welt ein Ziel haben – eine alles übersteigende Zukunft, die selbst das Leiden und das Elend in die göttliche Herrlichkeit hineinzieht. Damit sind alle Weltanschauungen vom Platz verwiesen, die am Leid der Welt verzweifeln und ihrer Verzweiflung dann ein heroisches ›Dennoch‹ abringen.

Meine Leserinnen und Leser haben es längst gemerkt: Mein Nachdenken über die Menschwerdung Gottes in diesem Kapitel war zugleich eine Auseinandersetzung mit der riesigen Welt der Religionen und Weltanschauungen. Natürlich war das alles fast holzschnittartig. Es konnte bei einem begrenzten Platz auch nicht anders sein. Aber dahinter steht bei mir ein ständiges Gespräch mit den dissonanten Stimmen unserer Gesellschaft und eine nicht abreißende Auseinandersetzung mit den Weltreligionen. Beides hat die Integrierte Gemeinde, seit ich sie kenne, umgetrieben. Beides, der Blick auf die Gesellschaft und der Blick auf die Religionen, hat uns Jahr für Jahr in Atem gehalten. Nicht als Distanzierte, sondern als Hineingetriebene in die Fragen, die unsere Gesellschaft unablässig hin und her reißen.

Meinem Glauben hat diese Auseinandersetzung nicht geschadet. Im Gegenteil. Ich hoffe, er ist realistischer und tiefer geworden, als er in seinen ersten Jahrzehnten war.

Damit nähere ich mich jetzt dem Fazit des vorliegenden Kapitels: Die Formulierung »*Warum ich an Gott glaube*«, ist im

Grunde unzulänglich und einseitig. Eigentlich müsste der Buchtitel lauten: »*Warum ich an Gott glaube, den ich in Jesus Christus erkenne*«. Und selbst diese Formulierung würde noch nicht genügen. Jesus kann ich nur wirklich erkennen *im Heiligen Geist, den er uns geschenkt hat,* um uns nicht allein zurückzulassen – und zwar *in eben jenem Heiligen Geist, der die Kirche belebt und vorantreibt.* Das alles fasst das Apostolische Glaubensbekenntnis in seinen drei Artikeln ja auch zusammen – und das alles hätte eigentlich in den Buchtitel hineingehört. Aber Buchtitel zu formulieren ist schwer – manchmal sogar das Schwerste an einem Buch.

Doch damit ist nun der vollständige Buchtitel wenigstens an dieser Stelle genannt – und ich kann endlich zu der wichtigsten Aussage meines Buches kommen: *Warum glaube ich an Gott?*

Ich glaube an ihn, weil er mir in Jesus Christus begegnet ist und immer wieder begegnet. Er begegnet mir in der Heiligen Schrift, in diesem unbeschreibbaren Buch, mit dem man nie an ein Ende kommt. Er begegnet mir aber auch in den vielen Brüdern und Schwestern, die auf die Kirche setzen, *obwohl* es in ihr so viel Schuld gibt. Aber sie *bekennt* eben auch ihre Schuld. An jedem Sonntag. In jeder hl. Messe. Außerdem gibt es in ihr die zahllosen Heiligen: das eigentliche Wunder der Kirche. Wer die Kirche verachtet, ist nur auf ihre Schuld und ihre Fehler fixiert – von all dem Guten und Schönen, das in ihr lebendig ist, schaut er weg.

Ich kann davon nicht wegschauen. Ich schaue auf die vielen Menschen, die mir in der Kirche begegnet sind und mir immer wieder fröhlich und hilfreich begegnen. Vor allem aber schaue ich auf Jesus. An ihm halte ich mich fest. In ihm will ich sterben.

14. Alles gesagt?

Warum glaube ich an Gott? Habe ich jetzt wirklich schon alles gesagt? Wahrscheinlich gibt es neben dem Gesagten noch vieles andere, das mich der Kirche und ihrer Botschaft von Jesus Christus gern und mit ganzen Herzen glauben lässt.

Ist es vielleicht die Faszination des Gregorianischen Chorals mit seiner Wehmut und seiner Hoffnung?

Ist es vielleicht die Schönheit der alten Marienbilder, in denen griechische Formsicherheit und mittelalterlicher Glaube eine nie mehr wiederholbare Einheit gefunden haben?

Sind es vielleicht die Gleichnisse Jesu und die unvergleichliche Wucht seiner Bergpredigt?

Sind es die Psalmen, die mich Tag für Tag erfreuen und mir Antwort geben auf meine Fragen an Gott?

Oder weil es das Bußsakrament gibt: vorweggenommenes Endgericht, Angeld der Erlösung?

Oder weil der christliche Glaube *alles* umfasst und durchdringt: Leben und Tod, Natur und Geschichte, Schuld und Erlösung – Stern und Blume, Geist und Kleid, Lieb, Leid' und Zeit und Ewigkeit?[69]

Oder ist es einfach der Glanz der Wahrheit?

*

Manchmal schlage ich ein altes Gebetbuch auf. Es war mir immer kostbar, weil meine Mutter es fast täglich benutzt hat. Eines Tages fand ich beim Hin- und Herblättern, dass sie auf die letzte Seite mit ihrer klaren und schönen Schrift geschrieben hatte: »Wir haben nichts, was wir nicht empfangen hätten. Alles ist Gnade.«[70]

Danksagung

Mit der Erinnerung ist es eine seltsame Sache. Wenn man sich daran macht, in das eigene Leben zurückzublicken, gerät man ins Staunen, was alles aus dem unergründlichen Brunnen der Vergangenheit aufsteigt. Doch da tauchen auch Figurationen auf, denen man nicht traut, und Gesprächsfragmente, deren man sich nicht sicher ist. Treibt das Gedächtnis sein Spiel mit uns? Also holt man sich Hilfe. Man befragt andere. Man bittet sie, sich mit zu erinnern.

Für diesen Erinnerungsbeistand möchte ich an dieser Stelle sehr herzlich danken – zunächst meinem Bruder Norbert, der das gesamte Manuskript überprüft hat; dann Gerd Block, der das Ganze ebenfalls mit Akribie gelesen hat; weiterhin meiner Mitschülerin am Heinrich-von-Gagern-Gymnasium Barbara Scardigli; sodann meinem ehemaligen Tübinger Studenten Hans Josef Miller (er war derjenige, der seinerzeit die Besetzer so entschieden aus dem Hörsaal gewiesen hat); und selbstverständlich meinem damaligen Tübinger Assistenten Marius Reiser, der sich in unseren vielen Telefongesprächen an Dinge erinnert hat, die mir völlig entfallen waren.

Auch danke ich Johannes Hamel, dessen scharfsichtigem Blick ich einige zentrale Texte des Manuskripts vorgelegt habe, außerdem Hans Hubert Klein, der mir für die sich hier anschließende Bücherliste entscheidende Hilfen gegeben hat, schließlich meinen lieben Mitbewohnern Carmelita und Gerd Block, mit denen ich jeden Tag am gemeinsamen Tisch sitze.

Es waren aber noch viele andere, mit denen ich in den letzten Monaten über Dinge aus den vergangenen Jahrzehnten gesprochen habe, vor allem auch Achim Buckenmaier, der in unserer Gemeinde in Tansania lange mitgeholfen hat und dessen Rat in Fragen der kirchlichen Dogmatik ich außerordentlich schätze.

Wie immer gilt mein Dank Herrn Dr. Bruno Steimer aus dem Programmbereich ›Theologie‹ des Verlags Herder. Wir waren im ständigen Gespräch; und er hat mich in einer Weise beraten und unterstützt, die ich ihm nie vergessen werde. Dieser Dank gilt auch dem gesamten Verlag Herder für vielfältige Hilfe – und dort besonders Frau Francesca Bressan. Sie sorgt in der Abteilung ›Foreign Rights‹ für die Übersetzung und Verbreitung meiner Bücher in der weiten Welt.

Von meinen Computerproblemen – weshalb nur machen die Programmierer ihre Systeme immer komplizierter und unübersichtlicher? – hat mich auch bei diesem Buch Raphael Jaklitsch kenntnisreich und mit sicherer Hand immer wieder befreit. Auch Hans Pachner hat für mich in der Bayerischen Staatsbibliothek wieder getreulich Bücher ausgeliehen. Er gehört mit Gerd Block und Raphael Jaklitsch zu meinen unentbehrlichen Nothelfern.

Die Freude und Zuneigung, mit der ich diese Danksagung schreibe, gilt natürlich auch und ganz besonders Ihnen, meinen Leserinnen und Lesern. Ich fühle mich mit Euch allen verbunden. Gott segne Euch, wo immer ihr seid!

Gerhard Lohfink

Bücher von Gerhard Lohfink

Die folgende Liste ist chronologisch angelegt. Sie listet die Bücher des Verfassers, die in deutscher Sprache erschienen sind, vollständig auf – auch in den Fällen, wo er Herausgeber oder Mitherausgeber (Hrsg.) war. Elektronische Ausgaben der genannten Titel (PDF und / oder EPub) werden nicht aufgeführt – auch nicht die vielen Übersetzungen in andere Sprachen sowie Beiträge des Autors in Zeitschriften und Sammelbänden.

Paulus vor Damaskus. Arbeitsweisen der neueren Bibelwissenschaft dargestellt an den Texten Apg 9,1–19; 22,3–21; 26,9–18 (Stuttgarter Bibelstudien 4), Stuttgart (Verlag Katholisches Bibelwerk) 1965.

Die Bibel: Gotteswort in Menschenwort (Kleine Reihe zur Bibel Nr. 1), Stuttgart (Verlag Katholisches Bibelwerk) 1967, 7. Auflage 1986.

Die Himmelfahrt Jesu. Untersuchungen zu den Himmelfahrts- und Erhöhungstexten bei Lukas (Studien zum Alten und Neuen Testament Nr. 26), München (Kösel Verlag) 1971.

Die Himmelfahrt Jesu – Erfindung oder Erfahrung? (Kleine Reihe zur Bibel Nr. 18), Stuttgart (Verlag Katholisches Bibelwerk) 1972, 3. Auflage 1986.

Gott ohne Masken. Predigten und Ansprachen, Würzburg (Echter Verlag) 1.–2. Auflage 1972.

Jetzt verstehe ich die Bibel. Ein Sachbuch zur Formkritik, Stuttgart (Verlag Katholisches Bibelwerk) 1973, 13. Auflage 1986. – Übernommen in die Reihe: Stuttgarter Taschenbücher Nr.11, Stuttgart (Verlag Katholisches Bibelwerk) 1992.

Die Sammlung Israels. Eine Untersuchung zur lukanischen Ekklesiologie (Studien zum Alten und Neuen Testament Nr. 39), München (Kösel-Verlag) 1975.

G. Greshake/G. Lohfink, Naherwartung – Auferstehung – Unsterblichkeit (Quaestiones disputatae Nr. 71), Freiburg i. Br. (Verlag Herder) 1975, 3. erweiterte Auflage 1978, 5. erneut erweiterte Auflage 1986.

Der Tod ist nicht das letzte Wort. Meditationen, Freiburg i. Br. (Verlag Herder) 1976, 15. Auflage 1991.– Übernommen unter dem gleichen Titel vom Verlag der action 365, Frankfurt am Main 2009.

Glaube braucht Erfahrung, Würzburg (Echter Verlag) 1.–4. Auflage 1977.

G. Greshake/G. Lohfink (Hrsg.), Bittgebet – Testfall des Glaubens. Mit Beiträgen von Gisbert Greshake, Anselm Hertz, Gerhard Lohfink, Thomas Pröpper und Hans Schaller, Mainz (Grünewald Verlag) 1978.

Der letzte Tag Jesu. Die Ereignisse der Passion, Freiburg i. Br. (Verlag Herder) 1981, 7. Auflage 1989. – Neuausgabe unter dem Titel »Der letzte Tag Jesu. Was bei der Passion wirklich geschah«, Stuttgart (Verlag Katholisches Bibelwerk) 2005, 5. Auflage 2018.

Wie hat Jesus Gemeinde gewollt? Zur gesellschaftlichen Dimension des christlichen Glaubens, Freiburg i. Br. (Verlag Herder) 1982, 9. Auflage 1991. – Übernommen als Neuausgabe in (Herderbücherei Bd. 1798), Freiburg i. Br. (Verlag Herder) 1993. – Aktualisierte Neuausgabe unter dem Titel: »Wie hat Jesus Gemeinde gewollt? Kirche im Kontrast«, Stuttgart (Verlag Katholisches Bibelwerk) 2015.

Gottes Taten gehen weiter. Geschichtstheologie als Grundvollzug neutestamentlicher Gemeinden, Freiburg i. Br. (Verlag Herder) 1985.

G. Lohfink/R. Pesch, Tiefenpsychologie und keine Exegese. Eine Auseinandersetzung mit Eugen Drewermann (Stuttgarter Bibelstudien Nr. 129), Stuttgart (Verlag Katholisches Bibelwerk) 1987, 2. Auflage 1988.

Wem gilt die Bergpredigt? Beiträge zu einer christlichen Ethik, Freiburg i. Br. (Verlag Herder) 1988. – Übernommen unter dem neuen Titel: »Wem gilt die Bergpredigt? Zur Glaubwürdigkeit des Christlichen« in die Herderbücherei Bd. 1777, Freiburg i. Br. (Verlag Herder) 1993.

Studien zum Neuen Testament (Stuttgarter biblische Aufsatzbände. Neues Testament Nr. 5), Stuttgart (Verlag Katholisches Bibelwerk) 1989.

Braucht Gott die Kirche? Zur Theologie des Volkes Gottes, Freiburg i. Br. (Verlag Herder) / Hagen (Verlag Urfeld), 1998, 5. Auflage 2002.

Gottes Volksbegehren. Biblische Herausforderungen, München (Verlag Neue Stadt) 1998.

G. Lohfink/R. Pesch/L. Weimer (Hrsg.), Die Feier des Sonntags. Auslegungen der Schrifttexte. Lesejahr A, Bad Tölz (Verlag Urfeld) 2001, 2. Auflage 2004.

G. Lohfink/R. Pesch/L. Weimer (Hrsg.), Die Feier des Sonntags. Auslegungen der Schrifttexte. Lesejahr B, Bad Tölz (Verlag Urfeld) 2002.

G. Lohfink/R. Pesch/L. Weimer (Hrsg.), Die Feier des Sonntags. Auslegungen der Schrifttexte. Lesejahr C, Bad Tölz (Verlag Urfeld) 2003.

Auf der Erde, wo sonst? Ein theologisches Tagebuch, Bad Tölz (Verlag Urfeld) 2003. – Aktualisierte Neuausgabe unter dem Titel: »Auf der Erde – wo sonst? Unangepasstes über Gott und die Welt«: Stuttgart (Verlag Katholisches Bibelwerk) 2015.

Bibel Ja – Kirche Nein? Kriterien richtiger Bibelauslegung (Urfelder Texte Nr. 1), Bad Tölz (Verlag Urfeld) 2004, 2. Auflage 2007.

B. Koch/L. Weimer/G. Lohfink (Hrsg.), Am ersten Tag der Woche. Auslegungen der Schrifttexte. Lesejahr B, Stuttgart (Verlag Katholisches Bibelwerk) / Bad Tölz (Verlag Urfeld) 2006.

Das Vaterunser – neu ausgelegt (Urfelder Reihe Nr. 7), Bad Tölz (Verlag Urfeld) 2007, 2. Auflage 2008. – Neuausgabe unter dem gleichen Titel: Stuttgart (Verlag Katholisches Bibelwerk) 2012, 2. Auflage 2013.

G. Lohfink/L. Weimer, Maria – nicht ohne Israel. Eine neue Sicht der Lehre von der Unbefleckten Empfängnis, Freiburg i. Br. (Verlag Herder) 2008. – Neuausgabe (= 2., durchgesehene Auflage), Freiburg i. Br. (Verlag Herder) 2012, 3. Auflage 2017.

Welche Argumente hat der neue Atheismus? Eine kritische Auseinandersetzung (Urfelder Reihe Nr. 8), Bad Tölz (Verlag Urfeld) 2008. – Überarbeitete und erweiterte Neuausgabe unter dem Titel: »Der neue Atheismus. Eine kritische Auseinandersetzung«, Stuttgart (Verlag Katholisches Bibelwerk) 2013, 3. Auflage 2015.

Beten schenkt Heimat. Theologie und Praxis des christlichen Gebets, Freiburg i. Br. (Verlag Herder) 2010, 5. Auflage 2013.

Jesus von Nazaret – Was er wollte, wer er war, Freiburg i. Br. (Verlag Herder) 2011, 9. Auflage 2022.

Gegen die Verharmlosung Jesu. Reden über Jesus und die Kirche, Freiburg i. Br. (Verlag Herder) 2013 – Sonderausgabe (= 10. Auflage) Freiburg i. Br. (Verlag Herder) 2022.

Heute – wann sonst? Unangepasstes über Gott und die Welt, Stuttgart (Verlag Katholisches Bibelwerk), 1.–2. Auflage 2014.

Im Ringen um die Vernunft. Reden über Israel, die Kirche und die Europäische Aufklärung, Freiburg i. Br. (Verlag Herder) 2016.

Am Ende das Nichts? Über Auferstehung und ewiges Leben, Freiburg i. Br. (Verlag Herder) 2017, 9. Auflage 2022. – Sonderausgabe (= 10. Auflage) Freiburg i. Br. (Verlag Herder) 2024.

Der christliche Glaube erklärt in 50 Briefen, Freiburg i. Br. (Verlag Herder), 1.–3. Auflage 2018.

Das Geheimnis des Galiläers. Ein Nachtgespräch über Jesus von Nazaret, Freiburg i. Br. (Verlag Herder), 1.–3. Auflage 2019.

Die vierzig Gleichnisse Jesu, Freiburg i. Br. (Verlag Herder) 2020, 7. Auflage 2023.

Ausgespannt zwischen Himmel und Erde. Große Bibeltexte neu erkundet, Freiburg i. Br. (Verlag Herder), 1.–2. Auflage 2021.

Die wichtigsten Worte Jesu, Freiburg i. Br. (Verlag Herder) 2022, 2. Auflage 2023.

All meine Quellen entspringen in dir. Große Bibeltexte neu erkundet, Freiburg i. Br. (Verlag Herder) 2023.

Warum ich an Gott glaube, Freiburg i. Br. (Verlag Herder) 2024.

Anmerkungen

[1] Eine der ältesten Formen bietet die Traditio Apostolica des Hippolyt im 21. Kapitel. Vgl. zum Ganzen das grundlegende Werk von J.N.D. KELLY, Altchristliche Glaubensbekenntnisse. Geschichte und Theologie, Göttingen 1972.

[2] Der Fachausdruck lautet: »interrogatorisch« – das heißt, das Glaubensbekenntnis wurde erfragt und nicht einfach »deklaratorisch« von den Täuflingen vorgetragen.

[3] Vgl. Didache 7,1–3: »Tauft auf den Namen des Vaters und des Sohnes und des Heiligen Geistes in fließendem Wasser. Wenn du aber kein fließendes Wasser (zur Verfügung) hast, so taufe in anderem Wasser. Wenn du aber beides nicht (zur Verfügung) hast, dann gieß auf das Haupt dreimal Wasser aus auf den Namen des Vaters, des Sohnes und des Heiligen Geistes« (Übersetzung: K. NIEDERWIMMER). Im Hintergrund stand natürlich die Taufe, die Johannes am Jordan gespendet hatte und der sich auch Jesus unterzog (Mk 1,2–11).

[4] Dies wird nicht nur durch die dialogische Struktur von Frage und Antwort deutlich. Schon allein die Tatsache, dass sich (von bestimmten kirchlichen Gruppen abgesehen) in der Christenheit weithin die Kindertaufe durchgesetzt hat, weist auf den Geschenkcharakter des Glaubens hin.

[5] Vgl. für dieses »empfangen« des Glaubens im Neuen Testament vor allem 1 Kor 15,3; Gal 1,9; Phil 4,9; Kol 2,6; 1 Thess 2,13; 2 Thess 3,6.

[6] Freiburg i. Br. 2016, 495–518.

[7] Vgl. A. TOSHIMARO, Warum sind Japaner areligiös? München 2004.

[8] F. DESSAUER (1881–1963) war ein bekannter deutscher Physiker, der vor allem auf dem Gebiet der Radiologie arbeitete. Er war zugleich Unternehmer. Mehr noch: Er war Reichstagsabgeordneter des Zentrums, wurde von den Nationalsozialisten verfolgt und musste Deutschland verlassen. Immer noch mehr: Er war Publizist und Mitinhaber der »Rhein-Mainischen Volkszeitung« gewesen. Insgesamt: Einer der bekanntesten Katholiken der Zeit zwischen den beiden Weltkriegen.

[9] Es lohnt sich, unter dieser Rücksicht einmal zu lesen: SABINE KUEGLER, Dschungelkind, München 2005. Kuegler verbrachte ihre Kindheit und Jugend unter den Heranwachsenden des bis dahin unbekannten Stammes der Fayu in West Papua (Indonesien).

[10] J. PIEPER, Noch wusste es niemand. Autobiographische Aufzeichnungen 1904–1945, München 1976, 40–41.

[11] Vgl. den Aufsatz von W. SCHEPPING, Christ-Königslieder gegen Hitlers Regime in: Archiv für schlesische Kirchengeschichte Bd. 71, hg. v. R. BENDEL, Münster 2014, 281–315.

[12] Vgl. zu G. Thurmair die informative Darstellung: ELISABETH THURMAIR (Hrsg.), Ein Gast auf Erden: Georg Thurmair. Mahner, Rufer, Rebell, Eggenfelden 1986.

[13] Die Karbidlampe war bis Ende der 1970er Jahre bei der Deutschen Bahn und anderswo in Gebrauch. Bei der Karbidlampe waren zwei Behälter miteinander verbunden. Aus dem oberen tropfte Wasser in einen unteren Behälter, der mit Calciumcarbid gefüllt war. Dadurch entstand ein Gas, das in einen Brenner geleitet wurde und dort mit greller Flamme vor einem Spiegel brannte. Die Karbidlampen mussten sorgfältig gewartet werden.

[14] Wenn ich in diesem Buch hier und an anderen Stellen von den »Göttern der Gesellschaft« oder von den »Göttern der Welt« spreche, so soll das selbstverständlich keine Totalkritik an der Gesellschaft sein, in der wir leben. Das wäre lächerlich. Gemeint ist, dass die Götter, welche die antike Welt verehrte und die es selbstverständlich auch heute gibt, »Mächte« der Welt sind: Letztlich Leitbilder, die gut und hilfreich, oft aber auch verheerend sein können – man denke nur an den Nationalsozialismus oder an den wieder wachsenden Antijudaismus. Oder man denke einfach an den Hass, die Verführungen und Dämonisierungen, die heute die Sozialen Medien durchziehen. Viele Jugendliche sind ihnen hilflos ausgeliefert.

[15] P. HELMUT OGIERMANN SJ (1910–1995). Priesterweihe 1939 in Berlin. Doktorat der Philosophie an der Gregoriana in Rom 1947. Professor für Philosophie an der Philosophisch-Theologischen Hochschule St. Georgen von 1952–1978. Seine Gedanken zur philosophischen Gotteslehre veröffentlichte er in dem Buch »Es ist ein Gott. Zur religionsphilosophischen Grundfrage«, München 1981.

[16] P. CASPAR NINK SJ (1885–1975). Priesterweihe 1917. Promotion bei Edmund Husserl in Freiburg i. Br. 1924. Professor für Philosophie an der Philosophisch-Theologischen Hochschule St. Georgen von 1926–1953. Auch später noch Lehrveranstaltungen in St. Georgen.

[17] Vgl. M. HEIDEGGER, Was ist Metaphysik? Frankfurt am Main [7]1955, 42.

[18] Papst Franziskus, Apostolisches Schreiben »Evangelii Gaudium« Nr. 242.

[19] Wer das Bild bei der Lektüre vor Augen haben möchte, findet es schnell und leicht im Internet unter Wikipedia Picasso Guernica Bild.

[20] Der folgende Text ist dem Buch entnommen: G. LOHFINK, Heute – wann sonst? Unangepasstes über Gott und die Welt, Stuttgart [2]2014, 72–73.

[21] H. CONRAD-MARTIUS (1888–1966). Schülerin von Edmund Husserl, dem Begründer der Phänomenologie. Ihr Buch »Die Zeit« war 1954 in München beim Verlag Kösel erschienen. Edith Stein war eine Freundin von Hedwig Conrad-Martius.

[22] G. LOHFINK, Am Ende das Nichts? Über Auferstehung und ewiges Leben, Freiburg i. Br. 2017, [9]2022. – Sonderausgabe (= 10. Auflage) Freiburg i. Br. 2024.

[23] Genauer: ›Franziskanerinnen von Maria Stern‹, 1258 in Augsburg gegründet.

[24] Dabei ist Monotheismus im jüdisch-christlichen Sinn eben nicht die *Reduktion* einer Göttervielfalt auf einen einzigen Gott. Gott ist in keiner Weise ein Stück Welt wie die Götter des Polytheismus. Er ist nicht die Summe der Welt und ihrer Kräfte, nicht einmal der Urgrund der Welt, aus dem sie erfließt. Er existiert jenseits der Welt als der absolut Andere, der sie erschaffen hat und deshalb nicht selbst wieder Welt ist.

[25] Für Aristoteles ist Gott unendlich vollkommener Geist, der von Ewigkeit her aus sich selbst und durch sich selbst existiert. Er ist reines Denken. ›Aber was denkt er eigentlich?‹, fragt Aristoteles im 12. Buch seiner »Metaphysik« (1074b) und antwortet: ›Er denkt sich selbst, denn er selbst ist ja das Höchste und Beste, das es überhaupt gibt.‹ Was könnte er – in der Logik des Aristoteles – auch sonst denken? Er ist ja vollkommenes Bei-sich-selbst-Sein. Wenn er etwas anderes denken würde als sich selbst – meint Aristoteles – etwa den Menschen oder irgendwelche Einzeldinge, würde er nicht mehr das Höchste denken, sich also von sich selbst wegbewegen und seine Vollkommenheit verlieren.

[26] Man sollte einmal gelesen haben, was Carmen Rohrbach über Hitlerbilder im Jemen schreibt. Vgl. C. ROHRBACH, Im Reich der Königin von Saba. Auf Karawanenwegen im Jemen, München 1999, 119–120.

[27] Formuliert in Anlehnung an N. LOHFINK, Das Jüdische am Christentum. Die verlorene Dimension, Freiburg i. Br. 1987, 187.

[28] Diese für die Theologie der Erbsünde wesentliche Einsicht geht zurück auf den Aufsatz von R. SPAEMANN, Über einige Schwierigkeiten mit der Erbsündenlehre, in: CH. SCHÖNBORN/A. GÖRRES/R. SPAEMANN, Zur kirchlichen Erbsündenlehre. Stellungnahme zu einer brennenden Frage (Sammlung Kriterien), Freiburg i. d. Schweiz [2]1994, 37–66.

[29] Vgl. R. DAWKINS, Der Gotteswahn, Berlin, [4]2007. Ich verweise auf meine Auseinandersetzung mit Dawkins in G. LOHFINK, Der neue Atheismus. Eine kritische Auseinandersetzung, Stuttgart [3]2015.

[30] J. RATZINGER/BENEDIKT XVI., Jesus von Nazareth. Erster Teil. Von der Taufe im Jordan bis zur Verklärung, Freiburg i. Br. 2007, 11.

[31] 1969 wurde der Name vereinfacht zu »Schwestern des Erlösers«.

[32] Die Streitschrift des Kelsos gegen das Christentum trug den Titel: »Wahre Lehre«. Sie ist nicht mehr erhalten, lässt sich aber teilweise rekonstruieren aus den vielen Zitaten des Origenes in seinem Werk: »Gegen Kelsos«.

[33] Bei meinen Angaben zu Kelsos und D. F. Strauss stütze ich mich auf das Buch von M. REISER, Kritische Geschichte der Jesusforschung. Von Kelsos und Origenes bis heute (Stuttgarter Bibelstudien 235), Stuttgart 2015, dort vor allem 18–25 und 43–63.

[34] Formuliert im Anschluss an M. Reiser, Kritische Geschichte (s. o. Anm. 33), 43–45.

[35] M. Reiser, Kritische Geschichte (s.o. Anm. 33), 43–45.

[36] F. M. Willam, Das Leben Jesu im Lande und Volke Israel, Freiburg i. Br. [7]1937, 534.

[37] Die klassische Form der Entrückungserzählung in der Antike, aber auch im Alten Testament (2 Kön 2,1–18), lässt sich folgendermaßen zusammenfassen: Ein Mensch wird vor den Augen eines Anderen bzw. vor dem versammelten Volk hinweggenommen und in die Welt Gottes oder der Götter versetzt. Manchmal verbirgt ihn dabei eine Wolke, manchmal erscheinen Zeugen, welche die Entrückung bestätigen. Erzählt wird dabei grundsätzlich nicht aus der Sicht dessen, der entrückt wird.

[38] Maximus von Turin, Sermo XLIV 3 (CChrL XXIII 179).

[39] Freilich gibt es für die Begrenzung der Ostererscheinungen auf 40 Tage bei Lukas noch einen anderen Grund: Er fixiert die Herabkunft des Heiligen Geistes auf den 50. Tag nach Ostern, also auf das jüdische Wochenfest (Schawuot). Da nach frühkirchlicher Theologie der Erhöhte den Geist sendet, müssen die Erscheinungen des Auferstandenen vor dem Pfingsttag abgeschlossen sein.

[40] Begründung: Nur der Name des Mannes wird genannt.

[41] Scheitert der Versuch, die 40 Tage von Apg 1,3 als Schutzwehr des Lukas gegen die Gnosis zu deuten, an der Chronologie? Es gibt ja bisher keine direkten Quellen einer christlich-häretischen Gnosis schon für das 1. Jahrhundert. Doch Häresien und ihre Argumentations-Strukturen können längst da sein, bevor sie uns schriftlich bezeugt sind. – Ähnliches gilt ja für den Doketismus. Die ersten eindeutigen und direkten Zeugnisse stammen auch da aus dem 2. Jahrhundert. Aber die meisten Forscher rechnen schon für das Neue Testament (besonders für die johanneischen Schriften) mit antidoketischer Gegenwehr.

[42] Die römische Provinz Asia umfasste ein Gebiet im Westen der heutigen Türkei.

[43] Vgl. zu Apg 20,27 noch Vers 20!

[44] G. von Rad, Das erste Buch Mose. Genesis (Das Alte Testament Deutsch 2), Göttingen [4]1956, 41.

[45] Vgl. Lumen Gentium Nr. 9; 10; 13; 26; Nostra Aetate Nr. 4; Ad Gentes Nr. 5 (»Neues Israel«).– Für eine gründliche historische und theologische Darstellung des Syntagmas »Neues Volk Gottes« weise ich hin auf T. Czopf, Neues Volk Gottes? Zur Geschichte und Problematik eines Begriffs (Münchener Theologische Studien II 78), St. Ottilien 2016.

[46] K. Deschner (Hrsg.), Was halten Sie vom Christentum? 18 Antworten auf eine Umfrage, München 1958, 64.

[47] »Die hohe Zahl der Textvarianten«: Dies gilt zumindest für das Neue Testament. Im Alten Testament ist die Situation etwas anders, da uns der hebräische Text vor allem in Textrezensionen vorliegt, die bereits mit hoher Sorgfalt hergestellt wurden – zum Beispiel im Masoretischen Text (MT). Gegen das Jahr 400 nach Christus wurde der im Vergleich zum masoretischen Text umfangreichere griechische ›Septuagintakanon‹ in der Kirche des Westens allgemein als »Heilige Schrift« anerkannt. Siehe E. ZENGER u. a. (Hrsg.), Einleitung in das Alte Testament (Kohlhammer – Studienbücher Theologie 1,1), Stuttgart ^{2}1996, 27–29.

[48] ORIGENES, Kommentar zum Johannesevangelium X 107 (Sources chrétiennes 157, 446). Origenes bezieht sich auf das Essen des Paschalammes gemäß Ex 12,3–10 und legt diesen Text allegorisch aus. Die hier gegebene Übersetzung stammt von M. REISER, Bibelkritik und Auslegung der Heiligen Schrift. Beiträge zur Geschichte der biblischen Exegese und Hermeneutik (Wissenschaftliche Untersuchungen zum Neuen Testament 217), Tübingen 2007, 127.

[49] Man kann darüber streiten, denn im Kontext macht Matthäus deutlich, dass hier nur von der führenden Schicht Israels die Rede ist (vgl. Mt 21,45).

[50] A. VON HARNACK, Das Wesen des Christentums, Gütersloh 1977. Nach dieser Ausgabe wird auch im Folgenden zitiert.

[51] A. VON HARNACK, Das Wesen des Christentums (s.o. Anm. 50), 31.

[52] A. VON HARNACK, Das Wesen des Christentums (s.o. Anm. 50), 43.

[53] A. VON HARNACK, Das Wesen des Christentums (s.o. Anm. 50), 90.

[54] A. VON HARNACK, Das Wesen des Christentums (s.o. Anm. 50), 111.

[55] Das wird besonders herausgearbeitet von K. H. NEUFELD, Adolf Harnacks Konflikt mit der Kirche. Weg-Stationen zum »Wesen des Christentums« (Innsbrucker theologische Studien 4), Innsbruck 1979.

[56] A. VON HARNACK, Das Wesen des Christentums (s.o. Anm. 50), 73.

[57] G. GRESHAKE, Einige Überlegungen zu den Ursachen des mangelnden Priesternachwuchses, in: Priesterliche Existenz heute – Sorge um geistliche Berufe (Handreichungen zur Pastoral), Wien 1980, 5–19, dort 8–9.

[58] Vgl. das 1938 erschienene bahnbrechende Werk von H. DE LUBAC, Catholicisme. Les aspects sociaux du dogme. Ins Deutsche kongenial übersetzt von H. U. VON BALTHASAR: Henri de Lubac, Glauben aus der Liebe. »Catholicisme«, Einsiedeln 1970.

[59] Lumen Gentium Nr. 9.

[60] Im Jahre 2015 erschien dann beim Verlag Katholisches Bibelwerk eine stark überarbeitete aktualisierte Neuausgabe mit dem Untertitel: »Kirche im Kontrast«.

[61] Die gesamte Abschiedsvorlesung ist dokumentiert unter dem Titel »Die Not der Exegese mit der Reich-Gottes-Verkündigung Jesu« in: G. LOH-

FINK, Studien zum Neuen Testament (Stuttgarter Biblische Aufsatzbände 5), Stuttgart 1989, 383–402.

[62] Man möge diese Aussage jetzt bitte nicht auf den gegenwärtigen Staat Israel übertragen. Er ist nicht einfach identisch mit dem, was das Alte Testament unter dem Gottesvolk meint, sondern zunächst einmal ein staatliches Refugium für all die Juden, die aus vielen Ländern fliehen mussten, weil sie dort verfolgt wurden.

[63] So P. STUHLMACHER, Exkurs »Urchristliche Hausgemeinden«, in: Ders, Der Brief an Philemon (Evangelisch-Katholischer Kommentar zum Neuen Testament XVIII), Neukirchen u. a. [2]1981, 70–75, dort 74.

[64] R. SCHNEIDER, Winter in Wien. Aus meinen Notizbüchern 1957/58, Freiburg i. Br./Basel/Wien [6]1961,129–131.

[65] Gemeint ist Rainer Maria Rilkes letztes Domizil, das »Château Muzot« im Schweizer Kanton Wallis.

[66] Vgl. ANDRÉ COMPTE-SPONVILLE, Woran glaubt ein Atheist? Spiritualität ohne Gott, Zürich 2008.

[67] Vgl. R. GUARDINI, Wahrheit und Ordnung Heft 7. Das Gleichnis vom Säemann (Universitätspredigten), Würzburg 1956, 159–180, dort 163–165.

[68] Damit ist über die Notwendigkeit des Staates, geordnete und gesetzlich geregelte Gewalt zu gebrauchen, natürlich noch nichts gesagt. Der Staat kann ohne diese legitime Gewalt nicht existieren. Die Aufgabe der Christen ist freilich eine andere als die Aufgabe des Staates. Vgl. dazu ausführlich: G. LOHFINK, Wem gilt die Bergpredigt? Beiträge zu einer christlichen Ethik, Freiburg i. Br. 1988.

[69] Formuliert in Anlehnung an das Gedicht von CLEMENS BRENTANO »Was reif in diesen Zeilen steht«.

[70] Vgl. 1 Kor 4,7. – »Alles ist Gnade« hatte meine Mutter wohl direkt oder indirekt aus dem Roman »Tagebuch eines Landpfarrers« von GEORGES BERNANOS. Dort sind es die letzten Sätze des jungen Curé.

Schriftstellenverzeichnis

Schriftstellen in den Anmerkungen sind nicht berücksichtigt.

Gerhard Lohfink
Ausgespannt zwischen Himmel und Erde
Große Bibeltexte neu erkundet
408 Seiten, gebunden
mit Schutzumschlag
2021, 2. Auflage
ISBN 978-3-451-38810-1

Gerhard Lohfink legt in diesem Buch rund 70 biblische Texte aus, bekannte und unbekannte. Er untersucht sie voll Neugier, befragt sie hartnäckig und konfrontiert sie mit unserer Gegenwart. Dieses Buch entwirft aus dem Mosaik der Texte des Alten und des Neuen Testaments ein farbiges Bild biblischer Theologie. Es richtet sich an alle, die Sehnsucht verspüren, die Bibel besser und tiefer zu verstehen.

Erhältlich in jeder Buchhandlung!

HERDER